U0149272

六行寫天地

—— 泰印華人新詩美學

落　蒂著

文　學　叢　刊

文史哲出版社印行

國家圖書館出版品預行編目資料

六行寫天地：泰印華人新詩美學 / 落蒂著. --
　初版 -- 臺北市：文史哲,民 100.09
　　頁；　公分（文學叢刊；258）
　　ISBN 978-957-549-981-5（平裝）

1.新詩 2.詩評

812.18　　　　　　　　　　　100018443

文　學　叢　刊　258

六 行 寫 天 地
── 泰印華人新詩美學

著　　者：落　　　　　　　　　蒂
出 版 者：文　史　哲　出　版　社
　　　　　http://www.lapen.com.tw
　　　　　e-mail：lapen@ms74.hinet.net
登記證字號：行政院新聞局版臺業字五三三七號
發 行 人：彭　　　　正　　　　雄
發 行 所：文　史　哲　出　版　社
印 刷 者：文　史　哲　出　版　社
　　　　　臺北市羅斯福路一段七十二巷四號
　　　　　郵政劃撥帳號：一六一八〇一七五
　　　　　電話886-2-23511028・傳真886-2-23965656

定價新臺幣五八〇元

二〇一一年（100年）九月初版
二〇一二年（101年）八月修訂版四刷

著財權所有・侵權者必究
ISBN 978-957-549-981-5　　08258

六行寫天地
—— 泰印華人新詩美學

目　　次

卷 前 語

　　林煥彰先生主編泰國和印尼《世界日報》副刊「湄南河」和「梭羅河」期間，我應邀為該兩刊的刊頭詩「六行詩」寫賞析兼及其他小部份短詩的評論，並到曼谷演講和泰印文友交流，建立了良好友誼，很早就想把這些東西整理出來，送給這些文友，表示對他們寫詩的肯定、讚賞，並且介紹給國內的讀者。可是因為雜務繁多，一拖就是好幾年，十分抱歉。

　　感謝林煥彰先生提供機會，是促成本書的催生者。更感謝我的同學劉多龍老師，一個字一個字的打出來，並詳加校對，修正筆誤。尤其是我的南師、高師同學多年來一直贊助支持我走這條寂寞辛苦的文學旅程，讓我永銘於心；更有甚者，此次出書仍獲得他們大力資助，只有更加努力，不負期待。最後該感謝的，便是文史哲出版社的彭老闆了；沒有他不計血本，願意出版本書，此書還不知何年何月才能出版。

　　希望這本書能引進更多的讀詩人口，也希望大家都來寫小詩。六行小詩雖小，却能寫出天地間的一切事物，格局雖小，境界卻很大，希望大家一起來開發小詩的寫作風潮。本書雖定名為《六行小詩寫天地》，但有少部份引例卻超過六行，只因當時選析這些名作時，有寫作示範舉例之意，此處仍捨不得割捨而加以保留，請讀者自行參考。

　　最後，期望海內外方家不吝賜正。

第一章　緣　起

第一節　瘂弦、林煥彰策劃
　　　　成立「湄南詩園」

　　泰國《世界日報》副刊對新詩的提倡不遺餘力，先有「湄南詩園」的創立，由詩人瘂弦、林煥彰負責策劃，從 1987年 1 月 2 日起迄 1998 年 8 月 30 日止，共 12 年，每個月最後一周之周六或周日刊出一期，有 134 期之多，刊載詩作約 900多首，內容除泰華詩人作品外，還刊出歐美、香港、台灣、中國大陸的新詩，也有新詩賞析及詩論等文章；台灣新詩研究者詹婷鈺根據上述「湄南詩園」內容，參考李漢偉《台灣新詩的三種關懷》及莫渝編譯《白睡蓮－法國散文詩精選》兩書立論，寫成〈泰華新詩研究〉乙文，刊於「湄南河副刊」2004 年 7 月 25 日至 7 月 30 日凡六天，共計約兩萬字，論述了泰華新詩的創作精神：「真實」及「寫實」，泰華創作的關懷：「雙重身分的認同」、「社會議題」、「詠物感懷與心靈探索」，及泰華新詩創作的現象：「陌生化實驗」、「散文詩路向的想像」等，並對泰華新詩創作，做出了五點特徵的結論：第一，個人情感主觀意識的強烈表現，重思考及富批判性。在現實既有的事物之中，尋求新的秩序、新的意義，

讓平凡的人事物，通過思考後的語言，得以展現新的面貌；第二，在語言形式的使用上，有些詩人努力的在傳統形式中更爲嫻熟的運用，也有些詩人試圖掙脫束縛，以求展現新的語言形式；第三，在題材的選擇上，涉入現實生活面極廣，超越地域及時空，也表達人類共通問題的關懷；第四，創作技巧的實驗與創新，勇於突破已存在的形式，試圖追求更多表現的可能性；第五，分行詩的形式，隱含散文詩的趣味，因此對於散文詩發展的可能性，不無期待。讀了詹婷鈺的論文，使我對「湄南河」詩人所譜寫的樂章，產生了極高的興趣。

再其次就是 2003 年元旦起，《世界日報》副刊的「刊頭詩」，如果一直延續到 2004 年除夕，將有 730 首之多，再加上詩的專欄企劃、小詩群、組詩的刊登，數量之多，爲華文報刊所僅見。筆者有鑒於主編的努力，泰華、印華詩人的配合創作，更增加了我研究的興趣。乃不憚愚陋，爲這些日子來的「刊頭詩」及「短詩」撰寫賞析文字。

第一篇賞析文字〈賞析幾首精采小詩〉，於 2003 年 9 月 8 日見報後，即引來泰華詩人嶺南人的回應：〈觀照自然，關注生命 —— 回應落蒂的賞析〉，文中對我的賞析文字認爲是：「一個關注的眼神……是鼓勵也是鞭策。」由於嶺南人的「鼓勵和鞭策」，使我更加有信心及專心撰寫賞析文字。本來不定期刊出，竟變成每周刊出，有時甚至一個月刊出五、六篇之多，令我更加惶恐，不敢懈怠。之後，又有泰華資深名家金沙的〈小詩成大器〉乙文，對我的賞析文字，謬賞有加：「……近數月來，更增添了落蒂的『小詩賞析』，甚受喜歡寫詩和讀詩者的喜愛和關注。落蒂先生筆下，錦上添花，

使許多小詩更亮麗起來，使廣大讀者在對詩的欣賞方面開了竅。也激勵了喜歡新詩但分不出時間的詩人們技癢時，寫下短短的靈感。……像落蒂先生那樣的賞析，才是恰到好處，可行之路。……」鼓勵之情，溢於言表。另外也有來信或來電表示謬賞的，就不一一列出，在此一併致謝了。

我寫這些賞析文字，除了欣賞主編及詩人努力於推動詩運外，最主要的目的是，我要選擇一些好的、適合的詩作，做為我下一本賞析詩的取樣詩作。我曾出過兩本新詩賞析的書，第一本是《中學新詩選讀》，由一家小出版社出版，由於取樣詩作令讀者喜歡，賣了一萬五千冊，使我信心大增，乃在前年又出了一本《詩的播種者》，出版半年就已再版，誠如嶺南人在前揭文章所言：「對名家名作的賞析，他手中的筆如一把解剖刀，刀起刀落，刀刀入骨入肉，剖解得肌理分明，令人讀後，得到不少啟發。」許多原來對詩敬而遠之的人，因而認識、認同了新詩，所以我在寫「小詩賞析」時也存有「教學用」的企圖心，因此把台灣當代可以找到的詩評文章、詩研究書籍，拿來參考，印證「世副」的佳構，這樣一來，讀者不會光讀理論索然寡味，光讀詩篇，不知其奧妙。我希望做到如嶺南人前揭文章中所言：「泰華詩壇，如能常常讀到這樣就詩論詩、從文本出發的賞析，於作者，於讀者，都會得益匪淺。」當然這是理想，能不能做到，還望先進們不吝賜教，大家一起努力。

我選析「世副」的詩作有幾個原則：第一是詩要好，要有技巧，能讓我有話說，而且能把寫詩的各種技法拿來印證，但也不能好到「只可意會，不可言傳」，如翁文嫻教授在《創世紀》50 周年特大號發表〈台灣現代詩在白話結構上的貢獻〉

乙文中所言:「喜歡一首詩而背出來,往往不爲了其中故事,除了聲音好聽,有時還喜歡它的莫明所以,一般人說:『解,是解不出來』,但覺得寫法似捉著又飄盪開去,很妙,很有意思,於是便背出來了。」這樣的好詩,只能感,不能述說,比較不適合拿來做教學範本。它可以和一群同好共同欣賞體會。如同教書法,當然不能一開始就拿書法家董陽孜的「龍飛鳳舞」之作供初學者做範例,試問連筆順都不知從哪裡寫到哪裡的傑作,初學者也許欣賞欣賞可以,若真要拿來臨帖,恐怕不太適宜。許多行家也許不知道,有一位外行人讀林于弘的《台灣新詩分類學》後說,十分生硬難讀,可是我拿來一看,清楚明白,一下就看完了,原因無他,我對台灣新詩至少也參與閱讀了四十多年。所以台灣出版家、小說家兼詩人隱地就曾大聲疾呼:「詩人不可以放下腳步、等一等讀者,或和讀者並肩而行嗎?」

　　因爲要選好詩,又要適合做賞析教學範本,所以每人選詩的首數就不相當。林煥彰是台灣的名詩人,以生活入詩,作品頗有範例之價值,賞析就特多。再來就是金沙、苦覺(苦覓)、嶺南人和曾心,他們的作品往往妙到我手癢,非加以解析不可。有一次我選了一首苦覓的詩〈鴕鳥〉,後來才知道原刊時手民誤植,使我見獵心喜,心想這個完全陌生的名字,居然寫得這樣好,居然能在哲理性之外,加上戲劇性的技巧,「用詞簡潔,要言不繁,如水晶般五彩光澤。」是我當時對該詩的評語,也由於賞析時還不知道是苦覺作品,因此心中就起了一個念頭:「新人絕不能埋沒!」因此,第二個選詩的理由,我就找陌生的名字,只要是陌生的名字,一定特別注意。果然,不負我的期望,於是劉舟、周颺、北雁、

博夫、雨村、馬凡、范模士、顧長福、楊玲、辛華、阿鵑、今石、亮瑞雲、路雅、周天曉、葉竹、滕子、紫鵑、妞妞、達瑜、心笛、蔡宜霖、林秀華、王翠敏、洪淑玲、沙鷗、王學敏、楊學賢……幾乎有 30 人之多，迄今為止，我看到了成群的優秀詩人譜出了動人的「樂章」！感謝手民之誤把「苦覺」誤植為「苦覓」，終於讓我啟動靈思，苦苦尋覓「世副」的新聲。當然，這其中也有香港和台灣的詩人，我早已知道他們的詩名，只因詩好，可以做範例，我並不排斥。

第三個選詩的方向是，根據我的篇章設計而做的，例如要介紹詩的「極短篇的戲劇性」，就把有這種技巧的詩選出來，加以印證，並簡略介紹「什麼是詩的戲劇性」，以幫助讀者瞭解；其他詩的暗喻、明喻、象徵、意象、巧思……等技法亦以同樣的方式介紹。這麼一來，我所選的詩就非常適合教學或初學者自學之用。我也在引用參考書時注明書的出版地點、出版社，以利教學者參考教學之用，他們若有需要，將來可以自行找來研讀。我所使用的書本，大都已有定評、十分合用、容易購得，有爭議性的論點盡量避免使用。

詩人陳義芝在〈泰華新詩觀察〉（刊於「湄南詩園」77期，此處轉引自詹婷鈺前揭論文）中說：「寫詩像一座自足的小紅房，詩人居住在小紅房裡，詩人不以世俗的方式與人溝通，你只看到詩人的外表（服裝），看不到他的內在，不然就是去看他的詩—探索那座小紅房，充滿了想像。」我介紹詩、賞析詩本來只供參考，最重要的還是讀者自己去看詩人的詩，探索他的「小紅房」。嶺南人在前揭文中說：「寫詩難，評詩也難，評得合情合理、評得令人口服心服，那就更難。」信哉，斯言！我在評析時總懷著誠惶誠恐的心情，

生怕評錯了不但對不起詩人，也對不起讀者。詹婷鈺在前揭文中說得好：「面對為數龐大的詩作，是頗有壓力的，生怕囿於學養所限，資料雖在手上卻發揮不出它們應有的價值，那就對不起一掛人，也對不起這堆詩了。」心情相同，我何其不然？希望高明不吝賜正，衷心感謝也。

第二節　賞析湄南新詩與泰華詩人結緣

　　2003 年 8 月主編林煥彰拿了一大堆《世界日報》副刊給我，希望我看一看「副刊」的新詩。我一口氣讀了好幾個月的報紙，首先被「刊頭詩」所吸引，立刻選了北雁的作品〈惱人的雨〉和嶺南人的作品「小詩一束 12 首」中的兩首：〈小花，是嬰孩的眼睛〉、〈漠然的眼，匆匆走過〉，加以賞析。文章刊出後，獲得金沙、嶺南人、苦覺⋯⋯等詩人良好的回應，便越寫越快樂，由一個月一篇，變成兩篇，有時竟寫了五、六篇，賞析的內容由刊頭詩而擴大到副刊中的短詩。寫了幾篇之後，我發覺《世界日報》副刊中詩人的作品頗有特色，乃決定將來出一本賞析的書，提供喜歡新詩者做為入門的工具書。有好的作品，加上適當的分析、理論，相信可以成為一座很好的橋樑。

　　這次有幸與泰華文友見面，不憚愚陋，提出幾點旁觀者對泰華新詩特色的看法以就教於諸位先進。此次所談專就寫作技巧，其他語言、書寫內涵將來有機會再進一步討論。

　　第一，篇幅短小精悍，大約都在五、六行之間，稍長者亦不過三、四十行，意象十分鮮活，聚焦明確清晰，常在瞬

間產生極大的爆發力，抓住讀者，給讀者全新的感受，再三
思索之後，往往回味無窮。例如 2003 年 12 月 31 日的「刊頭
詩」：

風　／金沙

雨
惹來情牽
都怪風留言
帶兩把傘

風雨的意象十分鮮活，尤其雨惹來情牽，風帶來留言，
此中自有一般人非常羅曼蒂克的故事，結尾「帶兩把傘」就
十分意外，緊緊抓住讀者：「為什麼是兩把傘？」中間留下
了無限的想像空間。相信每一個人的答案一定不一樣，這樣
的詩內涵就更有豐富性。
　　這樣的特質，金沙在 2003 年 12 月 29 日的刊頭詩就「以
詩論詩」做了很好、很巧妙的說明：

點子　／金沙

詩人一點
星滿天

這就是我們前面說的詩人往往出一個點子，就會使詩的
內涵豐富起來，如同繁星滿天，非常恰當的比喻，兩行詩，
七個字，精省得不能再精省了。
　　如此的成就，金沙就以〈詩〉一首，完全表達了，這一

首詩刊於 2003 年 12 月 30 日的「刊頭詩」：

詩　／金沙

思　思　思
無出
這裡
天天有

　　十分自負，也十分自豪，別人（或別處），天天苦思，詩說不出來就是不出來，有人抓掉了無數的頭髮，有人撚斷數根鬚，有人兩句三年得，有人一吟雙淚流，金沙卻說：「這裡／天天有」，真是狂得可愛，傲得令人心服。

　　詩人的功力，從下面乙首也可以看出，那是 2004 年 5 月 12 日的「刊頭詩」：

江流石不移　／金沙

水流逝
石頭入夢
我等的是水
不是石頭
那就
大而化之

　　一般人大概只能寫到「我等的是水／不是石頭」，以產生悵惘、失落之情，但是金沙加上「那就／大而化之」，不鑽牛角尖，充分顯示人生的閱歷豐富，詩的全新感受，回味

無窮之力道，就完全出來了。

　　第二，詩中含有戲劇性，有「最短篇」的小說功能，讓忙碌的現代人十分激賞，往往報紙一來，先看「刊頭詩」或短詩，短短幾分鐘，讀它一、兩首，會心一笑，一日之精神，因而提昇，有茶或咖啡的功能，如同幽默漫畫一樣。舉 2004年 7 月 23 日的「刊頭詩」為例：

說是陪伴　／摩南

　　說是陪伴？
　　不如說是攙扶！
　　你怕我跌倒？
　　你怕我孤單？
　　或是喜歡
　　做「伴」的愉悅？

　　有主角、有情節、有心裡的規劃，有很多描寫老人的故事，短短六行詩就足矣，令人嘆服。

　　另外 2004 年 8 月 11 日的「刊頭詩」，更是劇情起伏，高潮迭起，讓千千萬萬的人討論不完：

啞謎　／摩南

　　兩發不同的子彈，
　　軟彈射中水男，
　　硬彈射中蓮女，
　　這遊戲玩過了火，
　　寫下狡詐的啞謎，

讓千萬人憤恨怒吼！

　　詩人是人，對人世間的萬事萬物會發生感想，詩人對「兩顆子顆」發出不平之鳴，理所當然，然而，要寫這種詩還真不太容易，詩人以白描方式處理，十分可取，她把兩顆子彈的事件，發生的情形，以及大眾的反應，真真實實的寫下來，並定題為〈啞謎〉，至於其他國際專家的調查、支持者雙方的衝突，未著一字，讓你自己去想，史坦貝克《憤怒的葡萄》描寫工人受壓迫的苦況，讓觀眾自己去體會，索忍尼辛寫《古拉格群島》，也是對勞改營中的集體死亡，有實實在在的記載，文學家的任務，大概就此完成。摩南的〈啞謎〉一詩的任務也已完成，至於「真相」，那是其他人的事，也許是老天的事。詩中有戲劇性，可以使人悲，可以使人喜，也可以使人哀，更可以使人痛恨，當然若有快樂，五味雜陳，更是讀者求之不得的佳構。

　　第三，各種寫作技巧適當的使用，例如 2004 年 10 月 26 日的「刊頭詩」：

苦·樂 ／老羊

問
寫作有何苦？
不如問
寫作樂何如？

　　使用了「問答法」和「對比法」，使詩的表現更深刻，其實寫作有苦有樂，呼應了我們前面所說的讀詩的苦樂，讀

者往往隨作者的詩作起舞，詩人樂，讀者也樂，詩人悲，讀
者也悲，但不論是悲苦或快樂，其最後的結果往往是快樂的，
如人吃苦瓜，先苦後甘也。

　　再看 2003 年 12 月 27 日「刊頭詩」，是使用「因果法」
而寫成的佳構：

戒指　／老羊

這椰子殼製的戒指
你珍存逾半個世紀
唯有你與我才知道
它比寶石還要珍異
記否？連續幾夜晚
磨去我幾多手指皮

　　因它在「我們之間」特別有意義，才會珍存逾半世紀，
椰子殼甚至比寶石還要珍貴，由於有特殊的原因，一件平凡
的戒指因而有不平凡的意義，詩因而容易打動讀者的心，引
起深刻的記憶和強烈的迴響。

　　再看 2004 年 8 月 27 日的「刊頭詩」，使用了「對比法」，
陳述一種大自然的現象，表達出高度的哲思：

花　／老羊

花，就是要開。
不為你欣賞才開，
不因你未加欣賞而不開。

　　花開或不開的對比，陳述花到時間一定會開，不因你欣

賞或不欣賞，它還是照開。古詩中有「明月松間照」，不因
人看到它就照，不看他就不照，「清泉石上流」一樣，有人
看到，無人欣賞，它都照流不誤，頗有與王維〈辛夷塢〉：
「木末芙蓉花／山中發紅萼／澗戶寂無人／紛紛開且落」古
今呼應之美。

　　第四，一直努力不懈，勤於鍛鍊各種寫作技巧，因此作
品特別多，例如嶺南人、曾心、苦覺等人，不時有佳作出現，
我賞析的也不免特別多，現在再舉一些例子供參考。例如
2003 年 9 月 9 日的「刊頭詩」：

盪秋千 ／嶺南人

與風擦身而過

愈盪　愈高

高與天地平行

天地隨你而擺動

下了秋千

天搖地動

　　寫得十分有意思，讀來趣味橫生。一般詩作若具有巧思，
讀者往往會自嘆弗如。
　　再看 2004 年 1 月 15 日的「刊頭詩」，也是具有巧思的
成功之作：

卵石 ／曾心

本來有稜有角

被歲月磨成

滑滑圓圓

無論走到哪兒

只有一個「０」

　　有稜有角的人，被歲月磨得圓滑了，不是一顆圓圓的鵝卵石嗎？甚具巧思。

　　再看 2004 年 9 月 11 日的「刊頭詩」，讀後有意外的驚喜：

失敗的約會　／苦覺

我伸出了雙手

想讓你閱讀掌紋裡的故事

我張開了嘴巴

想對你說一句夢以外的話

飯店裡坐滿了人

服務生走來，以為我要點菜

　　結尾令人意外，構思巧妙到極點，一般人看詩，若有意外的驚喜，將和看幽默漫畫一樣，會心一笑，心情因而提升。勤於寫詩，功德無量，多少人一天的精神，因你提供的「上好咖啡」而整日精神飽滿呢！

　　另外我對藤子作品的留白十分欣賞，如果作品能多一點，將是讀者的福氣，舉 2004 年 3 月 24 日的「刊頭詩」為例：

懇夢　／藤子

夢的小精靈，你別走

你知道麼？我好疲倦
你陪陪我吧！
陪我踩上柔軟的雲朵
陪我飄進宇宙的深邃

　　讀著，讀著，彷彿要跟作者進入那虛無縹緲的幻境，令人十分喜歡。

　　另外還有周颺、劉舟、博夫、今石、馬凡、楊玲、辛華、梁自元、亮瑞雲、妞妞、達瑜、楊學賢、瀟郁、范模士等人的作品我都賞析過，由於篇幅所限，就不再贅述。整體來說，《世界日報》副刊泰華詩人的詩作最大的特質，是「高手不覺乏味，平常人不覺難懂」。

　　替「世副」寫賞析這段期間，獲得許多鼓勵，有發表文章，有來信或來電的，我都十分感謝，那是多麼令人珍惜的緣份。2004 年 4 月 29 日的「刊頭詩」，是范模士寫給我的，我十分珍惜：

給落蒂　／范模士

你守住湄南園地
蒔花，剪草，施肥
為的是什麼？
你的脈搏跳動著中華文化的火花
你的腦海洋溢著傳揚不息的精神
為的是花早開，草早綠

這一首詩，深獲我心。山東大學教授章亞昕曾在一篇論

文中說我：「落蒂多年從事教育工作，在詩創作的同時也是
詩教的積極推行者。詩人以『詩的播種者』為己任，……」
（引自〈虹霓效應：世代的光影（從彩羽到楊寒）〉《情繫
伊甸園》台北・文史哲出版）意思和范模士不謀而合，我深
深覺得詩人的佳作，若沒有得到讀者應有的重視，十分遺憾，
因此大膽加以介紹賞析。詩有多義性，各種解讀可以豐富詩
的內涵，但若有不妥，還是希望高明先進不吝賜正。

第三節　期能建立湄南新詩的典律

　　2005 年 10 月 26 日讀到副刊凡夫所撰〈兩河串連起來—
想把湄南河與梭羅河合流的人〉一文，十分興奮。又得知台
灣名詩評家蕭蕭有意向台灣國科會申請補助「研究泰華及印
華新詩」，更是促進我想呼籲「建立湄南新詩美學」的衝動。

　　兩年前我開始寫〈小詩賞析〉，目的很單純，只想把世
界日報副刊的優秀短詩向台灣讀者介紹，原來只計畫出版一
本類似《詩的播種者》的小書。一路寫下來，不但有「小詩
技巧透析」，「湄南新詩特質介紹」，更分析評介了許多泰、
印華優秀詩人的作品，且獲得很好的迴響。因此，突然想變
更原有計劃：何不就寫成一本《湄南新詩美學》？

　　說做就做，便立刻找來一本台灣學者解昆樺的論文《台
灣現代詩典律的建構與推移—以創世紀詩社與笠詩社為觀察
核心》的書來仔細閱讀研究。畢竟，這兩個詩社在台灣均是
歷史最悠久的詩社，其所創辦的詩刊，皆各具特色，且已建
立典律。

　　儘管爲他寫推薦序〈有樹成長〉的江寶釵教授認爲『典律』的概念移植自西方，在台灣，使用者所在多有，其定義暨其應形成何種使用的脈絡，實則還在討論之中。」但名詩人向陽卻也在另一篇推薦序〈典律的再現〉中認爲：「典律（canon），仍是一個社群締造宏模架構規範、確定遊戲規則的一種再現（representation）的過程。在文學社群中，典律的形成往往依靠霸權（hegemony）來貫徹，這是一種文學書寫權力的彰顯和壟斷，因此建構典律在一個文壇領袖或集團的文學傳播過程中，往往是首要且須不斷強化的要務；就能主導文風、影響當代，並保有該文壇領袖或集團的文學領導權。從文學史或文學思潮的變遷來看，這些典律的醞釀、營造和建構、執行，也使成功建構經典的作家或文學集團在某個時空之中發亮發光，表現出鮮明、卓然、獨特的面貌爲後來者所緬念追懷或嚮往。」（兩段文字均引自前揭書 P3-P4，台北鷹漢文化出版）可見典律雖仍在討論之中，但建立典律乃一地或一派文學十分重要的成就考察指標。以下我乃根據解氏書中所研究兩詩社如何建立典律，整理歸納幾個要點，供湄南詩人參考。

　　第一：要有一群人，一個發表的園地，不斷的互切互磋。這一點湄南詩人得天獨厚，有湄南河副刊及梭羅河副刊，同時還有一些詩刊和選集，只是要持續維持下去，日久才能產生力量。例如《詩潮》好像就只出了一期。

　　第二：要努力吸取養分，例如創世紀詩社，早年就熱衷吸取西方現代主義的養分，強調特別歡迎具「實驗精神的作品」，尤其透過外國詩的翻譯，企圖通往世界性的理念。笠詩社就透過翻譯西方作品，保持與世界溝通的管道，強調語

言明朗，反應現實，以研究詩學為共識。

第三：除努力創作，編選詩選外，也要將自己的作品外譯向世界推介。這點我就看到了嶺南人、曾心、陳穎杜…等人的短詩英譯。

第四：掌握媒體，推銷自己。創世紀詩社就有瘂弦主編聯合副刊，且與爾雅出版社形成良好互動。笠就曾與民聲日報、台時副刊、民眾日報合作，且創辦過《文學界》、《文學台灣》與詩刊，並與前衛出版社合作關係良好。這點湄南河副刊與梭羅河副刊均提供很好版面，主編林煥彰且十分熱心提倡新詩，應該把握。

第五：舉辦研討會，可以地區小型研討會開始，再辦大型研討會。這一點 2004 年泰國水燈節，曾在曼谷辦了一場文學研討會，單是新詩的研討會也可以加強辦理。

第六：培養新人，任何團體，如果後繼無人，都很容易解散、夭折。新人需要鼓勵，即使剛開始寫得不如理想，也不要當面讓他難堪，多指出好的地方，時間久了，自然成熟。

我希望不久的將來，湄南詩人也以「詩選」來證明其典律的形成。解昆樺在他的書中就有這麼一段話：「特別是以詩選呈現典律的例證，在古代文學史中，可謂不勝枚舉，其中尤以明、清兩代為盛。而在台灣現代詩史，創世紀詩社在 60 年代運用《六十年代詩選》、《七十年代詩選》等詩選方式，更是影響台灣戰後詩壇中，現代主義典律生成的重要詩集。」（該書 P25）。盼能在不久將來，看到湄南詩人的重要「詩選」，也期待典律慢慢建立起來。畢竟，創世紀花了五十年，笠詩社也花了四十年才建立他們的各自的典律。

第二章　概　論　篇

第一節　短小精悍，意象鮮活

在「湄南河副刊」讀到許多精彩的小詩，篇幅短小精悍，大約都在五、六行之間，意象十分鮮活，聚焦明確清晰，常能在瞬間產生極大的爆發力，抓住讀者，給讀者全新的感受，再三思索，又覺回味無窮，讓讀者拍案叫好。

先說北雁的作品〈惱人的雨〉：

> 風都裝聾作啞地離去　獨留
> 被纏著無奈點頭的樹
>
> 該累了吧
> 說了千百遍
> 依然重複著單調的那句
> 滴答

這真是一首精彩的小詩，有完整自足的小宇宙。說是寫真實的雨景，的確是下著惱人的雨，一直滴答個不停，一百遍一千遍，單調而重複，連樹都只能無奈的點頭，但它又是

可以無限的延伸意思，多面的象徵，好像一個低頭無奈的人，
碰到一個囉嗦不停的傢伙，像下雨一樣「滴答」個不停，旁
人都如風，都裝聾作啞地離去，誰願意聽你在那邊嘮叨啊！
嘿！竟然像一幕有趣的戲劇在讀者前面上演，真是寫到了
「一花一宇宙，一砂一世界」的境地。作者已然把日常生活
中所見的平凡小事，戲劇化的寫成極為生動活潑的藝術品；
用字簡淨，暗示豐繁，讀者還可無限聯想，真乃佳作也。

　　再看嶺南人的〈小詩一束〉，凡 18 首，篇篇精彩可誦，
讀後讓人印象深刻。先看第一首〈小花，是嬰孩的眼睛〉就
有意外的驚喜。

　　　碧綠碧綠的草叢裡
　　　一片黃、藍、紅、紫

　　　叫不出名字的小花，燦然開放
　　　千隻萬隻嬰孩的眼睛
　　　望著飛來的蜜蜂蝴蝶笑

　　作者的想像力超強，本來只是綠草間開著黃、藍、紅、
紫的小花，這小花燦然開放之間竟變成千萬隻嬰孩的眼睛望
著飛來飛去的蜜蜂蝴蝶，此處笑字若刪去當更生動，當然花
像蝴蝶笑晃動亦無不可，若能飛出去，當更有看頭。此詩用
字淺顯易懂，貴在想像力出奇，表達了一般人常見卻易於忽
視的情境，這麼普遍而又恆久的感情，會像嬰兒不斷的出生，
繼續不斷出現在你我身邊，只看你我有沒有用心去觀察去捕
捉罷了。

接著看第二首〈漠然的眼，匆匆走過〉：

> 滿樹紅紫，一株三角梅
> 倒在路邊，散落一地繽紛……
>
> 漠然的眼睛，匆匆走過
> 沒有人，伸出一隻溫暖的手
> 將倒地的生命扶起

　　這是一首社會寫實詩，批評諷刺人們的冷漠，常常見死不救，只是作者的故事是一株倒地的三角梅，沒有人伸出援手去將它扶起，讀者可以聯想到車禍見死不救、窮人挨餓無人伸出援手、惡霸欺凌人無人出面干預……故事性強，很完整表達作者的意念，裁剪、濃縮得很好，有體制精簡，載重量大的效果。

　　以上三首小詩，除了可供把玩欣賞外，亦可供初學寫詩的朋友參考。一般說來，寫小詩比較容易抓住焦點，避免產生無病呻吟的作品，當然許多寫作多年的名家，為了挑戰自己的創作能力，寫上百行、上千行的巨製，讓人刮目相看也是好事。但初學者把只要幾行就可完成的作品，硬要加水到幾十行幾百行，讀來鬆懈乏味，被批評沒有節制自屬必然。

　　初學寫詩的人，觀摩別人的作品，然後逐漸形成自己的風格，早期冰心的小詩，還不是受到印度詩哲泰戈爾的影響和日本俳句的影響，但人們一提到小詩，自然會想到冰心的《春水》、《繁星》，可見受影響，甚至模仿也不是什麼壞事，最重要是，要寫出屬於自己的風格，完成屬於自己獨特

的作品，才算圓滿。不過，也不要太擔心，用心去寫即可，冰心寫了不下三、四百首小詩，而可傳頌者卻不到三十首，可見寫小詩之難。

第二節　大力刪改，盼更精采

　　小詩大概以短小精悍爲主，有十行、八行或三行、五行不等。上世紀 20 年代的印度詩哲泰戈爾，中國詩壇有冰心、劉大白、朱自清、宗白華等紛紛模仿泰戈爾的《漂鳥集》，這種哲理式的小詩，一時蔚爲風潮。在台灣也有模仿日本俳句的寫作，如楊華等，也都算是小詩的一種，後來寫的人多了，羅青乃編了一本《小詩三百首》（上下冊）出版，張默另編《小詩選讀》加上賞析出版，小詩寫手人才倍出。有人把它當作初學者的入門練習，例如莫渝說：「學習過程中，我一直把它當作詩的原點，是我文學生命的小站。」也有人不認爲它是一種完整的文學形式，例如周伯乃說：「我總覺得小詩固然是最能把握和呈現人類瞬間的情緒，但不是一種完整的文學形式。」但是向陽在出版《十行集》時，就說出了他的嚴肅心路歷程：「如果詩人不能在最狹窄的形式空間裡，處理最廣闊的詩想境界，則其可貴何在？」小詩正是展現詩人功力的所在。牛漢就曾批評北京有一位寫了五千行長詩的詩人：「那裡是五千行詩？分明是五千行政治！五千句馬屁！」他並且把自己的七行小詩，刪去五行只剩兩行：「有人斷言：／面孔朝向天堂，腳步總走進地獄。／我始終不相信。／讓我不解的是：我的面孔一直朝向地獄／而腳步爲什

麼邁不進天堂？」這是原來七行的小詩，改後成為「只要面孔背著地獄，／腳步總能走進天堂」，並為這兩行詩命名為「信心」；以上大意節錄自向明〈詩探索〉。這樣看來，小詩被視為正規文學而用心去經營，已有一段時日了。特別為小詩而寫作的論文從周作人的〈論小詩〉算起，隨手就可指出十來篇，去年林煥彰和韓國詩人許世旭同時應邀到曼谷演講，講題正是「小中之小，小中之大 ── 談小詩的寫作」。湄南河副刊提供小詩寫作，並以刊頭刊出，特別具有指標意義。在工商社會，大家都很忙碌的今天，每日適時提供一首小詩，算是很好的精神食糧。

　　大略了解了小詩的起源，我們還是回頭來欣賞佳作吧！先看「湄南河副刊」的刊頭詩：

啄木鳥如是說　　／北雁

並非再世華陀
沒有人類菩薩心腸的
吾族，不停的敲啄
只為自己空洞的肚子
請把虛仁偽慈還給偉大的
人們

　　啄木鳥是樹的醫生，專吃樹幹中的害蟲，人們給予高度的肯定讚美，但事實是否如此？牠只為了吃蟲防飢而已，一切的美言，都是人們賦予的，以此詩來諷刺一些虛仁假義浪得虛名之士，何等適切。

　　再看另一首「湄南河副刊」的刊頭詩：

寫詩者　／劉舟

寫黑了
白紙
寫白了
黑夜

　　表面上十分淺白，而隱含的意義卻無限深遠。一張白紙，寫詩者在上面書寫，不是寫黑了是什麼？好像完全白描，但字裡行間有無其他的意思？把白紙都寫黑了，把夜都寫白了，也就是寫到天亮了，紙都寫光了，而作品呢？作者沒說，讓讀者自己去想，言寫詩之苦，而未著一苦字。

　　再看也是「湄南河副刊」的刊頭詩：

岸的自述　／周颺

腳印，有了又沒了
貝殼，來了又去了
我的日夜
只有濤聲依舊
只有故事從頭

　　海岸一直在那裡，見證了多少人來人往、歷史興衰、悲歡離合。有人來了，所以腳印有了，那人又走了，所以腳印又沒有了，以腳印的意象來襯托人生的故事一再發生。

　　貝殼被海浪沖上岸，又被沖了回去，所以寫貝殼來了又去了，仍然是感嘆世事無常，自己能把握的十分有限。

　　最後兩句最是岸的悲嘆，它日夜所受的都是浪濤的衝擊，一而再，再而三，反覆不已的故事，一再從頭。以岸上所發生的事實，暗示人世的無常及悲歡，十分耐人尋味。

第三節　人生體驗豐富，耐心觀察

　　中國是一個詩的民族，詩也是藝術的花朵，性靈的表徵，可是今天詩已落到詩集滯銷、活動無人報導、詩作被讀者冷落的地步，除了時代因素外，詩人難道不應該反躬自問：「我的詩爲什麼讀者不喜歡？爲什麼嚇跑讀者？」向明就曾經慨乎言之：「如果作品不好，縱算有人不知底細買了去，最終也會遭人唾棄，下次再也不會上當了，從此詩仍會無人理睬。」真是一針見血，直指問題核心。

　　最近在《湄南河副刊》讀到許多很好的短詩，編者做法令人激賞。不論是「刊頭詩 365」的短詩，或者是十首八首一組的短詩，都有令人一讀而發出會心微笑的佳構。在工商社會，大家都很忙，沒有空看長篇大論的時候，每天刊頭一首短詩，匆匆讀後，彷彿飲了一杯上好的咖啡，一天工作的精神體力有了補充液，工作效率百倍，自是不爭的事實。

　　好的短詩必須有豐富的人生體驗，耐心的琢磨觀察，才能像神射手，一槍中的，讓讀者讀後拍案叫絕。舉 2003 年 8月 24 日的刊頭詩曾心作品〈暗礁〉爲例，讀後有很多的體會。他說：

　　不敢露出水面

還常被挨罵
罷　罷　罷
既然已向大海承諾
就得堅守崗位

　　「暗礁」存在大海、大河中妨礙航行，被人唾罵是事實，引申爲人生的無可奈何，「我的存在雖然妨礙了你」，但是我是「向大海有所承諾」啊！對甲有利，有時就對乙不利；在工商社會競爭激烈的時候，勾心鬥角、商業間諜……等可以寫成百萬字小說，而曾心以短短五行不到 30 個字，就有戲劇效果，「暗」字在隱約中突出，真是高手。

　　再舉同一天的今石作品〈天安門說〉：

我的眼睛疲憊了
五光十色，眼花撩亂
我的心老了
藍頭髮，露臍裝
我的耳衰了
週遭的話語越來越陌生

　　這是一首標準的「無中生有」的作品。台灣有一位已過世的詩人梅新最擅長寫這類作品，如〈長安大街事件〉、〈孔廟門前記事〉，余光中頗爲欣賞說：「好詩總會無中生有，安排一些情節簡單而象徵深遠的事件，讓主題得以生動演出。」今石這一首〈天安門說〉，也有類似成就；天安門是一個建築物，一個廣場，本來不會說，它之所以說，其實是

作者以擬人法，將天安門賦予生命，代替作者說，也就是「無中生有」。「天安門」就一直存在那裡，見證了時代的變化，物換星移，看得天安門「這一位老先生」眼花撩亂，來了藍頭髮、露肚臍的人，來了一票票說話新潮的人，一切的一切都越來越陌生，而時代的巨輪、時間的長河就這麼轉動過來，流了過去，誰也擋不住。作者借用天安門發聲，說出了他的感嘆，而讀者也感染了那一份滄桑，心中的體悟，越來越多，一首短詩，竟可以有千言萬語的力量。

文學作品也可以諷喻社會現象，讓人發出會心共鳴，例如苦覺作品〈有的媽媽說〉：

> 孩子，別哭
> 真的，別哭我的孩子
> 這有，一瓶上好的牛奶
> 喝了，好進入夢鄉
> 孩子，媽媽的奶頭
> 不是給嬰兒用的

諷刺現代人不親自哺乳，但用語十分幽默；「媽媽的奶頭不是給嬰兒用的」，讀者可以無限聯想，例如「媽媽的奶頭是爸爸用的」、「是美觀的裝飾品」、「是……」真是語有盡而意無窮。像這樣有味道有意思的短詩，有短劇、漫畫的功能，《世界日報》副刊大力提倡，一定可以找回詩的讀者。

第四節　表現戲劇性、哲理性和意外驚奇

　　小詩有些近於古體詩的「絕句」、詞曲中的「小令」；麻雀雖小，倒也五臟俱全。最近台灣許多大報副刊競相提倡「最短篇」小說，有主角、故事、衝突高潮、結局，博得現代忙碌人的激賞。小詩也有類似功能，上班之前，喝咖啡之際，短短幾分鐘，讀它一首，會心一笑，一日之精神往往因而提昇。

　　「湄南河副刊」刊頭詩，就有「極短篇」的戲劇功能。

鴕鳥　／苦覓

遭上帝懲罰
有翅膀，卻不能飛翔
在用雙腳跋涉中，
卻使我壯志凌雲
於茫茫沙海
為太陽做縴夫

　　這一首詩，主角有了「我」──（作者），用鴕鳥來影射，另一配角是太陽；主角替配角做縴夫，故事就出來了。故事的高潮是有翅膀卻不能飛翔，只能用雙腳跋涉在茫茫沙海中。結局是體悟到雖然如此，仍然壯志凌雲，願意替太陽做縴夫。看過「拉縴」的人都知道，縴夫辛苦無比，人生有時有許多事無可奈何，為了求生，都忍了下來。讀這一首詩，

想像著一個有能力的人不能發揮，忍受著百般折磨。最令人
感動的是作者並未自怨自艾，反而自認有凌雲壯志，甘心為
某人、某事而辛苦；以太陽來象徵，使故事性更強。太陽代
表熱、焚燒，在沙漠中尤其可怕。作者雖未道出痛苦，苦況
已溢於言表！

　　小詩最吸引人的，除了戲劇性外，含有哲理的最是上品，
往往將智慧集中在短短幾行中，用詞簡潔，要言不繁，呈現
如水晶般的五彩光澤，直指生命現象的洞見。「湄南河副刊」
刊出雨村的作品「短詩三首」，都有上述的功能，茲舉其中
〈公雞〉乙首加以探討：

　　　　認為機會已到，公雞
　　　　怕人不知道牠有兩手似的
　　　　爭先恐後引頸高唱

　　　　但有一些不啼不叫
　　　　側頭盯著那些
　　　　有所動作的同族

　　　　為什麼打擾人清靜？
　　　　不叫的，不還是一隻
　　　　公雞嗎？

　　公雞當然會叫，如果母雞叫了，「母雞司晨」之譏就來
了。那麼公雞正常的叫有什麼可寫？作者從平常處找到不平
常，正是詩作優秀的原因。人類社會中，是否有些人比較愛

現？比較會叫？作者以公雞來比喻他們，故事性有了；有些人就是不叫，冷眼看著他們，故事的高潮於焉產生，應該會有衝突吧？意外的，作者只有說出自己的意見：「何必擾人，不叫還不是一隻公雞」，其他可能產生的情形，讀者自己去想，比如意識形態的衝突、族群的衝突、別人看不順眼的衝突……，這些都留給讀者無盡的想像空間。

小詩有時也給讀者意外的驚喜，例如「湄南河副刊」刊頭詩：

擦 ／博夫

秉燭伏案
視覺越來越模糊
我用力去擦
卻擦亮了天空

短短四行詩，前三行平淡無奇，任何人秉燭伏案，視覺都會越來越模糊，都會用力去揉眼睛，最意外的是，竟然擦亮了天空而不是眼睛；這種結尾的驚奇手法，小說家中奧亨利最為擅長，也博得讀者的激賞。這種驚奇結尾的手法，用在詩中，一樣有讓人眼睛一亮功能。

詩人往往善於觀察世界，舉凡身邊的大小事物都有其共相，只是一般人習焉不察，詩人應能分辨其差異，寫出不能飛的「鴕鳥」竟然變成太陽的縴夫；也有洞察殊相的能耐，「公雞」竟然也有不叫的；從平凡無奇的事物中，玩出神奇不凡的意義，例如「擦」，竟然「擦亮了天空」讀者意外，至於體會出什麼來，因人而異，就不是詩人管得著的。

第五節　譏評時政，反諷社會

　　短詩有時像漫畫，既可譏評時政、月旦人物、反諷社會現象，又可觀察世界局勢，替人們卜問吉凶禍福；有時讓人會心一笑，有時讓人恨得牙癢癢的，卻又莫可奈何。

　　2003 年 10 月 13 日湄南河副刊有雨村的「螃蟹詩」兩首，對目前的世界有很好的設喻。去年美國小布希出兵伊拉克，雨村大概是根據這一則國際大事想像而來。請看第一首：

吃蟹的辯詞　／雨村

老布望見彩影衣們

端上底格里斯河來的蟹

馬上抹淨嘴邊的饞涎

幾世修來，父親想薦了心的東西

沒法消受

這隻蟹

比唱紅了歷史的陶淵明那隻

菊花黃酒的西湖大閘蟹

大有彼蟹比不上此蟹了

也顧不了一向作為西方

一面光榮旂幟的禮貌

在眾目睽睽之下

用手槍柄捶開蟹螯的殼

揭腔開膛

連纖纖的腳爪也沒放過
餐畢，骨碌骨碌著兩顆小眼珠說道
確也找不到殺傷性武器
但牠一身甲盔，前晃大螯，
爪藏匕首
── 武裝到牙
已構成死罪
牠不似烏賊、海蜇
從皮到腸
都可以給一口吞下
這堆
剃刀似的碎殼
誰都相信牠死有餘辜了
說完
掃掃駝稱突起的肚皮
走了

　　這首詩，如果不是在第一句留有一個小窗口，讓你知道「老布」就是布希，可能你會把它當做一般吃蟹的詩作，覺得平淡無奇。可是，如果知道是比喻進攻伊拉克，則又覺得真是妙喻。

　　讀者要問，除了老布以外，還有什麼證據證明是美國進攻伊手立克？第二行的「端上底格里斯河擒來的蟹」不就一目了然？何況詩中一句「確也找不到殺傷性的武器」，就更明白了。其他一些「用手槍柄捶開蟹螯的殼／揭腔開膛／連纖纖的腳爪也沒放過」等吃蟹的動作，不正是美國攻打伊拉

克的影射嗎？

　　詩中除了白描吃蟹動作來影射攻打伊拉克十分傳神外，用典也用得很好，以「陶淵明那隻菊花黃酒的西湖大閘蟹」來暗示「此蟹非彼蟹」，省去了敘述之累贅。

　　另外再看第二首：

螃蟹的對答　　／雨村

你身穿厚甲，該死
不！這是海媽媽設計的，
我才能子孫綿延，代代不絕
我的手揮雙斧，爪插利箭，該死
不！老天賜給我覓食防身的本錢
我不能如詩人不食人間煙火呀
你殼內長滿香肉，該死
我知道，這是我生的悲哀
何況，鮮甜可比味精。
酥鬆勝過蛋黃
不止該死，罪該萬死。

　　詩中的厚甲、手揮雙斧（雙螯）、爪插利箭、殼內長滿香肉，比味精鮮甜，比蛋黃酥鬆，確實的螃蟹的內外白描，但用以比喻暗示海珊的窮兵黷武，伊拉克境內又有豐富的石油，在在都十分吻合。第二句「這是海媽媽設計的」正暗示伊拉克的「海珊」。

　　兩首詩均以反諷的筆法寫成，好像無可奈何，誰叫你自己沒什麼武器，沒什麼能力，而外表又要表現得那麼強硬，

那麼有武裝的樣子？你不被強權消滅才怪！人本無罪，懷璧其罪，誰叫你家地底又有那麼多石油？當然國際現勢非三言兩語所能道盡，詩人抓到一點感觸，藉物抒感，寫來不管有沒有道理，趣味性十足，則是不可否認的。

第六節　寫情詩自然有味

　　向明在論情詩的時候說了一段話頗為中肯，他說：「我曾強調過，好的情話必須自然、喜悅，不脫詩的質地，最主要還必須有趣味，會讓對方眼睛一亮，心頭一驚，抬起冷冷小手給你輕輕一擊，或罵聲死鬼，那才是情詩應具的音效。」（見人間福報「覺世副刊」2003 年 11 月 27 日〈詩探索〉）

　　看了這段話，使我想起 2003 年 10 月 13 日湄南河副刊的「刊頭詩」〈如果你還未回家〉，那真是一首好情詩。不信，請看：

如果你還未回家　／林煥彰

> 我在路上，
> 揀到一片落葉；
> 如果妳還未回家，
> 我會繞過小溪，選一塊
> 有青苔的石頭
> 繼續想妳

　　林煥彰這首情詩，符合了向明論情詩的要點：「自然、

喜悅，不脫詩的質地，有趣味，會讓人眼睛一亮，心頭一驚。」
為什麼？全詩只有五行，寫在路上撿到一片落葉，本來想要
有所表示，雖只是一片落葉，但在有情人眼中，勝過金銀珠
寶鑽石，不是也有一位詩人以易開罐的拉環，向心愛的女友
求婚嗎？而那位女友一直戴著這枚易開罐拉環戒指。以此來
看林煥彰的「落葉」，既情真又讓人有意外的喜悅！更難得
的是，此時妳如果還未回家，他會繞過小溪，選一塊有青苔
的石頭，繼續想妳，多麼深情。詩中的落葉、繞過小溪、有
青苔的石頭，都是很好的意象語，既可暗示情節，又可襯托
場景，美化場面；如果演成短劇，亦不失為很好的「極短篇」。
情人知道他如此癡情，在石頭上枯坐想她，不輕輕敲他一下
腦袋，罵聲「死鬼」才怪。詩人的情詩寫到這種地步，真是
天上人間，人間天上了。

　　另外一首〈與月亮之戀〉，刊於 2003 年 10 月 23 日湄南
河副刊，是曾心的作品，也是一首很好的情詩：

與月亮之戀　／曾心

月亮在窗口
又露出了笑臉
哦，她還是
當年竊藥時
那樣玉潤碧鮮

我伸出雙手
想抱著睡在枕邊
她廣袖一拂

　　臉朝向天邊

　　當我酣睡時
　　她又悄悄來到床前
　　偷偷給我換上銀裝
　　喲，還溫柔一吻

　　我驚喜地睜開雙眼
　　只見她
　　猶抱琵琶半遮臉

　　我與月亮之戀
　　總在若即若離中
　　咀嚼著「愛」的微妙滋味

　　以月亮擬人，詩人與月亮談戀愛，寫來自然，讓人讀了
有意外的喜悅。李後主的詞中，不乏此類佳構，例如〈倒提
金縷鞋〉就是很好的幽會情詩。

　　此時寫盡了情人間的微妙關係，當你喜歡她時，她卻「廣
袖一拂／臉朝向天邊」，等你不再理她了，她又「悄悄來到
床前」，不但「偷偷給我換上銀裝」，且「還溫柔地一吻」，
許多情人間的微妙滋味，都在詩中自自然然顯現出來。

　　許多人都會寫情詩，不是太肉麻，就是乏味。能像林煥
彰、曾心這樣，以詩的質地，寫有雋永的短詩的並不多見。
我再三反覆研讀，腦中不時浮現一位多情詩人，拿著一片落
葉，在河畔青石上癡癡的想妳、等妳，尤其「落葉」兩字，

代表無限意涵，有已經枯萎的戀情、逝去的一段感情之意，而詩人仍如此在意，一直念念不忘，其情也深，其情更真也。

第七節　詩作語言密度極高

小詩往往能以極高的密度與純度的語言，以最凝練的文字，像子彈瞄準目標，直接命中要害，讓人得到直接而強烈的印象，久久無法忘懷。「湄南河副刊」的刊頭詩〈頑症〉就有這種效果。

頑症　／苦覺

二十年前
心靈上，一道
情感的傷口
至今，還在
隱隱作痛

這裡有一個隱形的主角，在作者心靈上劃了一道傷口，時間雖過了 20 年，還在隱隱作痛，可見其傷害之深，作者未多作敘述，語言也平淺，意象也單純，目標卻十分明確，直接命中要害，掌握小詩的神髓。如果範圍縮小在感情受傷，那麼苦覺的詩就屬於自怨自艾型的、受人憐憫型的，不像台灣女詩人夏宇的詩作〈甜蜜的復仇〉，一副完全女暴君的形態：「把你的影子加點鹽／醃起來／風乾／老的時候／下酒」，恨不得吃你的肉，啃你的骨，喝你的血，太恐怖了。

完全是兩首對比強烈的詩作。

　　再看文謙的詩作〈雨〉，是「湄南河副刊」的刊頭詩，短短四行，頗有奇襲效果，尤其「蛙鳴」！

雨　╱文謙

雨
深夜的雨，
路燈下的雨，
蛙鳴。

　　這首詩十分奇特，只寫雨，而且是下在深夜，下在路燈下，讀者正等待有什麼故事發生，作者卻十分突兀的以「蛙鳴」作結，沒有表明是千軍萬馬的蛙鳴或低低泣訴的蛙鳴，讓讀者去想去體會，想像空間很大。這樣讓讀者去體會的內容，就可以千變萬化了，如果做一個實驗，以此詩爲藍本，讓讀者去寫小說，將可以收到數以萬計的作品，寫這樣的詩，除了作者巧妙安排，匠心獨運外，還有編輯的慧眼，識千里馬的伯樂，否則一不小心，就被輕輕瞄過，往退稿堆一放，許多佳作就無顏見讀者了！

　　再看 9 月 21 日的「湄南河副刊」刊頭詩〈臨終遺言〉，是一首十分幽默的作品。

臨終遺言　╱劉舟

妻對垂危丈夫含淚說：
來世
願為比翼鳥

夫：不
今世已受夠了

　　描寫一對怨偶，竟然在臨終時還表明此生已受夠「折磨」，不願來世再做比翼鳥。如果以幽默短劇演出，效果一定非常好，可以引得觀眾哈哈大笑。一般說來，人之將死，其言也善，騙她一兩句又何妨；可是臨死不屈，還是表明此生已受夠了，足見夫妻感情壞到何種不堪的地步。隱隱約約還可以體會妻子的強悍、不可理喻……等，讀者自行體會吧！

　　再看「湄南河副刊」刊頭詩〈認識自己〉。這首詩也寫得很有意思，讓人讀了興味盎然。

認識自己　／馬凡

他說他是鳥
上天能飛
他說他是魚
下水能游
到底他是什麼東西
我也不知道

　　這首詩表面上作者從判斷中抽離自己，讓讀者自己去判斷「他是什麼東西」，而骨子裡作者其實已經做了判斷。這是一首諷刺性十分強烈的詩，社會上這種自吹自擂的人不少，有人就會反諷：「唉呀！你真棒啊！像隻鳥，上天能飛」；更有人會反諷：「才不呢！你是魚嘛！下水能游。」作者兩者都反諷，又說自己什麼都沒說，真是妙詩。

　　「湄南河副刊」的小詩佳作甚多,多采多姿,變化萬千,有些故事性強,有些諷刺性高,更有些結尾十分驚奇,還有預留的想像空間大,真是妙不可言,反覆再讀,每一次都有不同的體會。對這幾位小詩作者十分佩服,不論在語言創新,意象的融鑄,節奏的掌握,氣氛的營造,都有出色的演出,相信「湄南河副刊」的努力,功不唐捐,會受大家的肯定。

第八節　妥適剪裁零碎的思想

　　以寫小詩飲譽文壇的冰心女士說:「我寫《繁星》和《春水》的時候,並不是在寫詩,只是受了泰戈爾零碎的思想,收集在一個集子裡,送到《晨報》的『新文藝』欄內去發表,……三言兩語就成一首詩,未免太單薄太草率了。我不會做詩,那些《繁星》、《春水》等等,不過是分行寫的『零碎的思想』。」依我看,冰心女士這段話是她的自謙之詞,「零碎的思想」而能加以妥適的剪裁,當然算詩,尤其思想越高妙,處理手法越高明,則更易成為好的小詩。

　　當我們在觀賞泰國的人妖表演,不知不覺讚嘆:「唉呀!比女人更女人!怎麼會有這麼美的男人!」這就是「零碎的思想」,有這種想法的人很多,而能成詩的卻不多,苦覺就有一首佳構,發表在「湄南河副刊」的刊頭詩上。

人妖 ／苦覺

一隻白蟻,爬進
「中庸」書裡

於經年的蛀食中
成精
在太陽月亮都不能到達的地方
歌唱

　　看到「人妖」而想到「中庸」，聯想力超強；所謂「中庸之道」不偏不倚，剛好可以用來界定「人妖」介於男人與女人之間。而一隻白蟻爬進書中蛀食經年成精，則是作者賦予人妖形成的原因；文學並非科學，有時雖無理，但妙趣橫生，用來解答人們的疑問：「怎麼會有這麼美的女人？」比「上帝弄錯了」更有玄想的空間。至於「在太陽和月亮都不能到達的地方／歌唱」更留下無限的想像空間；太陽和月亮都到不了，豈不是十分黑暗，在黑暗不見天日的地方歌唱，是什麼樣的情況？什麼樣心情？作者一句話也沒說，但讀者卻能體會，且因人而異，體會各自不同。讀者也可以認為作者是藉「人妖」發揮，抒寫學者如書蟲鑽進書中，研讀經年而學有所成，在黑暗的世界中傳播光明，這樣的學者，不分男女，更不必去分男女，以「人妖」為題，更是十分合宜。這樣「零碎的思想」而成佳作的，還有嶺南人發表在「湄南河副刊」刊頭詩〈婚姻物語〉：

婚姻物語　／嶺南人

一杯加糖加冰的黑咖啡
又凍、又甜、又香
夏天炎炎，入口很爽
啜了又啜，久了

味道愈來　　愈淡
杯底更覺無味而冰涼

　　許多人感嘆婚姻到後來乏善可陳，有人七年就癢了，更
有人不到一年就癢了，許多連續劇都以婚姻長久疲乏為題
材。嶺南人將這些一般人都有的「零碎思想」，加以巧妙利
用，以喝咖啡做為比喻，剛開始人們熱情如火，好比夏日炎
炎，喝來清涼爽口，時間久了，喝膩了，味道越來越淡，甚
至乏味，寫盡婚姻的真相，無奈之情，溢於言表。

　　這種「零碎的思想」其實取之不盡，用之不竭，看你有
沒有能力去抓住它。就如同海中各色各樣的魚很多，你有什
麼樣的方法可以捕獲？你可海釣，當然你要有釣竿；你也可
以網魚，但你要有魚網。「湄南河副刊」的刊頭詩〈如果下
雨〉，就可以看到詩人無時無刻，不論哪裡都可以捕捉到詩
的功力。

如果下雨　／林煥彰

我在九樓，
窗外有雲；
如果下雨，我會接一把
帶回去；
給妳泡杯下午茶。

　　在高樓也罷，在原野也好，作者只隨意寫出一個地點，
看到雲，聯想到雨，「如果下雨」，下雨真好，一般人都會
浪漫的想起，如果她在旁邊更好，一起欣賞雨景，但作者想

的卻是接一把雨帶回去，給妳泡杯下午茶，想法出奇；出奇
而能制勝就是詩人的功力。讀者或許要問：「爲什麼寫九樓？
爲什麼看到雲？是不是有特殊用意？」這樣讀詩就對了，九
與久同音，有無久候之意？這樣作者接一把雨水回去給她泡
下午茶之用意則更爲深情。深情隱藏在字裡行間，這就是詩
人高明的地方。

第九節　做到不重複自己，時時創新

　　中國「七月詩派」的名詩人綠原，在 2004 年初接受訪問
時，對新詩的發展提出了五點十分可貴的意見：「第一，充
分認識到創作的艱難，以搏兔如搏虎的精神挑戰。每次提筆
要像第一次寫，才不會爲省事而常襲故，以致重複自己；又
像最後一次寫，才不致吝惜最後一點潛能，而留下遺憾。第
二，作爲完整意義上的詩人，能通曉整個文學領域及其各部
門的異同，從而不斷開創新的可能性。第三，除了會寫詩，
還得下功夫把漢語寫好。漢語欠鍛鍊，擺不脫與社會相隔閡
的習慣性的『綺語』，是不少青年詩人的通病。第四，不爲
詩名所累，不以詩人自居，以普通人的姿態和普通人交朋友，
是詩人不可或缺的生活基礎。第五，最後，把詩寫好的同時，
把人做好，詩與人一元化是詩人之爲詩人的先決條件。」（轉
自向明〈詩宜出自機杼〉載《我爲詩狂》一書 p30，台北，
三民書局出版）

　　我在這幾年對「世副」詩園的觀察，泰、印華詩人的確
可以做到不重複自己、創新、有良好的漢語基礎、不以詩人

自居、是一個好人，尤其一趟曼谷之行，對泰華湄南詩人的
熱誠、虛心、友善、印象十分深刻。

　　尤其年輕詩人苦覺，承他一直陪伴曼谷的幾天行程，對
他樸實誠懇的性情十分心儀；他一襲白色粗布中國唐裝，背
著一個布袋，像極了台灣名詩人周夢蝶。2004 年 12 月 4 日
「湄南河副刊」的刊頭詩「人生」，就是他的佳作：

人生　／苦覺

出生時，哭
活著時，笑笑哭哭

死的時候
也不笑
也不哭

　　這首人生，好像完全白描；出生時，都是「哇」一聲大
哭，活著時，不但有哭，也有笑，喜樂悲傷參半，一語道破
人生，尤其是第二段「死的時候／也不哭／也不笑」，妙極。
短短二十一個字就把人的一生精準的刻劃出來。

　　由於苦覺這首〈人生〉中的「出生時，哭」，使我想起
名詩人余光中的〈母難日〉三題中的第一首〈今生今世〉，
詩是這樣寫的：「今生今世／我最忘情的哭聲有兩次／一次，
在我生命的開始／一次，在你生命的告終／第一次，我不會
記得，是聽你說的／第二次，你不會曉得，我說也沒用／但
兩次哭聲的中間啊／有無窮無盡的笑聲／一遍一遍又一遍／
迴盪了整整三十年／你都曉得，我都記得」讀來語近情遙，

不忍罷手。誰說詩一定要艱澀難懂才有大學問？

　　在曼谷的數天中，曾心正忙著籌備「留中同學會」，不但抽空相聚，還熱誠邀約參加他們的盛會，讓我有機會見識到旅泰華人的多才多藝。至於曾心的詩藝早就名滿湄南，再看 2004 年 12 月 7 日「湄南河副刊」的刊頭詩〈放水燈〉，更有不重複自己，創新和即時的優點：

放水燈　／曾心

手上放飛的水燈
在江河蕩
心上放飛的水燈
在雲海飄

江河的水燈壽短
雲海的水燈代代相傳

　　曾心這首放水燈，大概是碰上曼谷水燈節有感而作。放水燈那晚，嶺南人、苦覺陪煥彰、阿里、叔清和我一同到湄南河放水燈，讓我見識到了什麼叫「人山人海」。曾心這首詩有虛實對比的技巧：實的是手上的水燈，在江河上蕩，壽命最短，一下子就滅了，被水中的小孩撈走，挖走了裡面的錢幣；虛的是心上的水燈，在雲海飄，而且世代相伴，永遠不熄，暗示世人希望以心中的水燈，代代相傳下去，代代祝福子孫福樂綿長。曾心這首詩仍然意象清新，手法簡潔，語近情遙，內涵豐富，祝福無窮，令人讀來興味盎然，玩味不已。

第十節　詩中有奔流的氣勢

　　「湄南河副刊」的刊頭詩，題材極廣，任何事物皆可入詩，絕不重複陳腐抄襲守舊。像這一股詩的奔流氣勢，日久必見重大的影響。余光中的詩生命，就有這樣一股不可遏抑之勢的奔流壯觀。詩評家蕭蕭就在他的《台灣新詩美學》一書中的第二章〈台灣新詩的入世精神──從儒家美學看余光中詩的體現〉，有一段論述：「奔流的意義，應該如蘇東坡所言『萬斛泉源，不擇地皆可出。』不僅如水性之可圓可方，消極地隨容器而成形，而有聲；更應該是一種積極攻佔氣勢，『奔流』衝到哪裡，那裡就該成河、成泊、成海，挾著雷霆之聲，萬鈞之力，『奔流』，有速度，有方向，沛然莫之能禦。」但是讀者千萬不要誤會，「奔流」只是匹夫之勇，奔流卻是一種理想的堅持。

　　2004 年 3 月 29 日的「刊頭詩」就是一種奔流力量的轉化：

　　　　龜　／曾心

　　遭受欺侮
　　把頭縮成一塊硬石

　　過後
　　繼續走路

　　作者利用龜的外形以及被敲打時頭就往裡縮變成一塊硬石，所以有人罵人「縮頭烏龜」，但是重點在這二行「過後／繼續走路」，也就是繼續尋找理想，創造功業。「吳王夫差以為征服了越王勾踐」，但是勾踐「臥薪嘗膽」，終於復國雪恥，其他劉邦被項羽逼入漢中……許多歷史事實證明，暫時隱忍縮成一塊石頭，重要的是要繼續走路。孔子周遊列國，也曾發出「道不行，乘桴浮於海」的感嘆，但幾千年來儒家精神卻一直盛行於中國，這就是「奔流」而且有「莫之能禦」的氣勢。

　　這種道理 2004 年 3 月 6 日的刊頭詩〈路〉，嶺南人有十分透徹的了悟：

　　　　有時候，最寬最大的路
　　　　最最難走
　　　　有時候，最直最短的路
　　　　最彎　最長

　　　　有時候，兩點之間
　　　　直線，不是最短！

　　作者一定有豐富人生體悟，才能寫出這樣好的哲理詩。前面說過儒家精神有「奔流」的氣勢，但仍然要遇石轉彎，逢山開洞，才能形成一條壯觀大河。也就是，知道大勢所趨，知所節制。蕭蕭在同一本書的同一章中，接下來就是討論余光中詩生命雖有一股不可遏抑的「奔流」，卻也知道有所節制，也就是儒家「坤道」的修持。《易經》、〈坤卦・文言〉：

「坤，至柔而動也剛，至靜而德方。後得主而有常，含萬物
而化光。坤道其順乎？承天而時行。」嶺南人對人生有深刻
的體悟，所以他用路來解說人生，告訴人們你選最寬最大的
路，其實有時最難走。當李政道、楊振寧得諾貝爾物理獎時，
人人都爭相選讀物理，以至於後來物理學「博士滿街走，碩
士賤如狗」；其他事例甚多，不再贅述。

　　同理 2004 年 3 月 22 日的刊頭詩，林煥彰的〈再轉個彎
吧〉，也有異曲同工之妙：

　　　人生的路，不是直的
　　　轉個彎吧！
　　　看花看草，也看看鳥……
　　　再轉個彎吧！
　　　心就更寬了，
　　　── 有山有海，也有天空

　　作者以儒家精神「用之則行，捨之則藏」的道理，告訴
讀者，何必頑固、固執不知變通，有時人生轉個想法，你會
看到鳥語花香的世界，有時甚至海闊天空。

　　「湄南河副刊」大力推行詩教，尤其不提倡晦澀，甚至
那種喃喃自語而描「肚臍眼」的詩，是令人佩服的。這就是
孔子說的：「興於詩，立於禮，成於樂。」（《論語：泰伯
篇》），也就是儒家把詩歌樂舞認為是人格教育基礎。蕭蕭
更進一步論述：「修身當先學詩，因為詩來自於人的真性真
情，是人性中最柔最軟最容易受感動的部分；詩的聲韻和諧，
適合吟詠，在聲音抑揚頓挫之間，人的性情有所感觸，有所

感染，甚至於因此感奮興起，是教育的第一階。」

「世報」副刊負起社會教化的功能，和一般八卦媒體，不可同日而語。哪一天，當他發揮無限力量的時候，詩人們，你可引以自豪！

第十一節　詩中有儒家情懷

「湄南河副刊」推出的 2004 年 3 月 20 日「新詩專輯」中，刊出苦覺的〈短詩四首〉，令人讀後讚嘆不已。他的內心是儒家的情懷，他的寫作技巧既是比喻，又是側寫，還兼含暗示，用字又十分精準。我們先來看第一首〈熊貓〉：

唯恐
後繼無人
千年的憂愁
千年的無眠
白了頭髮
黑了眼圈

此詩和余光中的名作〈守夜〉，同樣都具有儒家爲傳承文化，至死不休的苦鬥精神。苦覺以熊貓的外形來比喻一個熬夜不休爲文化努力以致形成黑眼圈、白了頭的人士，十分合宜。這正是艾略特說的：「要使你的思想像薔薇一樣清楚。」白靈在《一首詩的誕生》一書中，也說明比喻的重要「……寫詩，基本上是一種『形象思維』，亦即將情感思想借助想

像的活動而使之形象化，具象化。」（引自該書中〈比喻的
遊戲〉乙文 P13）。

　　再看第二首〈冬夜〉：

　　身單衣薄

　　柴濕火暗

　　無眠的我，不忍心

　　把門窗關牢

　　雪地裡有一群流浪的風

　　冷得嚎啕大哭

　　作者以衣衫單薄，又無柴火取暖來形容自己的苦況，可
是起碼還可以緊閉門窗，避一下風寒，但是儒家仁者的胸懷，
竟然忘記自己的寒冷，想到「雪地裡有一群流浪的風」；風
當然是「意象語」，比喻流浪人，他們在雪地中「冷得嚎啕
大哭」，這就是「人飢己飢，人溺己溺」的儒家精神體現，
作者用〈冬夜〉側寫如雨果的「悲慘世界」，令人讀後，擲
筆三嘆。

　　再看第三首〈雨〉：

　　太陽

　　吻了雲朵以後

　　又去吻世上萬物

　　年年月月

　　雲朵傷心了

以流淚的方式

作者也是使用暗示側寫的方法，來諷刺多情的人，吻遍世界萬物，卻讓初吻的情人雲朵流淚。因雨而想到這麼有故事性的體材，真真令人嘆服。

白靈在《一首詩的誕生》中，也有一篇〈想像的捕捉〉，很可以參考。一般人寫「雨」，不是嘩啦嘩啦，就是滿街花雨傘，能因雨而想像到被棄的婦人的眼淚，能想像到太陽像花蝴蝶到處留情，這就是想像的捕捉。白靈說：「想像是要用魚網捕捉的，魚網可以作得很大，也可以作得很小；可以什麼魚都抓，也可以只抓一種魚。」依我看苦覺，是以小魚網只抓一種魚，也就是焦點集中法。白靈列出三種常用的聯想手法；有接近、類似、對比等三原則。我認為〈雨〉是屬於類似聯想法，雨和淚都是水，不是有人形容「淚下如雨」嗎？這種類似聯想的性質，是所述的對象之間非為同類而為某種性質的相似，如太陽到處親吻萬物，如多情之人到處留情，也有人形容採了花就走的採花人，都是有同質性。這種用法必須運用強制關聯法，使兩不相干的事物產生聯想。〈雨〉正是這種高水準之作。

再看第四首〈風箏〉：

我要民主
風，別老推我逼我
我要自由
線，別老拴我拉我
風止線斷

　　夢，也碎了

　　此詩大意十分簡單，只有民主自由雖是人人喜愛，但沒有法治（以線來比喻暗示），則容易混亂，社會脫序，美夢自然破碎。這首詩也是運用比喻、側寫、聯想等方法完成，前三首已有論述，不再贅述。

第十二節　詩中浪漫多情

　　2004 年 4 月 4 日「湄南河副刊」的刊頭詩〈一讀再讀〉，是一首神韻似志摩，浪漫如愁予的多情詩，真的使人不得不「一讀再讀」：

一讀再讀　／林煥彰

　　讀一些風
　　讀一些雨，也讀
　　一些浪花……

　　夜深了，我們走進
　　彼此的心裡
　　再讀心跳的頻率

　　和情人在風雨中，不但心情舒坦愉快，這些風和雨也都成了美麗的詩句，所以作者用「讀」一字來形容愉快的心境，甚至於也讀起浪花，這種浪漫、這種情韻神似許多多情詩人。

第二段寫美滿的情緣，在讀風、讀雨、讀浪花直到深夜，兩人心靈契合，彼此走進心裡，結局圓滿，尤其「再讀心跳的頻率」，更令人羨慕。

這種典型化的描寫，蕭滌非在〈杜甫詩歌的藝術性〉乙文中提到「通過典型化的手法而收到驚人的藝術感染力。」（參閱《人間福報》2004 年 5 月 19 日「千古人物」版）。這種浪漫式的愛情之所以令人神往,就是有共通性,有情人看到風看到雨,彷彿讀詩一般的快樂,絕不會像路人急急逃跑。尤其寫到「讀心跳的頻率」，兩人靈肉合一，詩人並未直言，只是客觀的描述。這種情況所有有情人都一樣，所以舉一反三，以一個情況來代表所有類似的情況，詩歌的力量於焉產生。詩人並未明言他們的感情有多好，但透過客觀的描寫，詩人對這段情感的珍惜已具體的呈現在其中，所以詩題〈一讀再讀〉，有與你相處永遠不會厭倦的暗示。

情詩有味，所以人人愛讀，再看 2004 年 4 月 3 日「湄南河副刊」的刊頭詩,寫的也是人類共通的感情事件：

情海 ／妞妞

風吹再強也有疲倦之時

浪花再大也有平靜之日

當風平浪靜一片祥和時

礁岩已坑坑洞洞傷痕纍纍

更況一顆柔弱的心

豈能船過水無痕

這首詩的作者，看來就沒有前首詩作者的幸運，一樣是

風，一樣是浪花，卻是風疲倦了，浪花平靜了，一切都歸零，表面上風平浪靜，其實身心已似礁岩坑坑洞洞，傷痕纍纍，然而還是無法忘懷那段情，一顆柔弱的心，仍然無法船過水無痕。足見作者內心永遠的痛，和前面的〈一讀再讀〉，深情永恆，剛好形成強烈的對比。

　　這一首詩，雖然用了許多意象語：風、浪花、礁岩，但詩中卻「大發議論」，和〈一讀再讀〉的「客觀描寫」也完全相反。前面提到的蕭滌非論杜詩乙文中，也同時指出杜甫和白居易的不同；杜甫是「讓自己的主觀傾向從客觀事物的敘述中流露出來，而不是明白地說出。」但是，白居易「往往是夾敘夾議，特別喜歡在詩的結尾大發議論」，雖然寫法有不同，但蕭滌非認為「他們都是傑出的現實主義詩人」。

　　2004 年 4 月 10 日到 12 日，一連刊出路雅的三首〈荷花〉，讀來也十分有味，仍可算「湄南河副刊」傑出的刊頭詩，為了討論方便，同時表列在一起：

荷花　／路雅

一、

夏涼如水的塘荷

用風的睡姿

叫醒了

滿樹的蟬

二、

聽落日與遠山唱和的平湖

去到無聲的段落

欲言又止

是你嫣然一笑

三、

池中的魚游向閒息

風裡的柳葉

撥動跳躍的陽光

妳的憩靜

流入了下午岑寂的書聲……

　　路雅這三首〈荷花〉，寫的雖是荷花，但其實是在寫一個心儀已久的人，用荷花來描述她而已。

　　第一首寫妳似夏涼如水的塘荷，用風的睡姿，乃花在風中搖曳也，暗示妳翩翩的身影，叫醒了滿樹的蟬；蟬聲暗示我對妳的呼喊、示意，滿樹的蟬都叫起來，其聲如雷，也似我大聲呼叫，叫醒了頗有突然頓悟之意，一直以來都沒有注意到妳的存在，如今突然被叫醒，突然發現妳的存在，意外中特別有情韻。

　　第二首仍然以荷花暗示戀人，聽落日與遠山唱和的平湖，可見一日將過，遠山仍在與落日唱和，看平湖之歌一直唱到無聲的段落，可是仍不敢對你表白，在欲言又止中，只見妳嫣然一笑，作者顯然還是暗戀而已。

　　第三首池中的魚休息去了，只有風裡的柳條撥動著跳躍的陽光，暗示自己情似柳絲，仍然企望光明，企望愛的陽光，只是妳的憩靜，沒有表示，我只好自個兒吟吟唱唱，我的愛慕之歌只好流入了下午岑寂的書聲……書聲而岑寂，令人莫測高深，暗示乃作者心中的喃喃自語也。用岑寂的書聲來書寫，顯然仍未表白自己的情意。

　　情詩之令人喜愛，乃因人都會有情思、會表現愛慕之意的心情，此時熱戀的人讀到林煥彰的〈一讀再讀〉，將心有戚戚焉；如果失戀的人讀到〈情海〉，也會回想往事，和作者一同黯然神傷。至於「單戀」不敢表白者，就只好假裝欣賞一朵「荷花」了。

第十三節　詩中有社會意識

政治詩

　　現實主義的詩作，舉凡社會上所發生事，均可入詩，於是有社會詩、政治詩、生態詩……。2004 年 4 月 27 日的「湄南河副刊」的刊頭詩〈變天〉，就是一首標準的政治詩。

變天　／達瑜

一陣爆竹聲響
一顆子彈劃破肚皮
一個藍天不出現
一片黑雲蓋滿天

　　一看就知道是描寫台灣選舉的槍擊事件，作者只根據客觀的事實，加以描述。的確，那一槍不但「藍天」不出現。黑雲也將永遠蓋滿天，永遠無解，如雲的一團謎霧，誰也無法解。這就是「客觀，真實」，寫實主義永遠信奉的準則，至於是是非非，作者並未加入自己主觀的立場。這就是好政

治詩的範例。

　　安德魯‧海武德（Andrew Heywood）在所著《政治學新論》（楊日青等譯，台北，韋伯文化事業公司出版）乙書中說：「政治是人們透過制定、維繫和修正其生活一般規定的活動，它難免與衝突和合作的現象有所關聯。一方面，由於存在不同的意見、需求、期望和利益，因而導致人們對其所遵循的規則，並無一致的看法。另一方面，人們承認：為了影響這些規則，或確保這些規則獲得支持，他們必須與他人互動，於是，鄂蘭（Hannah Arendt）將政治權力界定為：「同心協力的行動」。這正是為何政治的核心，政治經常被描述成一種衝突解決的過程，不同的意見或對立的利益因而得以彼此妥協。」因此這首〈變天〉，可以說是「提出兩個不同團體，因對立利益爭權，運用特殊的手法，擊敗對手，因而獲得利益」的一首寫實政治詩。作者詩中雖未言明其違反政治學的妥協原理，但明眼人一看便知，作者詩作是有所針砭的。

　　孟樊在論述〈當代台灣政治詩學〉時以條列式的方式，對政治詩加以確立面貌：「1.政治詩的寫作，應採取寫實主義的路線。2.政治詩是被壓迫者的心聲，所以政治詩詩人要做弱勢階級的代言人，發揮他的正義感。3.政治詩要對當道的政權提出批判，政治詩詩人要具備反抗的意義，但不能流於喊口號，要有自己的政治理想。4.政治詩雖不能擺脫意識型態，但不能因意識型態而使詩僵化。5.政治詩要明朗、淺白，不必閃躲，但切忌寫成政見或政治論文。6.政治詩仍須詩講究藝術的處理。」達瑜這首〈變天〉，基本上都合乎孟樊所列的要求。（以上有關「政治學新論」及「政治詩學」

的定義，均轉引自蕭蕭著《台灣新詩美學》，爾雅出版公司
出版）。

　　2004 年 4 月 30 日的刊頭詩，也是一首很好的政治詩

雞的悲啼　／周天曉

被孵出來便知命運，
遲早都是人類饞嘴的佳餚；
不料一道殘酷的閃電，
把我輩統統趕盡殺絕！
今後誰來生蛋、報曉？

　　作者表面上描寫「雞」，其實雞只是抽樣的代表，利用
雞的悲啼，來訴說自己的心聲。雞當然是人們的佳餚，但若
全部趕盡殺絕，以後什麼都沒有了，不要說做佳餚，連生蛋、
報曉都不可能。人類就像雞，若遇到極權專制的政府，人們
如何逃避任人宰割？但極權政府把人民全部逼死，則政府中
的事務誰來做？誰來繳糧納稅？

　　這首詩當然也可以看做是生態詩，如河川山林保育、海
洋魚類保育，如果做得不好，許多生物均將滅種，人們不但
吃不到雞鴨魚肉，甚至連觀賞性的東西都沒有了，世界豈不
一片死寂？

　　蔡振興在〈論自然觀念的遞變〉乙文中說：「它的主角是
有情的『自然』，而不是『人』。因此，它所要凸顯的不是人
的價值觀，而是自然的價值觀；它所要表現的是人從自然的觀
察中所得到的頓悟；它所要歌頌的，不是以人為中心的思想，
而是從生物中心論所開悟出來的一種人與自然共生共榮的想

法。」（收入林耀福主編《生態人文主義》，台北，書林出版公司，此處仍轉引自蕭蕭所著《台灣新詩美學》乙書）。

鍾嶸《詩品・序》論到賦比興時說：「若專用比興，患在意深，意深則詞躓。若但用賦體，患在意浮，意浮則文散。」寫實詩大概都傾向賦體，因此散文化的傾向難免，但若適度的比興，使詩作含蓄而多義，可以使讀者發揮他的閱讀想像力。以上所舉的〈雞的悲啼〉，就可以使讀者多方聯想，既可當政治詩看，亦可當生態詩看，而〈變天〉乙首，確實是沒有「語言暴力」的一首政治詩，政治詩要寫得如此沒有情緒化，並且使用藍天、黑雲等淺白的意象語，沒有相當功力是辦不到的。

寫實詩

2004 年 4 月 19 日的「湄南河副刊」刊頭詩，把我大大的嚇了一跳：

暗流 ╱心笛

小窗內有火有燭光
太空上有星有月亮
小提琴聲中有感情顫動
寂寞的心頭有愛有希望

初看題目〈暗流〉，以為要寫表面看似平靜，其實私底下有一股看不見的力道，似乎有人要有所做為，在某種壓力、

迫害之下，將偷偷的反抗，像小說《憤怒的葡萄》裡那群工人，結合起來反抗。但是看完全詩，竟然和我的預期大大的相反，詩人只點出幾個場景，小窗內有燭光，太空上有星星月亮，琴聲中有感情，寂寞心頭有愛有希望，如此而已，真令人意外。詩要寫得令人有意外的驚喜，讀者才會感覺有趣，否則看了篇名，就知道他要說什麼，讀者將沒有耐心看下去。這首詩故意用「暗流」確是高明；暗流一般都指反面的意義，而此處卻是正面的暗示。作者告訴人們窗雖小，但有火有燭光，表示人雖處境不好，但還存有一點希望。太空雖暗，但有星有月亮，也並非廣闊到毫無憑藉，一片茫然。小提琴聲仍然有感情的顫動，這樣的琴聲，帶給痛苦者一絲絲的安慰。如果屬於寂寞的人們，此時心頭仍然有希望。這樣「光明的潛藏」，作者竟然把詩題定爲「暗流」，實在太意外了。此處的暗，仍然是表面看不見，但不是一般反面的力量，卻是一股安慰人心的力量。例如「窗小能邀月，簷低不礙雲」即屬此類。

　　2004 年 4 月 14 日的「湄南河副刊」刊頭詩〈失憶〉就沒有意外之感，但讀來心情沉重無比：

失憶 ／蔡宜霖

在加護病房
撿回呼吸
卻遺失記性
記性聰明
卻忘了
回家的路

　　這是一首「寫實詩」，人走到這種地步，豈止心情沉重、兩個字「悲哀」所能形容？在加護病房撿回呼吸、顯然急救了回來；命是撿回來了，卻遺失記性，此時已癡呆了，反諷的是記性聰明卻忘了回家的路，寫得真絕。這些詩使人有所感發，如果人們走到了不能呼吸或即使能呼吸卻沒有記憶，或即使自認爲還有部分記憶，卻忘了回家的路，人生到這種地步，真是一個「慘」字了得。然而，人一生下來，就注定有這麼一天會有這種狀況。葉嘉瑩談李白詩時說：「詩歌裡邊還要傳達出一種興發感動的作用，而你要傳達這種作用，你在詩中所用的形象和詞語就應該集中指向這種感發。」

　　這首詩表面無奈，但它集中了所有的詞語、形象在這種宿命的感發上，所以特別動人。

　　2004 年 4 月 16 日「湄南河副刊」的刊頭詩〈斑剝的時間〉，也是一首不可多得的佳構：

斑剝的時間　╱林煥彰

蟑螂爬過的，是
年代久遠的歲月，是我
未來的容顏

髒和臭和亂，是斑剝的
時間

　　現代詩人寫「時間」的詩很多，各有所長，商禽的〈長頸鹿〉、張默的〈時間，我繾綣你〉等，都是名詩，而林煥彰的〈斑剝的時間〉則是新作。林煥彰以千百萬年來一直都打不死的蟑螂爲意象，堪稱一絕。此處我無意做優劣比較，

因為唐詩中就曾發生過賈至、岑參、王維和杜甫四個人同時
寫「早朝大明宮」,《唐詩三百首》選了王維和岑參,四人
相比,當時王維被列為第一,只因詩中有「九天閶闔開宮殿,
萬國衣冠拜冕旒」的佳句,在今天看來,王維的詩要算最壞
的,因為當時唐朝皇帝還不得不把最小的女兒嫁給回紇,哪
裡談得上「萬國衣冠拜冕旒」?(參考 2004 年 5 月 17 日《人
間福報》「千古人物」蕭滌非作〈杜甫詩歌的藝術性〉。)

　　林煥彰這首詩講究一個「氣」字。從遠古一股作氣寫到
未來,而結論是在時間的神力下,一切都只剩「髒亂臭」是
「斑剝的時間」;時間是看不到摸不著的,林煥彰竟看到了
千古以來以至於未來時間的容顏之斑剝。葉嘉瑩在論唐詩中
高適的詩曾說:「王昌齡七言絕句的好處是以『情韻』勝。
那麼高適的詩呢?他的詩之所以好,是以『骨氣』勝。《孟
子》裡有一段是專門講養氣的,他說:『我知言,我善養吾
浩然之氣。』氣,我認為是一種精神上的力量和作用。」她
又說:「作文也講究『氣』,那都是要引起一種精神作用。
曹丕《典論‧論文》說:『文以氣為主』,韓愈〈答李翊書〉
說『氣盛則言之短長與聲之高下者皆宜』。文學中氣從哪裡
表現?就從你語言的聲調、口吻中表現出來。」林煥彰的〈斑
剝的時間〉,詩作雖短,不過兩段五行,但其氣勢則從遠古
的時間長河浩浩而下,讀來令人為之震撼。

以詩論詩和詩人

　　詩人是文學藝術的天之驕子,能用感人肺腑的詩篇,讓

古往今來的人們，經常吟頌，受其感染，改變精神世界，因此許多人都希望成為詩人，發出真理的聲音，吹響時代的號角，讓人們感受其光、其熱，永遠受人崇敬。

　　然而，也有寫詩的詩人，謙虛地表示自己並不懂詩，例如 2006 年 8 月 1 日副刊刊頭詩，楊學賢的作品即為一例：

詩人告白　／楊學賢

　　宇宙間有日月星辰，
　　大地上有花草樹木；
　　我只是掏出了自己的心，
　　與他們對話
　　人們卻稱我為詩人
　　其實，我不懂詩是什麼？

　　這一首詩重點在前面四句，可說在表達作者的詩觀。他認為詩人只是掏心與日月星辰、花草樹木對話，如此而已。後面兩句用相反的對話，說這樣被稱為詩人，實在有夠不好意思，其實自己並不懂詩。可是這樣寫，讀者反而印象深刻，更容易接受其詩觀：「詩不是什麼大道理，別把詩說得多神聖，讓人們不敢進入詩國大門，只要把心掏出來與世上萬物對話，如此而已。」

　　因此，楊學賢又在 2006 年 8 月 6 日「泰世」副刊的刊頭詩，寫了一首〈四季圖〉：

四季圖　／楊學賢

　　春的臉綠了！

　　　夏的臉黃了！

　　　秋的臉紅了！

　　　冬的臉白了！

　　　那綠草那黃槐那紅楓那白雲，

　　　彩繪出四季鮮美的圖畫。

　　由於作者的詩觀，要與世上萬物對話，他看到綠草，就
對它說：「春的臉綠了！」看到黃槐，就說：「夏的臉黃了！」
看到紅楓就說：「秋的臉紅了！」看到白雲就說：「冬的臉
白了！」當然，他也可以看到積雪說：「冬的臉白了！」把
這樣四季的景物捕捉下來，就成了一首詩！

　　所以自古以來有關論詩與詩人的何止萬千？2006 年 8 月
9 日「泰世」副刊刊頭詩，妍瑾的作品，就是一首論詩人的
詩：

詩人　／妍瑾

　　是幻想

　　是思念

　　是快樂的化身

　　他的歸宿

　　是失望

　　作者認為詩人是什麼？是喜歡幻想的人吧！因此有人說
詩是屬於年輕人的一種表達方式，許多傑出的詩人，很年輕

便已展露了非凡的才華，只因他可以海闊天空的幻想。作者
又認為，詩人大概就是喜歡思念的人吧？或者思念愛人、親
人、故鄉的人最易成為詩人？自古以來許多傑出的思鄉、思
親的詩篇，不都是在表現詩人的思念？

　　作者又說詩人是快樂的化身，可是他最終的歸宿卻是失
望，好像不成道理，可是見證許多詩篇，又覺得十分可信，
例如李後主的「問君能有幾多愁，恰似一江春水向東流」，
是對亡國的沉痛、失望，但他表達了之後，痛苦就昇華了，
可說是無理而妙。賈島的「兩句三年得，一吟雙淚流」，表
達上是失望的，但骨子裡是快樂的化身；創作的快樂，賈島
最能體會其中三昧。李商隱的「春蠶到死絲方盡，蠟炬成灰
淚始乾」，也最能體會思念的況味。

第十四節　詩中隱含深層意義

　　2004 年 5 月 30 日的「湄南河副刊」刊頭詩，是一首令
人讀後，感想萬千的好詩：

奶牛 ／苦覺

　　從來，沒有誰把我當人看
　　從來，沒有誰叫我一聲媽
　　可我，清清楚楚明明白白
　　你們大部分的人
　　都是我的孩子

　　表面上是寫生產鮮奶的乳牛，當然沒有人把牠當人看，當然不會有人叫牠媽，但是牠的的確確餵大很多小孩，因為人們已很少餵母奶。這是表面意義。

　　那麼深層的意義呢？詩人正在敘述自己的心志。在工商社會，詩人是不值錢的，有人甚至把寫詩當成笑話。這種心境和乳牛只吃草，沒有什麼豐厚的待遇，沒有人尊稱一聲媽相仿。

　　詩人在微薄的稿費，甚至有些詩刊還沒有稿費，還要捐錢才能刊出。可是詩人樂於寫好詩，提供人們精神食糧，餵飽人們飢渴的心靈。詩言志，詩人正以乳牛的心情，來看待讀詩獲益的人們。

　　這種心情，墨西哥詩人奧。帕斯曾在〈詩歌與世紀末〉乙文，有坦率的表示。首先，他引波特萊爾的話：「詩歌是最有收穫的藝術之一；不過它是一種收益很遲的投資 ── 儘管其收益卻很高。」奧・帕斯又說：「詩歌是『獻給無限的少數人』的藝術 ── 以可度量的少數來對抗可以計算的多數⋯⋯詩的讀者，不管有多少總是少數，既單獨又集體地參與到無限之中。」又說：「我們知道什麼人在閱讀詩歌 ── 多少不拘，這些讀者是社會的頭腦和心靈，是社會與行動的核心。」（以上轉引自沈奇著《台灣詩人散論》書前摘句）

　　苦覺以乳牛的心情來寫詩，正印證了沈奇摘自墨西哥詩人奧・帕斯的話。牛奶餵飽人們的肚子，詩歌餵飽人們的心靈，而且影響深遠，詩人豈可自我輕視？真是任重道遠啊！

　　同樣的心情還有 2004 年 6 月 1 日「湄南河副刊」刊頭詩，令人讀後，為之動容：

地上的詩　／林煥彰

花草樹木，
是我心中的詩。
不能寫詩的時候，
我用寫詩心，
種花種草種樹木；
它們是我地上的詩。

　　詩人用寫詩的心情來種花草樹木，反過來想，詩人當然也是以種花草樹木的心情來寫詩。種花草樹木有何功效，對環境保護和美化有多大的幫助，讀者知之甚明，不必多說。所以詩人認為花草樹木是「我地上的詩」。詩的功能可以由此引申而為讀者瞭解接受。這種反面襯托的寫法，已經寫到不著相、不露痕跡的境界。

　　這種詩人的心情，2004 年 6 月 22 日的「湄南河副刊」刊頭詩，正可以說明：

無為　／王學敏

無為
不是甚麼都不做
無為
是甚麼都做
但不為甚麼而做

這種「不為甚麼而做」，沒有目的，卻「甚麼都做」，

詩人戲稱「無為」，真是妙哉！作家吳念真年輕時每天都在
家裡附近走來走去，構思故事情節。鄰居以為他無所事事，
見面就勸他「何不去找個工作，每天只是閒逛！」作家只是
笑一笑，鄰居往往搖頭輕嘆而去！他們不知道他的無為正是
有所作為，他的作品影響人可深遠啊！

　　以上所舉的三首詩，都寫得十分平易，絕不晦澀，但火
候都相當夠。藝術家在練習的階段才使盡花招。當已成為大
家，順手拈來，自成妙品。朱銘的「太極」，簡單幾筆，竟
是藝術評價很高的雕刻傑作。

　　最近楊蔚齡要把高棉波布政權的暴政寫成小說《切夢
刀》，指導教授們在一番討論之後決定：「何不乾脆使用最
簡單、最平實的方式講述這個血腥、極真實的故事？」他們
認為：「這樣較具有震懾人心的力量，平實是一部較特殊文
學作品，在表現方式上必須具備的特質。」（以上大意引自
2004 年 6 月 11 日台北聯合報副刊李永平〈燔祭‧浩劫‧記
憶〉）可見真正好的文學作品不必太花稍、賣弄繁複的技巧。

　　自「尚書虞書以來言志的文學觀，至今依然可以說是顛
仆不破的。」（引自楊子潤〈「傳說」中的葉珊與「年輪」
裡的楊牧 ── 談王靖獻十年的思想歷程〉，原刊《中華文藝》
71 期，收錄在張漢良、蕭蕭合編《現代詩導讀》批評篇）。

　　2004 年 11 月 1 日「湄南河副刊」的刊頭詩，就是一首
「言志」的詩：

題在詩裡　／林煥彰

　　給自己一首詩，

　　寫下這一生最後悔的事：

可當墓誌銘，

向天地，父母，世人，萬物

告辭。

　　題旨十分明顯，要寫一首可以向「天地，父母，世人，萬物告辭」的詩，但內容卻是「一生最後悔的事」，令人意外，使詩的可讀性因而增加。一般人一定寫立功、立德、立言等三不朽的「得意之事」，但作者沒有朝這方面去思考，反而要寫「後悔的事」。盧騷的《懺悔錄》之所以有名，正因為「懺悔」；許多名人傳記如果光寫豐功偉業，傳世的可能性大減。奇峯突起，是這首詩的優點。

　　2004 年 11 月 2 日「湄南河副刊」的刊頭詩，也是一首「言志」的詩：

夢的種子　／杜子

夢中的淨土

是泥濘的荷花池

當荷花盛開時

泥濘的土地也有香味撲鼻

把夢的種子

撒向泥濘不堪的人間吧！

　　這一首詩「言志」色彩十分清楚，要「把夢的種子／撒向泥濘不堪的人間」，原因是前四行「夢中的淨土／是泥濘的荷花池／當荷花盛開時／泥濘的土地有香味撲鼻」；因為泥濘才孕育荷花，因荷花而使泥濘的土地香味撲鼻，所以作

者才要把夢的種子，撒向泥濘不堪的人間，以具象來描寫敘說抽象，讀者因而印象深刻，有「荷花出汙泥而不染」的言說功能，卻也有詩意的變奏。可惜思維陳腐老套，未有新意。

　　以上這兩首詩，皆因對外界有所感，而產生的文學作品，即有感而發。劉勰《文心雕龍》的〈情采篇〉說：「神用象通，孕；物以貌求，心以理應。」〈物色篇〉也說：「情以物遷，辭以情發」，莫不是在述說言志的道理。林煥彰心中有「寫墓誌銘」的念頭，於是要寫一首「內涵人生最後悔的事的詩」，也許讀者會以為年齡大了，自然有此現象，但那是凡人，凡人也有為自己留名的企圖心，但詩人何等高超，死了也不忘「教訓」後人，希望後人不要重蹈覆轍，和我一樣後悔。這首詩看似平凡，直抒胸臆，但在不奇處，自有奇峯突起。我去參觀「十三陵」，明神宗自從登基，就一直在造陵墓，還立了一個碑，要下人刻上豐功偉業，可惜他沒有什麼豐功偉業，受命者又不敢不從，只好為他立上「無字碑」，神宗疑問：「為何替我立無字碑？」受命文人只好答以；「君之功高彌天蓋日不可勝書，非筆墨所能道盡。」神宗大喜。就這樣留下一則讓人心痛的笑話。

　　蘇東坡論詩：「衝口出常言，法度去前軌。人言非妙處，妙處在於是。」〈詩頌〉，林煥彰係「衝口出常言」，一句也不怪異，但「法度去前軌」，他竟然要寫「一生最後悔的事」，一般人見了大概會說：「這首詩一點也不稀奇，不高妙，我也會寫。」即「人言非妙處」，但我認為凡中之不凡正是其重要的成就，也就「妙處在於是」。妙處就在這裡啊！當頭敲你一棒。

　　然而，詩人一直在努力，不滿於以前的作品。一直在「後

悔」，看來他想寫一首最後悔的詩，似乎是不易完成了。蘇東坡的學生張來就說：「滿心而發，肆口而成，雖欲已焉不得者。」〈東山詞序〉然而，林煥彰還是很率性、豪邁的把這首詩寫出來了。蘇東坡的詞被稱爲豪放派之首，他常說：「某平生無快意事，惟作文章，意之所到，則筆力曲折，無不盡意。自謂世間事，無踰此者。」林煥彰此詩亦屬豪放派，說得夠豪放，夠瀟灑，一點也不扭捏。「我就是要寫我一生最後悔的事」，聲音如雷貫耳。

　　杜子的詩就比較古典、婉約、纖弱，詩中充滿夢、荷花、芬芳等古詩詞字眼，雖寫得瀟灑：「把夢的種子／撒向泥濘不堪的人間吧！」但其實用字、思想還是陷在「老套」裡面，如何「衝出」，可能詩人要有一些魄力，不惜把已有的古典學養拋棄。但這又談何容易？文學創作與批評之間，就這樣存在著相對的立場。「湄南河」的詩篇，已然形成風格，成長快速，我將在適當的時機，提供一些「建設性的建議」。

第十五節　詩作避免概念化

　　2004 年 7 月 5 日「湄南河副刊」的刊頭詩，是一首屬於概念化的詩，作者信口直言，並沒有植入任何形象思維：

精采表演　／劉舟

別騙我
我並沒有騙人
只不過是

我的手法

你沒看清楚

　　五行詩中只有兩個人的對話，第一行「別騙我」是觀眾對表演者的不服氣，直言表演者騙人，後四行是表演者的回答，說他並沒有騙人，只是手法高明，你沒看清楚，你怎麼可以怪我？兩人的對話正好合乎「精采表演」的標準。以川劇「變臉」爲例，當然不是真的變臉，而是速度快，手法細膩，觀眾至今還不能解開其中的奧妙。許多魔術表演亦然，觀眾明知不真，但仍十分嘆服，有時候直呼不可思議。

　　像這樣一首概念化的詩，到底是好還是壞？向明在他的《新詩 50 問》第 29 問就談到了這個問題 ──〈概念能否成詩？〉他說詩要動人，絕不可只靠發表議論，必須抽象思維予以形象化，然而也不是所有的詩都要意象複雜，那樣反而使讀者消化不良。詩通常只對某些事情作棒喝似的點醒，其他內涵還是要靠讀者自己去聯想。但有些詩，雖直接用概念來表達也可以寫得很好。以元朝馬致遠的〈天淨沙〉爲例，就是客觀事物白描的成功例子。它烘托出一個蒼涼悲壯的高遠意境，給人一種激烈而深沉的感受。可見詩好不好玩全看詩人處理手法高不高明，高手即使遇到純概念的語言，也能造出一個完美的實境。（以上大意引自向明《新詩 50 問》頁 115・台北・爾雅出版）。

　　這麼說來，有許多詩評家往往根據「語言是否太概念化」來論斷一首詩的好壞，並不正確。劉舟烘托出一個完美的「精采表演」的實境，我認爲讀者仍然可以獲得許多啓發，當然是一首好詩。

　　同樣也很概念化的詩，還有 2004 年 7 月 6 日的「湄南河副刊」刊頭詩〈對己對人〉：

對人對己　／楊玲

　　找別人的缺點
　　用放大鏡
　　論自己的優點
　　用加倍法

　　雖然很概念化，但還是烘托得十分有味；以放大鏡和加倍法來烘托詩中的論述，十分可取。尤其「找別人的缺點」和「論自己的優點」剛好形成對比。其實「真正的概念化」是「責人嚴，律己寬」這樣的格言就不是詩了。放大鏡和加倍法在詩仍然十分有味道。

　　在看 2004 年 7 月 7 日的「湄南河副刊」刊頭詩〈編輯〉，就比較有轉化，當然比前兩首更勝一籌：

編輯　／顧長福

　　選好幾片粽葉
　　將糯米餡料
　　一起裹住　緊緊

　　煮透它
　　讓食客來評價

　　以料理食物來暗示編輯人編好一份刊物的用心，十分生

動有味。此處以包粽子來暗示，選粽葉就如同選稿，包粽子的糯米餡料就如同刊物中的文章、插圖，當然要很配合，如同粽子「一起裹住　紮緊」，至於煮透了之後呢？刊物出刊之後當然要讓讀者來評價。粽子當然由食客來評價。往往許多美食都有口皆碑，排隊爭相購買，編輯編出來的刊物亦然，有些報紙銷售百萬份以上，有些則三、五萬不到，送人還沒人看，此中道理十分淺顯。

　　這樣把編輯比喻成包粽子（當然也可以比喻成作菜），讓人讀了會心一笑。蕭蕭就曾談過〈如何活用比喻？〉，這裡不妨節錄一些重點以資參考：「寫詩的人必須善用比喻，讀者可以藉著比喻，更快更準確了解歌詠的萬象；一方面則藉著比喻擴大詩的天地。什麼是比喻？比喻是拿一件切近的、已知的事物來形容詩人所要描述的主體。相互譬喻的兩件事物，形貌要相近，本質卻完全不同。要以具體、易知的事物去比喻抽象、未知的東西。比喻以立體為上，動態為佳。要多方面發揮想像力，嘗試各種可能的聯想。」（以上引自蕭蕭著《青少年詩話》台北‧爾雅出版）。顧長福的〈編輯〉乙詩，的確善用比喻，讓人印象深刻。

第十六節　詩中有美學創新特質

　　山東大學教授章亞昕在論「創世紀」詩人〈滄海桑田：創世紀的時空意識〉乙文中說：「在新詩運動中，其實包括了兩個不同的藝術思潮。相對於理性內容壓倒感情形式的崇高藝術運動，有別於浪漫與寫實的詩歌藝術，現代詩構成了

一種新的藝術傳說。唯其如此，李金髮被視爲『詩怪』，洛夫被視爲『詩魔』。在新詩史上，現代詩因不崇尙藝術傳統而被看成異端，由此反而表現出身在歷史上的超越意義，以及在美學上的創新性質。」（引自《情繫伊甸園 —— 創世紀詩人論》‧台北‧文史哲出版）其中「理性的內容壓倒感情的形式」正是一針見血指出現代詩的特質，這也正是「世副」中傑出詩作，讓人能慢酌細品的重要因素。

　　舉 2004 年 11 月 3 日「湄南河副刊」的刊頭詩爲例：

貓和時間　／方白

　　守著夜，守著孤獨；
　　守著黑，守著寂寞。

　　貓把時間還給時間
　　牠只喜歡牠自己。

　　「詩言志」，詩人以貓來暗喻自己，他像貓一樣：「守著夜，守著孤獨／守著黑，守著寂寞。」很好的詩人自況；詩人不是都守著夜、守著寂寞嗎？尤其詩是小眾中的小眾，辛苦一輩子，也不見得幾個人知道他。就這樣詩人把「時間還給時間」，他不去想這些，他只喜歡他自己，何等自戀。但若不如此，老是心想著「我已爲詩付出一生，怎麼沒有什麼名利？」豈不更加痛苦？詩人以「理性的內容」呈現內心澎湃的思潮。若是感性主義者，可能會這樣寫：「我像一隻孤獨寂寞的貓／守著夜／守著黑／時間一直在流逝／我還是只能喜歡自己」，懂是容易懂了，留下讓人再思考、再沉吟

的空間不多，這樣就無法超越舊有的成就，無法產生新的美學。「文學藝術貴在創造」，大家都懂，做起來卻不那麼容易。

　　再舉 2004 年「湄南河副刊」的刊頭詩為例，繼續我們這一方面的探討 ──

香檳　／辛牧

> 我滿腹的氣
> 禁不住你一陣搖晃
> 就衝出口了

　　這首詩只有三行，竟能把一個懷才不遇，又屢遭羞辱的人形象，充分呈現。詩人以「香檳」暗喻自己，一句「我滿腹的氣」既是寫實，也是暗喻，多少對人生的不滿不如意，一句話就說完了。作者接著仍然寫實：「禁不住你一陣搖晃／就衝出口了」，完全是事實的描繪。君不見開香檳的場面：一面搖晃，一面開瓶口，噗一聲，香檳就直噴而出，十分熱鬧。詩人以之來暗喻自己受氣「一陣搖晃」，然後「氣就衝出口」，可能一陣爭吵。寫得十分生動有趣。「世副」詩作的特色在理性之外，加上幽默性、趣味性，讀來沒有純理性詩作的乏味，應該可以吸引更多的讀者。同樣理性形式而又有幽默趣味的，當屬 2004 年 11 月 8 日「湄南河副刊」的刊頭詩最為有意思：

與我無關　／林煥彰

> 月圓之後，我習慣

將一件舊唐衫，

丟給下弦月和上弦月，

幫我晾乾

寂寞與孤獨，

是他家的事。與我無關

　　詩人以「寂寞與孤獨與我無關」來寫他的心情，表面無
關，其實骨子裡關係可深呢！詩人正以瀟灑不拘的樣態來描
繪自己；看似瀟灑，其實隱含著無限的寂寞與孤獨。現代詩
人最要摒棄「月、夢、小橋、流水、淚水……」等古典意象，
這些「故國不堪回首月明中」、「欄杆拍遍」等已被寫爛了，
作者以「舊唐衫」來暗喻，他在月圓之夜，要把它丟棄，然
而古典之傳承亦有其必要，不可以一刀兩斷，只好丟給下弦
月與上弦月去幫他晾乾；上弦月與下弦月有時間之傳承之
意。文學新舊間之徘徊、矛盾、要捨、要傳……寫盡了他的
內心煎熬之苦況。末段作者為了從繃緊的情緒中緩和釋放出
來，就瀟灑把手一攤：「寂寞與孤獨／是他家的事。與我無
關」！怎麼會與他無關？令人心疼、不捨。詩人在這種新舊
交替的文學演進中之苦況，不著一字，盡得風流。

第十七節　詩中可以揭發黑暗，描寫孤寂

　　「心有不足，遂發而為詩。運用意象語言，以超越人生
中悲劇性的現狀。於是，『獨上高樓，望盡天涯路』的情懷，

會化作『回頭驀見，那人正在，燈火闌珊處』的超越之境。現代詩的超越精神，本來是詩與真的結晶。詩意是存在的家園，是全神貫注的所在，由於詩，心靈變得自由，可以超越悲劇的命運。生活充滿了虛偽，詩人就退入自我的心靈世界。」（節錄自章亞昕《情繫伊甸園 ── 創世紀詩人論》乙書頁 19〈超越現狀；創世紀的文化精神〉・台北・文史哲出版）

　　2004 年 11 月 15 日「湄南河副刊」的刊頭詩，最能印證以上這一段話：

朦朧／妞妞

晨霧朦朧
水聲隆隆
霧中有我
水中有我
眼朦朧
心朦朧

　　詩人體認到世界充滿虛偽，不願看，不願想，於是退入心靈世界，希望「眼朦朧，心也朦朧」，模模糊糊，眼不見，心不想。這種心境，起因於「晨霧朦朧，水聲隆隆」，環境使然，作者因而陷入「霧中有我／水中有我」的境界，如此環境，自己身在虛幻之中。此詩之意象「晨霧、水聲」均甚古典，但印證現代人的環境，卻十分鮮活。試想，社會群體中，兩個分別是正義與邪惡的力量在拉扯，偏偏我們支持的正義一方卻居下風，無奈無力之感油然而生，遂生眼不見為淨之嘆，遂發而為詩，希望自己心也朦朧，眼也朦朧。作者

並未明示，讀者有此看法，完全是自己的感受，若遇到一位失戀的人，讀來可能就像瓊瑤小說「月朦朧，鳥也朦朧」了。詩的可看性、豐富性因而產生。

2004 年 11 月 17 日「湄南河副刊」的刊頭詩，更是一首描述孤寂心情的詩：

一個人的一生　／林煥彰

一個人的夜晚；

一個人的時間；

一個人的明天；

一個人的一生；

一生，只有一個人……

「一生只有一個人」？「怎麼可能？」讀者一定會這麼說。但人的孤寂心情，絕不是和一大堆人在一起就不孤寂。愛默森曾說過：「我的寂寞，不是面對高山大海或一望無垠的沙漠；有時，反而是在喧囂的人群之中。」哲人面對一大堆人群，感到他們不能感受領會我的思想，其寂寞之感便油然而生。這種感慨於「凡人無思想，沒有創造性的心情」；瘂弦的〈深淵〉便有不錯的描述：「沒有什麼現在正在死去／今天的雲抄襲昨天的雲……為看雲而看雲／厚著臉皮佔地球的一部分」── 這就是本文一開頭引述章亞昕所指出的詩人要：「超越現狀的文化精神，在於不順從社會的秩序，以及對抗悲劇性的命運，在生存的詩情中，從事創造，去超越自身的局限，使自己與外界的萬物同化，從而與無所不在的

生命精神渾然合一。」（引自前揭文同一章頁24）

　　這樣的哲人心情，金沙有積極的一面，他在 2004 年 11 月 18 日「湄南河副刊」的刊頭詩便這麼寫著：

給我一盞燈 ／金沙

　　給我一盞燈
　　帶領兩腳走出黑暗

　　見到陽光時
　　我會把它吹熄
　　留給需要的人

　　金沙對世界仍然是「心有不足」，覺得黑暗，沒有光明，所以企盼「給我一盞燈」，以便照亮世界。第一段中「帶領雙腳走出黑暗」乃是以小見大的詩法。雙腳是自己，自己走出黑暗，何必「帶領」？因而可以說是詩中的暗示；也要帶領別人走出黑暗。果然在第二段中，見到陽光就要把燈吹熄，因此時已不需要燈，燈要「留給需要的人」，多麼偉大的情懷。古聖先賢之「己立立人，己達達人」，正是這種心情。

　　同樣對世界有所不滿，心有所不足，有人如妞妞，眼不見為淨，心朦朧，眼也矇矓；有人如林煥彰，哀嘆「一生只有一個人……」；而金沙卻更積極，要把燈傳給需要的人。這中間的人生境界，不用我說，讀者心中自明。

第十八節　詩中有文化鄉愁

2004 年 12 月 2 日「湄南河副刊」的刊頭詩〈鴨〉，是一首具有「文化鄉愁」的詩；詩人離開中國，遠走異域，但詩文裡仍然處處顯示出「文化鄉愁」的況味：

鴨　／雨村

> 春江水暖鴨先知
> 有這份功績又如何
> 利字當頭的人吞著饞涎
> 蹲在岸邊估量哪隻夠肥

這一首詩的第一句「春江水暖鴨先知」是中國國畫中常見的畫題，也是已經變成俗語、格言的用語，詩人一起筆就是很中國的句子，可見其文化鄉愁之重。我在「世副」詩章中時常看到這種或明顯或不明顯只存在字裡行間的文化鄉愁。用這種類似已經成為典故的句子，有一個好處，就是可以省去很多不必要的說明。詩人的意思是有人可以洞燭機先，但這份功績又有何用？只要你夠肥，還是先把你宰了。中國成語「人怕出名，豬怕肥」，雨村以實際的例子來寫虛的抽象事物，令人印象深刻，回味無窮。

我說的文化鄉愁，有別於懷念故土的鄉愁，例如李白的〈靜夜思〉，余光中的〈鄉愁〉，都是寫具體的懷鄉之作；一般人離開故鄉難免懷鄉，因此此類作品往往得到多數人的

喜歡。而文化鄉愁的詩作，乃係以自己最熟悉的文化、典故、語境去表現你所思所感，仍然形成離鄉人士的寫作特質之一。

2004 年 12 月 3 日「湄南河副刊」的刊頭詩〈香皂〉，也是一首深受中國文化影響，內涵中有文化鄉愁的詩：

香皂 ／顧長福

髒了，能幫得上你除去油脂
洗清齷齪還留下芳香
惟有裡外一致，捨己為人
才是驕傲

這一首詩和中國成語、格言「做一根蠟燭，燃燒自己，照亮別人」意思相同。顧長福利用「香皂」可以幫人去油汙、清洗，留下芳香的特性，以及香皂因越洗而越薄的外形變化，來論斷它捨己為人，這才是驕傲，道理同於蠟燭，可見作者心中還是存著中華文化不忘本的「文化鄉愁」。只因別人未寫過香皂，顧長福的細心、用心值得嘉許、學習。所謂「處處無詩，處處詩」，誰說詩的題材只有存在高深莫測之中？

另外 2004 年 12 月 12 日「湄南河副刊」的刊頭詩〈無題〉，是很值得探討的詩：

無題 ／林煥彰

一個影子快速閃過 ——
那面牆，還是原來的

流浪的狗慘叫一聲

以為身上那件衣服
不見了

這社會是屬於黑暗的！

今天「湄南河副刊」的刊頭詩能「小詩成大器」（金沙語），能「蔚為風潮」，林煥彰主編的「下海示範」，居功厥偉。這首〈無題〉，仍然屬於「示範」作品之一，值得一談。

首先，這首詩有意導引泰、印華詩人寫作小詩中的「小小說」或「極短篇、最短篇」，企圖形成泰、印華詩人寫小詩的特色──有角色、有場景、有暗示，有情節的詩中小小說。

你看第一段只有兩行，出現了一個人物角色──一個黑影，然後是場景──那面牆；第二段仍然是同一場景，主角──流浪的狗出現了，情節是狗慘叫一聲，沒有說為什麼，暗示是──以為身上「那件衣服」不見了，最後「無題」詩的主題出現了──這社會是屬於黑暗的。

這首詩每一個人讀來領會、感受都會不一樣，林煥彰只有給你一個故事大綱，其他由讀者自己去補足完成，有水準的讀者，最樂意讀這種詩。

看來我已談了泰、印華詩人小詩的兩種特質──文化鄉愁和小小說企圖。足見「小詩篇幅雖小，以六行之內形式，能承載『人生哲理』的內涵，也足見『小中之大』，是不受篇幅局限，我們應該可以以春天的心情來期待。」（引自 2004 年 12 月 14 日「湄南河副刊」林煥彰〈六行，能承載多少內

涵〉一文。）

第十九節　詩意層層解構

　　葉嘉瑩在〈亦余心之所善，雖九死而不悔〉中說：「有一類詩人，他們寧可忍受痛苦也不肯放棄，明知無濟於事也要堅持。他們說『春蠶到死絲方盡，蠟炬成灰淚始乾』（李商隱〈無題〉）；他們說『日日花前常病酒，不辭鏡裡朱顏瘦』（馮延巳〈蝶戀花〉）；他們說，『妾擬將身嫁與一生休，縱被無情棄，不能羞』（韋莊〈思帝鄉〉）！他們在用情的態度上固執著到極點，那種執著使人感動，使人無可奈何，同時也使人肅然起敬。」（引自《詩馨篇》（上）台北書泉出版社出版）

　　讀了葉教授這段文字，使我忍不住再多讀了幾遍 2005年 2 月 1 日的〈最短篇〉金沙作品〈摸〉，那是多麼深情的一段描述。「用情的態度真的固執到極點」，其表現方式雖似小說，但其本質我認爲是詩的，我姑且把它稱爲「小說詩」：

摸／金沙

金貴盛有錢有勢，仍是某大企業的幕後人。童顏鶴髮，無妻。都說渠乃獨身主義者。其居處優美，他經常在樓上坐禪，禁止打擾。平時有心腹王康來吃飯閒談，報告經營情況。某日他有急事，竟登樓入室。見金老坐禪之際雙手在一木盒中蠕動。王康細看，見是一盒白骨。金老發覺大罵。最後透露此乃當年愛人之

骨，望勿洩漏；並認真告王康：「這就是愛！摸了 60
年，每根骨頭都已滑如凝脂」……

　　這麼一位有錢有勢的大企業老闆，居然終身不娶，經常
在樓上坐禪，讀者一定會產生好奇心；顯然作者做了一個很
好的扣子，也就是詩法上的「懸疑」，吸引你深入探討的興
趣，然後製造一個「意外」，讓心腹王康偶然撞見他坐禪時
的機密 — 雙手在木盒中蠕動，原來他在摸愛人的遺骸，且
已經摸了 60 年，每根骨頭都滑如凝脂……讀後深受震撼；這
麼一位用情專一的情聖，可說舉世無雙。把這麼固執到極點
的用情態度，如此凝鍊的寫出，不是詩是什麼？所以我說它
是「小說詩」。許多極短篇、微型小說都有詩之凝鍊的特色，
說得白一點，就是如結晶、如鑽石。台灣許多詩人把詩寫成
散文的形式，大家都說是「散文詩」；許多小說也寫成詩的
精鍊，大家只叫極短篇，但我讀了金沙的作品，突然靈機一
動，何不稱「小說詩」？他的寫法如詩，濃縮如詩，當然可
以叫「小說詩」。我說「金沙不老」，重點在讚美他靈活的
頭腦，許多人雖只有十幾二十歲，但思想老化，不知創新、
變通，無異老頭，所以麥帥的房間除了掛〈為子祈禱文〉之
外，就掛了一篇〈青春〉：「青春不是桃紅的臉頰、朱紅的
嘴唇，青春是一種心理狀況，心理年輕，有時 70 歲比 17 歲
還要富青春氣息。」看金沙的〈摸〉，佩服其巧思及創造力，
他年輕的手，已經摸到了我的心裡去了！

　　這樣深情的固執，2005 年 2 月 5 日紀弦的短詩〈向上帝
提出抗議〉，也深深打動我心坎：

向上帝提出抗議 ／紀弦

作為一個虔誠的基督徒，
我怎麼可以說出這句話？
但我終於說了。

我其實並非任何異教之同路人，
這一點，全世界以及其他星球上的人類都知道。

但我不得不向上帝提出抗議，
無論他生氣不生氣。

唉唉上帝，我所崇拜的上帝：
你既然創造了一個像我這樣的詩人，
一個你所特別寵愛的詩人，
怎麼又教一個女人來管我？

他每天只許我喝一小杯，
多麼的不過癮！

　　這一首詩的形式是以「詩」寫成的，雖然它表面白得像
散文，但它的內涵卻是詩的，而且重要的是讀後有「驚奇的
結尾」，仍然有小說的功能。這樣說來，詩也可以有小說的
故事內容，可以吸引讀者的興趣。
　　首先詩人訂了題目：〈向上帝提出抗議〉，開頭第一段
就說他「作為一個虔誠的基督徒，怎麼可以說出向上帝抗議
這句話，但他還是說了」，先給你吊一個胃口，不告訴你他

爲什麼抗議，有些詩法就是這樣慢慢舖衍而成的。

第二段詩人說他並非異教之同路人，正是告訴讀者你不必懷疑，我正是真真正正的基督徒，再加強一次，也順便再吊你一次胃口，不告訴你原因。同時再以全世界甚至其他星球的人類都知道；不僅全世界知道，其他星球的人類也知道來加強，讓人莞爾。其他星球也有人類？誰也不知道有沒有。

第三段仍在舖陳故事，仍在吊讀者胃口，仍不說出理由，只說他不得不向上帝提出抗議，即使你生氣，冒被基督徒痛罵的危險，他還是要向上帝抗議。

第四段好像給你答案了，他說上帝既然創造了一個詩人，而且特別寵愛這個詩人，爲什麼又創造一個女人來管詩人？好像答案出來了，原來是爲了女人。

但如果這樣，詩就乏善可陳，末段終於寫出真正原因，原來這個女人每天只許他喝一小杯，多麼的不過癮！答案出人意表，原來爲了喝酒竟向上帝抗議，真是嗜酒如命。且深愛酒的態度，固執到令人無可奈何的地步。寫來很少在字詞上賣弄，全篇卻讓人愛不釋手。

紀弦這首詩有後現代層層解構的味道，讀者在閱讀時彷彿剝水果，一層層剝開直到果核才知水果之味，也就是詩的題旨。（參見蔡源煌〈「作者之死」新詮〉）收在《從浪漫主義到後現代主義。》台北，雅典出版社）

第二十節　詩在困境中奮力向上

詩評家奚密教授在編選《現代漢詩選》一書時，寫了一

篇導言〈從邊緣出發〉，對現代漢詩的「邊緣化」有很深入
的探討，她認為現代漢詩的歷史地位和社會學裡的「前驅」
（Pacesetters）有相似之處，所謂前驅，根據 T.Shibutani 的
定義，是指：「那些在某種社會變革尚未為群眾接受之前即
領先介入的少數人」；這些人即以詩人來說，「面對科舉制
度的廢除，詩不再是傳統知識分子最主要的擢升之道，新式
教育又由人文學識移向科技理工，詩在傳統中的優越地位逐
漸喪失。」（摘自《現當代詩文錄》，奚密著，台北‧聯合
文學出版）

　　詩在邊緣化之後，這些處於「前驅」的所謂現代詩人，
面對著人們仍然以「傳統詩優於新詩」，「新詩是特定的一
群人的自我抒發」，於是只好自吟自唱，在艱苦中孤獨前進。

　　對這樣的狀況，我內心深有所感，「怎樣才能使詩大眾
化起來？」一直盤旋在我腦中。

　　已過世的詩人劉菲就說了一段感言：「現代詩最大的障
礙是『難懂』，……如果文學欣賞有『水平線』的話，當詩
的語言和意象建立在欣賞者的『水平線』上時，『難懂』的
障礙自然消失。……部分現代詩大多數讀者讀不懂，同樣是
作品本身的藝術性超出了讀者的欣賞水平。」（引自劉菲〈洛
夫的「長恨歌」與幾首古詩的比較〉收在蕭蕭編《詩魔的蛻
變》台北‧詩之華出版）

　　這麼說來，詩人是否要「降低水平以迎合讀者？」在在
令人困擾。「可以不可以以不降藝術水平，而讀者又樂於進
入詩人的世界？」許多前行代的的詩人在挖空心思「表現自
我」，努力革新技巧，利用「聯想與暗示」、「壓縮與張力」
寫出「直覺形相」、「瞬間真貌」，有很不錯的成績，可惜

讀者不欣賞，但韓國詩人許世旭教授就頗爲肯定他們的成
就：「他們的同仁，大多爲他們的美學信仰與反映時代所服
役。……以超現實手法來表現，使現實昇華。」這種肯定，
和眾多的批評，剛好形成對比。（參閱《新詩論》，許世旭
著，台北·三民書局出版）

現代詩一路走來，擾攘不休，但它的讀者少，是小眾，
的確是事實，我們可以不可以兼顧詩的藝術性，又可以讓大
多數人喜歡？

《世界日報》副刊的刊頭詩，正朝著這一方向在努力中。
例如以詩來抒發人生的哲理，最易引起人們的興趣。

舉 2005 年 4 月 1 日鄭原心的作品爲例：

熟透的果實　／鄭原心

> 熟透的果實終於腐爛
> 別癡呆地絕望
> 把你遭受無理的奴役
> 書寫下血腥的史跡

利用「果實終於腐爛」，來暗示人生的種種挫折，不要
只是「癡呆絕望」，而要「把遭受無理的奴役／書寫下血腥
的史跡」，這種淺易明朗又能讓人「心有所感」的作品，即
使完全不讀現代詩沒有上過文學課的人士，都很容易進入詩
中的世界。

再舉 2005 年 4 月 2 日顧長福的作品，加以深入說明：

榴槤　／顧長福

滿身利刺防盜
亮相表彰不是我的性格
無奈，果熟落地飄香
招來橫禍
讓人齒頰留香

　　以「榴槤」水果的特性來表達「人本無罪，懷璧其罪」的哲理，只因它「落地飄香」，即使「滿身利刺防盜」，還是讓人齒頰留香，被人吃了，實在寫得很有意思，如果讀者用心稍加體會，怎麼會排斥現代詩？

　　再看 2005 年 4 月 3 日今石的作品：

腳踏實地　／今石

跑累了，縱身跳進湄南河
悠哉樂哉，我隨波逐流
河水把我沖進大海

才逃出鯊口，又落入暗流
河水把我又攬回懷裡
一掌推回岸上

　　這首詩可能要多花點腦筋想一想，作者以跳進湄南河中悠游來暗示他的寫詩，結果因「隨波逐流」而被「河水沖進大海」，「才逃出鯊口，又落入暗流」，比喻自己寫詩的困

境，遇到種種折磨，還讓河水又把他推回岸上。題目是〈腳踏實地〉，實實在在的岸上，但讀者若稍加體會，即可明白詩人也不想「只老實抒寫」，他也想在文學藝術的大海中優游，但在驚險萬分中，又回到「實實在在的寫」，「腳踏實地」的寫，才是他最後的「頓悟」。

詩不怕批評，批評才有進步，詩人才能在批評中寫出佳作。

第二十一節　詩在一點一點一滴中完成

2005 年 1 月 8 日「湄南河副刊」的刊頭詩，是一首可供訓練寫詩，分析寫作要領的詩：

沉思 —— 題羅丹的雕塑　／莎萍

支著頭，獨坐不言不語
不管雨的鼓譟風的嘆息
把眷戀和悲戚默默吞下
低下頭　才能看見自己

這首詩，很明顯的是看到羅丹的雕塑作品，描寫他的外形「支著頭，獨坐不言不語」，然後想到這樣的沉思狀是「不管雨的鼓譟風的嘆息」，再想到這應該是「把眷戀和悲戚默默吞下」，最後作了結語「低下頭　才能看見自己」，一點也沒有意外的感覺。

白靈在《一首詩的誕生》代序文〈從讀詩到寫詩〉，他

說：「很多人都以爲一首詩的誕生就像是嬰兒的臨盆般，是頭腳齊全地來臨的，殊不知它們經常是靠一隻鼻子找到一張臉，憑一根腳趾找到一條腿的。」也就是說，莎萍一下子就把直接的感覺寫下來，沒有一點一點的推敲想像，或從比喻下手，或從意象下手，或尋意尋字，這樣才能寫出有巧思且令人意外的作品；詩人寫完一首詩，那是初稿，先要以讀者的立場去看這首詩有沒有「意外的驚喜」，有沒有「擊到自己的痛處」。所以白靈在同一文中又說：「不要期望每次都把一首詩完成，那樣只會使世界多出一些壞詩；寧可把一句或幾句詩寫好，寧可只寫一堆好的詩句或一段好詩，這些好的詩句在將來都有機會成爲一首詩，堅挺的鼻子或有個性的大拇指，它們常是一首詩誕生的基礎。」

　　很顯然的，莎萍已塑好了一個陶器的初胚，若再加以細細的打磨，將是一個美好的成品。

　　2005 年 1 月 20 日「湄南河副刊」的刊頭詩，就寫得十分令人激賞：

放手　／妍瑾

　　來時
　　握拳，世界是我的；
　　去時
　　撒手，還給世界。

　　把人的出生和死亡描寫得十分真實又令人拍案叫絕。不是嗎？小孩剛出生都是握著拳頭，作者加上「世界是我的」，死時手一撒，作者加上「還給世界」，真是妙絕，可以說是

神來之筆。寫短詩，一定要醞釀到這樣的奇境，才能讓讀者
喜歡閱讀。否則一些老生常談，讀者一定乏味。

　　再看 2005 年 1 月 30 日「湄南河副刊」的刊頭詩，也寫
得很有意思：

失眠　／楊玲

　　失眠之夜
　　趕著一群羊兒
　　東奔　西竄
　　找不到夢鄉的路

　　這首詩把失眠的情況寫得妙透，寫活了。一個人失眠，
有一些令人入眠的方法，「數羊」就是其中之一。楊玲把握
住了這個竅門，寫出羊兒東奔西竄，竟讓她找不到夢鄉的路，
十分具有巧思。以前聽過一個笑話，就是失眠的人有人教他
數羊，結果更睡不著，原因是數到後來竟發現自己有數百萬
頭羊，成了大富豪，而興奮得睡不著。楊玲數羊，數到東奔
西竄，當然更睡不著，豈不妙絕？

　　赫曼赫塞說：「寫一首壞詩的樂趣甚於讀一首好詩。」
（轉引自白靈前揭文），所以不要因為寫了一首別人認為不
好的詩，就不寫了！寫壞詩還是有寫壞詩的樂趣，只不過多
留一些時間，再詳細考慮修改即可。讀一首好詩，只是欣賞
別人的成就，再好也是別人的。寫一首詩，再壞也是自己的；
自己的兒子個個漂亮，不妨放手去寫吧！

第二十二節　詩中有童趣

　　2005 年 2 月 8 日湄南河副刊讀到林煥彰的〈過年，誰最高興？ —— 擬童話體〉頗值一談：

　　過年，誰最高興？
　　水仙花開了，她們最高興！

　　過年，誰最高興？
　　梅花開了，她們最高興！

　　過年，誰最高興？
　　橘子黃了，她們最高興！

　　過年，誰最高興？
　　春聯紅了，她們最高興！

　　過年，誰最高興？
　　爆竹霹哩啪啦響，她們最高興！

　　過年，誰最高興？
　　小朋友放假了，又多長了一歲，
　　他們最高興！

　　「童詩」有兒童寫的詩，也有成人寫給兒童的詩，林氏這一首屬於成人寫給兒童，所以副題有「擬童話體」。

　　熟知林煥彰的人，都知道他在兒童文學方面的貢獻，這裡不擬贅述。這一首童詩刊在副刊上，可以有示範作用，我希望以後讀到更多童話體的詩。兒童是未來世界的主人，成人要樂意為他們寫詩，讓他們有快樂的童年。

　　童詩最重要的要明白曉暢，生動有趣，能吸引兒童的閱讀，林煥彰這首詩就有這個優點。詩分六節，每節都以「過年，誰最高興？」這一個標題句起始，造成迴覆的音樂效果，很適合朗誦。

　　這首詩雖然簡易，但還是有技巧的；例如每一段第二句都是答案，正是兒童最喜歡知道的；而每一個答案都很有特色，都是過年應景物，如水仙花、梅花、橘子、春聯，但如果都是實物又太死板，最後來個抽象的，如放假了，長了一歲，這就是「能入能出」。王國維說做詩一定要能出能入，當你「采菊東籬下」的時候，你不能被東籬所限，還要能「悠然見南山」這就是「跳接」。（參見葉嘉瑩論陶淵明文〈一語天然萬古新／豪華落盡見真淳〉，收入《詩馨篇》（上）頁 185-189，台北書泉出版社）林煥彰從水仙跳到桃花，再由春聯跳到放假、長了一歲；具象跳抽象，就是這一種詩法。

　　葉嘉瑩在論陶淵明的同一文中，稱讚陶詩成功在「真誠」，雖採用平鋪直敘的句法結構，但全是他感情意念的流動，從未在「語不驚人死不休」上下功夫，也不在乎老嫗是否能解，別人是否稱妙，但宋人陳模在《懷古錄》中，就讚美陶淵明：「淵明人品素高，胸次灑落，信筆而成，不過寫胸中之妙爾，未曾以為詩，亦未曾求人稱其好，故其好者皆

出於自然,此所以不可及。」(參見前揭文,頁 188-189)

此次南亞大海嘯,許多哀悼文均能出之「真誠」,讀來頗為感人,下面就舉 2005 年 2 月 13 日湄南河副刊的「刊頭詩」加以說明:

海嘯 ╱馬凡

大海發狂了
它掀起千重浪
捲走了萬萬生靈

我聽見
大地在哭泣

馬凡這首詩可說直抒胸臆,有什麼說什麼,一點都不需要技巧;他看到掀天巨浪,就直說大海發狂了;看到死傷無數,就說捲走了萬萬生靈;看到舉世同哀,就說聽見了大地在哭泣……像這樣的題材,如果再賣弄技巧,就顯出其不「誠」。不誠無物,易經上也說「修辭立其誠」,這也就是前述陶詩詩藝的成就,這樣的詩,讀者最易有所感發;能進入讀者內心的詩就是好詩。

同樣的 2005 年 2 月 14 日,嶺南人在湄南河副刊發表的「刊頭詩」〈哀〉,也是以「真誠」見長:

哀 —— 悼海嘯亡魂 ╱嶺南人

三天了,降下半旗
低下了頭,旗也默默

一片默默，元旦
沒有歌聲
也沒有笑聲

像這樣三天都降半旗，人也低頭默默無語，如旗的默默低頭，尤其本來熱鬧萬分的元旦也沒有了歌聲，沒有了笑聲，真是直抒悲哀的氣氛，而且使用冷熱對比十分妥貼，這絕不是故意使用技巧，而是胸中有所感，真誠的寫出，其詩藝自然達到了「自寫其胸中之妙」的境地。

另外 2005 年 2 月 16 日的「刊頭詩」，只有四個字，也十分巧妙，特舉出共賞。

星星　／陳穎杜

渺小
永恆

詩貴精鍊貴濃縮，這首詩夠濃縮了吧？星星只是作抽樣的代表，其實也可以寫月亮、太陽，只因星星看來比他們小，所以選星星；星星雖然渺小，卻可以永恆。當然你會說那麼流星呢？這就是詩的不必是科學性，不必如此仔細分析，它是直感的。作者每天都可看到星星，古人、今人、未來人都可看到星星，他雖渺小，卻永遠可見，而人呢？做皇帝夠大了吧？那麼秦皇漢武現在在哪裡？難怪古人有詩「古人不見今時月，今月曾經照古人」，此詩之感慨亦同。

當然這麼少的字，想像空間極大，你也可以想成星星就是有理想的人、愛真理的人……這些人表面渺小，歷史永遠

有他們的一頁，總之，這麼豐富的多義性，讓你有這麼大的
想像空間，正是這首詩成功的地方。

第二十三節　詩作寫來按部就班

　　2005 年 1 月 5 日「湄南河副刊」的刊頭詩，是一首可以
提供訓練寫詩要領的佳構：

我只要睡眠　／林煥彰

有人要土地，
有人要天空；
我只要睡眠。

睡眠養夢，夢生
土地和天空；
還有相愛的人。

　　林煥彰在「詩的告白」談〈曬衣服〉乙文曾說：「寫詩，
我認爲是：寫我所關心的事。因爲『關心』，所以有些事情、
有些想法，經常會在腦中浮現，或潛意識的隱藏在腦子裡，
遇到某種外在事物的激發，產生關聯性的聯想，就會有具體
的形象將抽象（或概念式）的思緒凝聚起來，而有強烈的表
現慾，那就是一種寫詩的動機。有了『寫詩的動機』，通常
我的第一個步驟，是尋找『想像的合理化』。這裡所說的『尋
找』，就是用腦筋『思索』或『思考』；而所謂『想像的合

理化』，是要使自己所想像的事件，在詩中呈現時，能得到
或做到可以自圓其說的地步，才能贏得讀者的認同。」（引
自台灣《乾坤詩刊》第 18 期）這段話，很可以供有志寫詩者
參考。

　　詩人，眼看著人類的貪婪，既要土地，也要天空；土地
與天空雖是抽象，但已包含了天上與地上，幾乎是一切，可
以說什麼都要；詩人是有理想的人，他不會隨波逐流，他關
心的是人生不只有如此，人生要有夢，有夢希望才能相隨，
但這是抽象的概念，如何具體化？詩人想到了只有睡眠中才
能做夢，於是一首詩〈我只要睡眠〉就誕生了。只要睡眠，
睡眠就有夢，夢就會生出土地和天空。這裡「夢生」、「土
地和天空」分行書寫，可以造成閱讀中斷、停頓，是避免散
文化的要領。最後一行多出了「還有相愛的人」，更增加夢
的力量，夢不但能生出一般人的需要：「土地」、「天空」，
夢還能產生「相愛的人」，詩人加了這一句充滿暗示，除此
而外，還有其他，都在不言中。

　　林煥彰這首詩，是否會為你帶來寫詩的信心？「世副」
有一句徵稿廣告：「提起筆來，您就是作家。」，我把它改
為「提起筆來，您就是詩人。」台灣詩評家李瑞騰在他的《新
詩學》乙書中表示，詩是小眾，詩人不要期望這個事實會打
破。我則不以為然，賞析上面這首林煥彰的佳作，目的是希
望大家都來寫詩，寫詩絕不是詩人的專利。如果能達到人人
寫詩，蔚為風潮，「世副」詩作是不可小覷。

　　再看 2005 年 1 月 6 日「湄南河副刊」的刊頭詩，也是一
首有寫作動機，經過思索取材，把抽象化為具象的佳構：

失業的倉頡　／雨村

衣香酒氣夾雜著人聲樂聲
倉頡失業了
只好瑟縮在酒樓大門邊要飯
從黃河來的水
頓化作兩季的淚

　　雨村眼見寫作不能謀生，賣文不能賺幾文，因此產生了寫作動機。但這種感嘆是抽象的、概念化的，如何化爲詩篇？因此詩人就開始思索表達的意象，嘿！倉頡不是造字的人嗎？把他變成「失業了」，不就更生動？創造文字的人都失業了，何況是後來使用文字的人，豈不更能顯出社會現況「衣香酒氣夾雜著人聲樂聲」對比藝文界，更顯得倉頡的失意。他只能瑟縮在旁邊要飯，他的傷心淚，彷彿黃河水那麼多。詩人使用了「倉頡」、「黃河」等十分中國的意象表明自己雖然遠離故國，仍不忘故國。分析了以上兩首佳作的寫作動機、方法後，希望對詩的初學者有所幫助。另外身處異國的詩人的「介入與抽離」的書寫，也將形成泰華、印華詩作的特色。本爲越南華裔的台灣女詩人尹玲，也有這種特質；台灣淡江大學研究生余欣蓓就有一段評論，提供參考：「女詩人儘管在戰火綿延的越南當下抽離了家國，身處海外。然而，隔著現實戰火、抽離自身的回眸，內心卻是介入其中不忍離去，此種介入的書寫，將越戰對越南百姓的摧毀，歷歷如在目前留下的歷史紀錄。」引自《台灣詩學》第四期　P.173）我們希望泰印華詩人，也能爲歷史留下見證。

第二十四節　有文壇前輩的加入鼓勵

　　2004 年 11 月底泰國水燈節應邀到曼谷做也一場「以文會友」的演講，引來了很多回響，例如 2005 年 1 月 5 日白白的〈雅集花更花〉，就提到：「落蒂先生甚至提到湄南河詩派。好一個詩派，多麼可貴而又激勵人心的評價。當然，這是莫大的鞭策。」我想我的呼籲已經進入文友的內心，十分高興。

　　其實，一個「詩派」的形成，總要有一群志同道合的人，一個共同的園地，互相切磋，久了自然形成共同的方向、特色，並沒有那麼困難。尤其我看到泰國、印尼世界日報副刊，許多文壇名家不斷加入寫短詩，且成績十分亮麗，在他們登高一呼的號召下，更容易達成這個目標。

　　舉 2005 年 1 月 3 日的「湄南河副刊」刊頭詩為例，就是文壇前輩金沙的佳作：

無求　／金沙

風

送走名利慾

雨

滋潤淡泊心

人

寄情天邊月

　　以風雨的意象，鮮活的寫出了人生的體悟，只有真正生活過的人，才能真切體悟人生的風雨；也只有在風雨過後，才能體悟要沒有名利慾，要有淡泊心。但要如何沒有名利慾，如何才能有淡泊心？詩人指出了「人要寄情天邊月」；「天邊月」也是很好的意象語，幾乎老少能解。白居易的詩可貴在「老嫗能解」。多數人都能體會。如此深入淺出的佳構，正是「湄南河詩派」的特色之一，絕不打高空。

　　意象語使用成功者不乏先例，曹植的「七步詩」就是最為人知的例子：「豆和豆萁」千百年來令人難忘。拉曼・塞爾登編的《文學批評理論 ── 從柏拉圖到現在》一書中，有一段話談到意象：「一個意象是在瞬間表現智慧和情感的複合體。」（劉象愚等譯，北京大學出版）向明更進一步說：「其實意就是情，象就是景，或觸景生情，或情景交融。」

　　2005 年 1 月 4 日「湄南河副刊」的刊頭詩，也是泰華名家摩南的佳作，意象十分鮮活：

海邊　／摩南

> 如果我單獨站在海邊，
> 海浪一波一波的湧來，
> 它那一聲一聲的呼喚，
> 我無法拒絕它的邀約，
> 我會縱身一躍……
> 至今，我從未單獨站在海邊。

　　「海邊」和「海浪」的意象，十分鮮活生動，它們代表一種危險的處境或誘惑，而人性是有缺點的，你無法戰勝魔

鬼，只好遠離魔鬼，所以詩人「從未單獨站在海邊」。以免
「縱身一躍」，或隨波逐流而去，或粉身碎骨或身敗名裂。
真是一首人生體悟很透徹的好詩。

另外 2005 年 1 月 12 日「湄南河副刊」的刊頭詩，也是
泰華文壇名家老羊的佳作，意象也十分鮮活：

一滴水 ／老羊

一滴水
可以看見太陽。
一滴水
看不清世界。

這裡的「水」、「太陽」、「世界」都是十分具體的意
象語，絕不抽象。同樣是一滴水，可以看見太陽，千萬不要
小看它的小。同樣一滴水卻看不清世界，也千萬別以爲你看
到一點就以爲你看到了全世界；詩人希望我們不要瞎子摸象。

簡政珍在論〈洛夫作品的意象世界〉時說：「意象重整
客體形象的能力，應是白話文學史上最值得談論的課題。……
詩中的意象有語無聲的進逼，意象雄渾龐雜，讀者在五彩繽
紛的文字世界中，感受的是奇花異葩的錯落，更多的是，奇
岩怪石的崢嶸。」上面所選的三首詩，不愧是名家作品。文
學之道，一通百通，在其他文類能有成就，一定也可以寫好
詩。我們希望更多小說家、散文家來共襄盛舉，形成「湄南
河詩派」的百花齊放特質。

第二十五節

詩作常可以和東西方詩歌做比較

東西方詩歌的傳統有些是不同的，如何不同？葉嘉瑩在一篇〈中國古典詩歌中形象與情意的關係〉中有一段話可以參考：「中國早期詩歌以抒情爲主，早期西方的詩歌則以敘事史詩和戲劇爲主。因此，中國的詩重視自然感發，西方的詩重視人工安排。」（引自《詩馨篇》（上）台北書泉出版社出版）

而者西方的詩學史，也是不斷在書寫範疇上求變化，例如從 18 世紀開始，「海洋書寫」就是主要的書寫內容，而思想家艾狄生（Joseph Adduson, 1672-1719）就把海洋的波濤起伏視爲壯美的化身，影響了浪漫主義詩人對海洋產生浪漫的態度，直到瑪麗安・穆爾（Marianne Moore, 1877-1972）寫了〈墳場〉一詩，海洋詩才有對海洋如墳場的殘酷加以書寫。（參見 2005 年 2 月 2 日南方朔在「湄南河副刊」發表的〈海洋是個大墳場〉）

再者西方一旦寫出前所未有的具有指標意義的詩，他就會被討論，剛好 2005 年 2 月 2 日的刊頭詩〈命運〉也一樣，書寫有關人類的無奈，我把它拿來跟穆爾的詩作比較。

先看南方朔譯瑪麗安・穆爾的〈墳場〉：

人們窺探大海

以一種彷彿擁有甚麼權利的觀點

這乃是人對事情的一種本性
但對大海則不能如此:
大海不會給予,而只是一個掘好的墳場;
樅樹沿岸成行,樹冠如綠色的爪形
這是墳場的輪廓,他沉默無語;
而讓人畏懼並非大海最明顯的特性
海洋是個蒐集者,回敬人們以貪婪的眼神。
而在你身傍還有其他生命也承受這眼神 ——
牠們不再抗議,魚對此也無意去理解

因為牠們的骨骸不會留存。
人們深深下網,不知道已褻瀆了墳場
而後快快滑走 —— 船槳的葉片
移動如不知生死的小蜘蛛的長腳。
它蕩起一陣密集的波皺,在泡沫下發亮
而後在水波穿梭海藻的颯颯聲裡平息。
水鳥們快速飛翔,一如過往
海龜則在峭巖苦惱的掙扎
大海,在燈塔亮光和鐘聲的噪音裡
一如往昔,看起來一點也不像
那會戰勝一切並使之沉落的海洋 ——
它只是在那裡翻騰拗扭
不帶任何目的和企圖。

南方朔認爲從 18 世紀開始,西方很少寫海洋的殘酷不仁,直到 20 世紀才有了改變,而這首詩具有代表性。剛好南

海發生大海嘯，死亡超過數十萬，他就以此詩來呼籲人們要對大海格外「戒慎恐懼」，否則大海不仁會以萬物為芻狗。

我讀了這首詩，感到不只大海，即使高山、藍天、地底都是「墳場」，如果人類永遠有「窺探」的本性，永遠要追求對事物「知」的那種本性不改，豈止在大海中會遇到危險？登山死亡者有多少？太空探險死亡者有多少？深入地底探險、採礦死亡者有多少？海洋不是墳場，人類貪婪的本性才是墳場。

所以 2005 年 2 月 2 日的刊頭詩〈命運〉，才是人類的無奈：

命運 ／黃國彬

他像一隻大蜘蛛，
結網於一棵大樹。
我們在枝間覓食，
紛紛向網中飛撲。

命運就像一隻大蜘蛛，結網在一棵大樹，是比喻，一看就十分清楚，而人們呢？我們在枝間覓食，紛紛向網中飛撲，死亡的命運自是必然。這個命運的蜘蛛之網結在大樹上只是一種抽樣的象徵，不必像穆爾寫得這麼詳細：又是描寫海邊的檜樹，又是描寫海洋貪婪的眼神，又是描寫人們下網捕魚已經褻瀆了海洋的墳場，又是描寫人們划槳像移動那種小蜘蛛的長腳，甚至描寫到海鳥的快速飛翔、海龜的苦惱掙扎，這麼長長的一大篇，目的只有一個，就是告訴人們要注意海洋的凶險！很像一張貼在海邊的告示牌，雖在詩史上有指標

意義，我認為詩藝上並不高明。王佾峰在〈現實主義的美學思考〉中，就強調「詩最忌諱寫成哲學講義，進行道德的抽象說教。」（參見該書 220 頁到 222 頁，北京，文化藝術出版社出版。）

　　詩貴含蓄，而黃國彬的〈命運〉短短只有四行，卻可以包含以上數十行的內容，其中高下明眼讀者一看立知。何況這一首詩簡直放諸四海皆準，可說海洋正像一隻蜘蛛等待撲殺我們。也可說高山像一隻蜘蛛，太空像一隻蜘蛛，地底像一隻蜘蛛，牠們都結網正在等待撲殺我們。「以小見大，以有限暗示無限」，正是詩藝的終極表現。

　　葉嘉瑩在前揭文中又說了一段話：「如果把文學批評比做一棟建築物，那麼西方的批評體系之體大思精，便如同一座建築物宏偉的架構；而中國重視感發作用的詩論，就如同一座建築物所最須重視的深奠根基。二者的工夫不同，卻可互相結合而加以發揚光大，而這也正是今天的中國詩論所應當追求的理想途徑。」南方朔的評文剛好和黃國彬的詩同日刊出，我把它們拿來作一比較，讀者或可先欣賞東西方詩作之不同，將來再深入研究評論方法的差異，然後加以結合，讓詩更有光芒。

第二十六節　詩作從現實生活中提煉

　　最近讀到許多苦覺從現實生活提煉出來的佳構，由於他的思考方式十分特殊，因此詩作也特別新鮮有味。

　　例如 2005 年 6 月 8 日的「刊頭詩」〈以為〉，就有十分

奇特的想像力。

以為 ／苦覺

上午九時
從窗外經過的太陽
在我桌上的硯台和筆洗裡
投下一枚又一枚的金幣

以為，我在行乞

　　從陽光的投影中，想像出「一枚又一枚的金幣」，既寫實，也寫心裡的渴望；尤其末句「以爲，我在行乞」，更能顯示出「生活的清苦」。桌上的硯台和筆洗是他的謀生工具，和當年周夢蝶在台北武昌街擺舊書攤一樣，十分孤高令人景仰。這樣的詩語言，既擺脫了「陳舊感」，又能進入生活化、平易化，任何人都能欣賞，都可以引出很多感悟，正是現代詩應該努力追求的方向。

　　一直在思索人生的苦覺，以明白曉暢的詩體，突破種種創作的路障，排除媚俗的內容，以豐富巧妙的的思考，把握人生的種種場景，推出生動的詩篇。

　　例如 2005 年 6 月 16 日的「刊頭詩」〈醒‧睡〉，就十分令人驚喜、內涵豐富的詩作：

醒‧睡 ／苦覺

夢醒時，天未亮
睡著時，天未黑

```
我必須
睜開眼睛睡
我必須
閉著眼睛醒
```

　　詩中留極大的想像空間；為什麼「夢醒時，天未亮」？
有什麼含意；為什麼「睡著時，天未黑」？第二段為什麼必
須「睜開眼睛睡」？又為什麼必須「閉著眼睛醒」？對人生
的體悟，可以從很多角度去思索。這樣細心的安排，以不確
定的描述，造成意象的層遞效果。在讀者的意識中，可能出
現幾種畫面；第一層畫面，天未亮，人醒在那裡。第二個畫
面，睡著了，天未黑。這兩個畫面，類似電影蒙太奇的效果，
展示了詩人以冷靜的心情，看這個殘酷的世界。所謂不得意
正是此意，該醒，天卻未亮，該睡，天卻未黑，也就是白天、
黑夜混為一談，十分荒謬可憐的世界。尤其「睜開眼睛睡」、
「閉著眼睛醒」　，更是荒謬，極盡諷刺之能事。本詩看似
無理，卻十分巧妙。詩的妙不可言，正在於此。

　　另外 2005 年 6 月 26 日的「刊頭詩」〈癡白〉，也寫得
十分巧妙有味。

癡白　／苦覺

```
守黑，不守白
黑
守白不守黑
黑
```

心中腦中夢中記憶中
常守住一片空一片白

　　不論守黑或守白，出現的都是黑，結果心中腦中夢中記憶中，出現的都是一片空一片白，沒有黑，寫盡對白的癡迷，白代表什麼？詩讀多了，自然可以想像出它代表什麼，或是真理、正義，或是追求的人生理想，總之，全詩寫盡了詩人的不如意。

第二十七節　詩中顯示許多人生體驗

　　讀湄南河副刊的刊頭是快樂的，看每一個人在小小的六行天地間絞盡腦汁，展現他們的才華，時時有驚豔的感覺。每次讀到好詩，都會拍案叫好，想立刻與讀友分享。就以 2005 年 7 月 5 日的刊頭詩，妞妞的作品〈拼圖〉來說吧，她把人生的形形色色巧妙的拼貼在其中：

拼圖 ／妞妞

完美的畫面
分割百張千張
一片一個思念
一片一個傷痕
片片拼湊
復原卻無法無痕

　　要有多少人生的體驗，才能體會這麼一句「復原卻無法無痕」？人生本來就不完美，作者卻以反諷手法「完美的畫面」來寫，令人叫好。這麼完美的畫面，分割成了許多小部分成了「百張千張」；作者沒有明說這些是什麼畫面，但讀者心中自然會湧起美好的、悲傷的……許多人生的分分合合的畫面。

　　第二段作者只抽樣寫了「一片一個思念／一片一個傷痕」，許多其他的畫面讓讀自己去想，這就是詩。

　　第三段異軍突起，來一個意外總結：即使「片片拼湊」在一起，「復原」了原有的畫面，但「卻無法無痕」，餘味十足。許多小說、戲劇、散文、詩歌……都是在這種「無法無痕」、無法忘懷之中完成。趙元任的名曲〈叫我如何不想她〉，正是無法忘懷過往的遺痕（恨）。好詩！

　　2005 年 7 月 14 日的刊頭詩，摩南的作品〈撕掉日曆〉，也是令人再三展讀，玩索不已的佳作：

撕掉日曆　／摩南

> 今年，你的祭日，
> 正是我的生日；
> 我拒絕慶祝 ——
> 只好撕掉一張日曆。

　　讀者讀著讀著，一定會為這千古難得的巧合感嘆！怎麼會這麼巧？詩本來就在尋找那難得的機緣，小說、故事也是，若是尋常「公主與王子就結婚了，從此過著幸福快樂的日

子」，觀眾怎麼會有興趣？

　　這千古難逢的機緣「生日和祭日」同時，作者如何慶祝？其拒絕慶祝的內心之痛，由「只好撕一張日曆」可以完全體會。這一天就這樣過了，作者什麼也沒有說，但其內心的苦況，讀者可以深深體會。這就是詩，一首意猶未盡的好詩。

　　再看 2005 年 7 月 15 日的刊頭詩，藍燄的作品〈信〉：

信　／藍燄

　　將我的心
　　包裹在妳的懷中
　　然後
　　到千里之外
　　作另類解剖

　　這一首〈信〉，寫足了寄信人的千言萬語，心事重重，而技巧又十分高明。作者把信的內容用「我的心」來代替，意象十分清晰生動。寫信當然是寫心中的事。但作者不寫心事，而是直接把心「包裹在妳的懷中」，也就是把心直接寄出去了。

　　這樣寄出去的一顆心，「到千里之外」，才「作另類的解剖」，你如何體會我的心，就在你的這一「解剖」之間。字裡行間，顯示出哀怨動人的況味，而作者一點也沒說。

　　最近讀到許多好詩，重點都不是這些詩人「說了什麼」，而是在他們「怎麼說」。詩的內容如果翻成散文，往往毫無足觀，但原詩卻讓人大聲叫好！

　　評論家王德威最近為他的小說評論集〈眾聲喧嘩以後〉

作序說：「台灣社會也的確經歷了種種眾聲喧嘩的現象。政治解嚴、文化解構、身體解放，九〇年代的台灣真是多空嬗變，百家爭鳴。一路走來，我們不能不感受其中的憧憬與錯愕，鬱卒與激情。」我近兩年的時間，在「湄南河副刊」讀詩，尤其是刊頭詩，也已感受到那種「眾聲喧嘩」的氣勢了！看來湄南河詩章，已經到了開花結果的時候了。

〈風‧瘋〉，讀來頗有感觸：

風‧瘋　／苦覺

　我常常自言自語
　跟風
　我常常自言自語
　似瘋
　風言瘋語
　講給已經瘋了的世界聽

　　熟悉苦覺生活狀況的人，不難看出這一首詩是他心理狀態的自訴。對世界無可奈何的人，除了對風自言自語，似瘋子自言自語外，又能如何？葉嘉瑩在論古代詩人時，對屈靈均、對李商隱的一味沈溺悲苦，說了一段這樣話：「一種從來對悲苦無法奈何的詩人，如『九死其未悔』的屈靈均、『成灰淚始乾』的李商隱，他們固未嘗解脫，也未嘗尋求過解脫，他們對於悲苦只是一味的沈陷和耽溺。」讀了這樣一段話，對苦覺的詩作，又有一番更深一層的體悟。苦覺的詩作，大體上跟他的思想有關，而他的思想來自於他的生活。例如2005 年 9 月 14 日的刊頭詩〈山、我〉：

> 泥土山，是山
> 石頭山，也是山
> 山是山，
>
> 肉身我，是我
> 靈性我，也是我
> 我非我

不論是泥土或石頭，既然是山，就都是山；不論是肉身或靈性，既然是我，當然也是我。出乎意外的是結尾：「我非我」。這就是苦覺詩藝高妙之處。

苦覺生活的體驗，表現在他的觀物上，利用觀物抒感，寫下了哲理雋永的詩，例如 2005 年 9 月 21 日刊頭詩〈鐘表〉。

> 迷失了方向的瘦驢
> 在歲月的山道上拉車
> 轉呀轉
> 轉過了日夜轉過了年月
> 轉過了我深深苦樂的夢

多麼生動有味的詩，以鐘表的轉動來比喻自己的歲月經過，其中「迷失了方向的瘦驢」，充分描寫出其生活的無所適從與苦況。「在歲月的山道上拉車」更顯出其生活的吃力感。然而，人生就如時鐘的轉動，日夜過，年月過。苦雖苦，但仍有深淺苦樂的夢，不如此，又能如何？

　　我曾說過，苦覺極似台灣的周夢蝶，讀上面幾首詩更加
堅信我以前的看法不虛。朱炎在〈周夢蝶的詩藝與氣質〉一
文中說：「周先生詩藝的境界高妙，而他的生活舉止，則是
其人格美學的體現。而且，其人其詩之間，呈現著諧和的統
一；甚至可以說，二者已然融為一體。」苦覺的詩，正是他
生活的體悟，人格美學的體現，人和詩之間，已融為一味。
「其甘於簡樸，淡泊世情，涵泳於藝」曾進豐對周夢蝶的評
語，正可以用以評苦覺。

　　皇甫元龍在〈非蝶亦非夢〉一文中說：「讚之而不以其
道，則讚之乃適足以侮之。」意是讚美類似周夢蝶這樣遺世
高蹈的詩人要十分小心。我在讚賞苦覺時仍然時時存著這種
心理。（本文所引文章，均收在曾進豐編《娑婆詩人周夢蝶》，
台北，九歌出版。）

　　2005 年 9 月 11 日的刊頭詩，是一首令人再三沈思回味
的作品：

走進 走出 ／博夫

走了好久好久好久
腳底長出了紅紅的疙瘩
可
走出了過去
走進了未來

　　再三體會這首詩，如果不是人生歷練豐富，恐怕也不會
有這麼實實在在的體悟。一生，都在奔走、努力，力求走出
一個燦爛光明的未來，但，走是走了，而且用「好久好久好

久」一連三個好久，可見用心之持久。且腳底長出了紅紅的疙瘩，可見其走的過程是何等辛苦。然而，走出了過去了嗎？過去代表什麼？是不是貧窮、痛苦、悲傷？走進了未來了嗎？理想達成了沒有？古詩：「壯志未酬身先死，常使英雄淚滿襟」的哀嘆，在這首詩中，隱隱約約再現它的況味。博夫寫出了「非個人化的人生共相」。這首詩是茫茫人生，哀哀眾生的代言。

　　另外 2005 年 9 月 17 日刊頭詩，同樣具有以小喻大，以有限暗示無限的好詩：

冰　／曾心

晶瑩剔透
沒有一點私心

看我溶化後
一無所有

　　此詩借物抒感，以冰的外形晶瑩剔透，來暗喻人的光明正大，沒有私心。但努力過後，如同冰溶化了，卻一無所有，正是人生的極佳註解。佛家的所謂「空」，大體上也就是這個意思。不過，曾心集中焦點在「晶瑩剔透」的冰身上，如同集中在「熱心、純潔」不求回報的人身上，這種「空」就比較狹隘，其實不論達官、貴人，販夫走卒，其結果也都將「一無所有」，看亂世如此，真想大喊：「爭什麼爭？」當然如果引申為「好人沒好報」，不如「自掃門前雪」，那又太灰色，太悲觀了。還是看一看一首樂觀的詩吧！2005 年 9

月 19 日的刊頭詩，就是一首揮別過去，展望明天的作品：

昨天 今天 ／胡夢蘭

　昨天是否吹過風
　是否下過雨
　今天幾乎看不見
　我所看見的
　只有今天的笑臉

　　這首詩是正面、積極、樂觀的，不論昨天是否颱風、下雨，我都看不見，不願回顧，只希望看到今天的笑臉，把握現在。風、雨、笑臉都是十分具體的意象語，如果是散文，就會說昨天不論有多困苦，多折磨，我都不再去想，只想著今天的快樂。詩和散文的分別，在此比較一下，就十分明白了。

　　以上所舉的三首短詩，內容雖單純，但都具有小說的功能，尤其是具有現代的短篇小說功能。馬森在〈現當代小說的主要潮流〉一文，就提到詩和小說的關係：「現代短篇小說在西方是一種後起的文學形式，直到愛倫‧坡（Edgar Allan Poe,1809-49）在 1842 年評論霍桑（Nathanicl Hawthome, 1804-64）的《重述的故事》（Twicetold Tales）時，才給短篇小說的形式加以肯定。他以為詩的效果或印象的統一，只有在一口氣讀完時才可以獲得。無印象之統一，既無法產生最深切的效果，故詩不可過長。像詩一樣，短篇小說也可以產生同樣高度激動的效果和深刻印象。他稱短篇小說為『短的散文敘述體』，其短，限於半小時至兩小時的閱讀時間，

且故事須集中在單一的效果上。」雖談的是小說，但詩要短、集中單一效果，讓人印象深刻的道理亦同。《世界日報》副刊的「刊頭詩」，正是朝這個方向在努力中，且正在形成其特色。

第二十八節　擺脫前人影響

　　筆者曾提過余光中接受傅承得的訪問，談到現代詩被拒絕的原因，下面再摘錄余光中對「江郎才盡」的看法。余光中說詩人會江郎才盡有幾個原因；第一，是題材盡了，覺得沒什麼好寫。第二，是語言問題，不能賦予語言活力，對語言麻痺。第三，是寫實問題，一個人經驗不能無窮，不是什麼事都勢必經過才來寫。因此余光中認為避免江郎才盡有幾個方法：第一，詩人對人生不能不敏感。第二，任何環境都可以找到寫詩題材。柴米油鹽也可以寫出妙詩來，向明便是如此。第三，應該保持想像活力。（參閱鍾玲主編《與永恆對壘》，台北·九歌出版）以上摘錄詩翁談話要點，盼能對寫詩的朋友有所助益。

　　在上面摘錄的要點中，我們不難發現，《世界日報》副刊的刊頭詩作者，仍不斷的絞盡腦汁，避免江郎才盡，可以寫實則寫實，例如人生經驗豐富的老羊，就寫了一首不錯的寫實詩，刊於 2005 年 8 月 14 日：

既來　／老羊

似烟，突來我身旁，

心扉剛敞

可你
又飛往何方？
既來，為何不
舊歌一曲同唱？……

　　是誰「既來」？既來之後，我可高興啦，但何以剛敞開
心扉，你又要飛往何處？既然來了，何不一起同唱老歌，一
同回味往事？寫來禪味十足。人生到此，順手拈來，即是好
詩。如果人生經驗不足，勤於想像亦可，例如 2005 年 8 月
18 日，楊玲的作品：

靈感　╱楊玲

像雲悄悄飄至
像風輕輕溜走

常來不及擁抱你
只能等待再光臨

　　只要有寫作經驗的人都知道，寫作需要「靈感」，而靈
感有時偏偏久候不至，以致於才有「兩句三年得，一吟雙淚
流」。年輕的楊玲把靈感比喻成雲或風，寫它們的飄忽，十
分合於實際，尤其靈感來時，不知把握，常讓它錯過，且都
是事實，人生經驗雖少，但總有一些經驗，稍加一點想像，
即可以成詩。

　　2005 年 8 月 29 日的刊頭詩，就是一首保持想像活力的
詩：

虛 ／若萍

夢
是
睡眠中的想

想
是
醒覺中的夢

　　由於想像有活力，才能在人生中「挖掘」到夢想人生是虛空的這樣的題材，至於如同格言似的內容，分行以一個字一個字的頓，可以破解，讀來更有味。

　　《世界日報》副刊的刊頭詩，許多作者都在創造「制度」，制度是由人的努力形成，例如韋勒克和華倫兩人就引用了特莫爾的觀點在《文學論》中說了一段話：「文學上的種類是一種『制度』—— 就像教會、大學或國家，是一種制度一樣。制度的存在，不像動物的存在，不像建築物、教堂、圖書館，或神廟的存在……我們可以借現有的制度來工作以表現自己，也可以創造新的制度，或盡量不相干涉而各行其是；再者我們還可以參與這制度而加以改造。」（引自韋勒克、華倫著《文學論》，王夢鷗等譯，台北・志文出版）我們為什麼一定要跟著別人走？寫出自己的「經典」，創出自己的「制度」。最近在《世界日報》副刊開始讀到許多作者，勇於表現自己，十分可喜。王國維在《人間詞話》中說：「四言敝而有楚詞，楚詞敝而有五言，五言敝而有七言，古詩敝而有

律絕，律絕敝而有詞。」（王國維《人間詞話》徐調孚教注，台北・漢京出版）。顧炎武也在《日知錄》中說：「詩文之所以代變，有不得不變者，一代之文，沿襲已久，不容人人皆道此語，今且千數百年矣，而猶取古人之陳倉，一一而摹傲之，以是爲詩，可乎？故不似則其所以爲詩，似則失其所以爲我。」（顧炎武《日知錄》，台北・商務出版）。湄南詩人爲了創造自我，擺脫前人的影響之心，我已在詩文中漸漸讀出來了。

第二十九節　詩作中有悦人的特質

詩人羅智成在替林婉瑜詩集《索愛練習》寫「推薦語」時說：「林婉瑜的寫作有一種悦人的特質。一方面她以輕巧的語法、機智的佈局創造出戲劇化（尤其是喜劇式）的諧擬，並總是來得及在詩作結束前帶給我們動感或驚奇；一方面她以特有的靈視和豐富的想像建構著某種自足而坦率的、揚溢女性主義意識的創作世界。在那樣的文字盛宴中，即使讀者也能感受到詩作者在創作時所體驗的歡愉。」（引自林婉瑜詩集《索愛練習》台北，爾雅出版。）

我之所以引用上面這一段話，目的是希望以之來探討依依的作品。一連三天讀到依依的詩作，頗有驚豔之感，想到羅智成爲台灣詩壇新銳寫的「推薦語」，頗有巧合之處。依依是新名字，應該也是新人吧？令人振奮。

先看 2005 年 9 月 27 日《世界日報》副刊的刊頭詩：

向日葵 ／依依

千載輪迴
百年相思
默默凝眸
在每一個白天

此詩真的「有一種悅人的特質」，讀了令人無限欣喜，普通的向日葵，居然能加以「戲劇化的佈局」，把它「人格化」，當作一個癡情的人，千年百載，一直默默凝眸，與向日葵的「向日特性」十分吻合，真是令人感動且驚奇。可見看到一種事或物，都可以用心思考，找出它的特性，補足它的血肉，自然成為一首動人的好詩。

在看 2005 年 9 月 28 日的刊頭詩：

劍蘭 ／依依

綠葉如劍
從不傷人
更讓那層層高升的花朵
笑開了天
笑開了地

此詩仍然根據劍蘭的特性，加以想像寫成，令人讀來仍然感受到有一種「悅人的特質」。

前面兩句是事實的指「綠葉如劍」，所以才取名劍蘭，但此劍非彼劍，所以「從不傷人」。第三行仍然是寫實，劍

蘭開花乃層層往上疊，所以寫「層層高升的花朵」，末尾兩行「笑開了天／笑開了地」乃作者自己的看法或心情描寫。一般人都以花來喻女人，但作者卻不這樣寫，末尾兩句充滿暗示，如果依依是女詩人，可以是表現出某種自足、自信、坦率的女性意識，此點讀者可以自己去想。

　　再看 2005 年 9 月 29 日的刊頭詩：

九里香　／依依

　　只能香飄百里
　　何時能香遍全球
　　讓那動人的清香
　　化戾氣為祥和

　　以九里香的特性，來書寫自己的心願，希望它能香遍全球，進而化戾氣為祥和；詩短而情長，在這樣充滿暴力的世界，讀來尤其溫馨感人。

　　這首〈九里香〉可以說是借物抒感的詩，梅聖俞在他的《續金針詩話》一書中說：「詩有內外意，內意欲盡其象，外意欲盡其理，內外意含蓄，方入詩格。」意思事理與象，一方面凝聚於內，一方面敷散於外，融合而成詩的有機結構。想，就是思想，是詩意的核心，隱藏在意象的底層，也就是以詩為思想的象徵，所以更有人說：「文學是哲學的戲劇化」，也就是不能光說抽象之理，如能故事化，具體化，生動化，則詩更易感人。〈九里香〉要再努力推敲一番，把道理、思想，變成有血有肉的「戲劇」則更好。我認為這首詩比較有概念化，說明性稍強，應努力創造意象，讓意象去表演，比

作者自己「說」要好些。

第三十節　詩作寫實卻不是複製現實

　　詩人簡政珍教授在他的《台灣現代詩美學》的〈導論〉中說：「詩是詩人透過文字觀照的人生。詩美學是這種觀照所顯現的藝術，那是語言穿透生命的交融狀態。詩美會涵蘊了詩人和客體世界相互的投射。詩美學也是探討詩人經由詩作觀照人生的過程中，所引發的哲學思維。」

　　由於「詩作要關照人生」不免要涉及到寫實，所以他又在「自序」中說：「現實題材的書寫是詩人最大的考驗；嶄新的思潮是詩生命的活水。脫離現實人生的詩人，詩作的成就必然有所侷限。現實的存在是詩作的傍依，遠離現實的天馬行空之作，有時是潛在詩藝不足的隱喻。完全脫離現實的『超現實』的寫作，可能是想像貧乏的遮掩。因為最困難、最具有挑戰性的想像是落實於現實，而又不是現實的複製品。」因此也只有第一流的詩人才能寫出不黏滯於現實，而又撼動人心的想像之作。

　　2005 年 10 月 9 日的刊頭詩〈清道夫〉，是一首寫實之作，卻不是現實的複製品：

清道夫　／賀巾

清晨早起，

掃盡街道垃圾，

卻掃不到空中陰霾。

恨不得騰空揮掃

掃盡塵埃

亮出朝霞來。

　　掃街掃垃圾是寫實，但掃空中陰霾就不是現實的複製，而是想像的發揮，尤其是「亮出朝霞來」，更是「不黏滯於現實」，能跳脫想像力的框框，是撼動人心的想像之作。

　　2005 年 10 月 4 日的刊頭詩〈時光〉，也是一首寫實而且是充滿想像力的成功之作：

時光　／韋韋

嗨，你何時改行做了畫家

把我前額畫上五線譜，在我眼尾

加了幾筆，使我的眼睛變成一對魚。

整張臉被你彩了青黃色

又用了用那沾滿棕色顏料的筆，

留下斑斑點點在我雙頰間。

　　把時光比喻成畫家，在我臉上彩繪，真是生動到極點。即使超現實主義名家商禽的〈眉〉也不過如此。這種不脫離現實，又能穿透生命的意涵，達到藝術的高度，可說已經具備了成為第一流詩人的本錢，假以時日，成就自是不可限量。

　　2005 年 10 月 5 日的刊頭詩〈鏡人〉，也是寫實又充滿想像，把人的對鏡心理情況，寫得活靈活靈現：

鏡人　／莎萍

我說左　　你說右
我說右　　你說左
你說：那就是你
呵一氣霧了
我懷疑

　　對鏡左看右看，正在懷疑那是誰？呵了一口氣，滿鏡子是霧，更加懷疑。寫盡了對鏡人微妙的心理。此詩若擴大解釋為人生的左右為難，更加充滿哲理。

　　然而，寫實並不是一堆「政治宣言、政策口號」；「而是要觸人心的情感。」因此梅洛龐帝（Merleau-Ponty）說：「人只有和他者或是外在的世界的互動中，才能體認到真正的自我。一般人如此，詩人更是如此。」（轉引自前揭簡政珍著《台灣現代詩美學》台北，揚智出版社）

第三十一節　詩中寓教於樂

　　寫詩就像狩獵，有時等待了老半天，獵物說不出現就不出現；有時卻在無意中，發現了獵物的蹤跡。之所以如此，乃由於訓練的緣故。一個訓練有素的詩人，看見萬事萬物，總可以像訓練技巧爐火純青的獵人，手到擒來。

　　2006 年 2 月 8 日副刊刊頭詩，路雅的作品〈信天翁〉就是明證。信天翁人人得而見之，卻沒有幾個人可以形成詩篇。

信天翁 ／路雅

游過的魚是獵物
天卻是你的網

頗有格言「螳螂捕蟬，黃雀在後」之意。有經驗的詩人，不會說「魚游在前，天網在後」，他會加以巧妙的處理，如上述這一首詩，意思雖差不多，但詩或非詩之間，就在此有了分別。

再看 2 月 9 日副刊的刊頭詩，藍燄的作品〈棋〉，利用下棋，來告訴人謹行慎步，一步輸全盤皆輸的道理 ——

棋 ／藍燄

橫的豎的
有點有格
面對著楚河漢界

你我是否都得謹行慎步
方能在那不確定的征途得正覺正果？

第一段寫棋的外形，有橫有豎有點有格；第二段就面對棋局發表感言；人生亦當如棋局。下棋要步步小心，人生行路何獨不然？頗有以詩達到宣教之意。多年來，主流詩壇似乎頗避諱這種有教訓意味的言說。但他們不寫，我們為何一定也不要寫？

詩不但可以言教，也可以表達心志。例如 2006 年 2 月 7

日,副刊的刊頭詩,楊學賢的作品〈啄木鳥〉:

在山中住了一輩子,
不曾孤獨不曾無奈
也不曾苦惱……

感謝森林給我機會,
我很樂意
當個樹的醫生。

此詩乃屬言志作品;人如啄木鳥,雖在山中住一輩子,但不覺得孤獨無奈,也不會苦惱……反而感謝森林給我機會,當個醫生。表現了一個雖未輝煌騰達,卻對自己所擁有的生活,感到滿意的人,那種恬淡,自適的心情。

有時詩中設計了一點違反常情的東西,但反常合道卻使詩更有味,如蘇東坡所說的:「詩以奇趣爲宗,反常合道爲趣。」(引自《全唐詩》續篇,惠洪〈冷齋夜話〉)。2006年 2 月 10 日副刊刊頭詩,龔華的〈月思〉就屬此類作品:

月思 ／龔華

月亮的溫度更勝於太陽
你的名字
總是融化在月光下

「月亮的溫度更勝於太陽」,顯然不合常理。但你的名字總是融化在月光下,就留下了無限的想像空間,詩因而更

有味。

　　瘂弦說：「好的詩有提高生命，解釋生命，增強生命，美化生命的效果。」（引自瘂弦著《聚繖花序Ⅰ》台北·洪範出版社）上引諸詩，或是可以提高生命，或是可以解釋生命，或是可以增強生命、美化生命，讀者讀後便知。

第三十二節　在詩中刻劃人生

　　2006 年 2 月 11 日副刊刊頭詩，楊玲的作品〈愛〉，以簡單的對比手法寫來，確有無限的韻味：

愛　／楊玲

我愛你
像流水悠悠

你愛我
像陣風吹過

　　以流水悠悠來形容我愛你纏綿，以陣風吹過形容你對我的情並不重視，讀者意猶未盡之感，簡單的對比，能寫得這麼令人神往，楊玲的功力正在猛進之中。

　　2006 年 2 月 12 日副刊的刊頭詩，曾心的作品〈老車〉，是一首言志的作品：

老車　／曾心

將被棄在路邊荒野

但還有夢的期待

便停停走走

走走停停

日復一日

走了一程又一程

　　以老車來喻指自己的年老心態，想著既將被社會冷落，如同老車將被棄置路邊荒野，便鼓起勇氣，再期待一些夢，再停停走走，日復一日走下去，一程又一程的趕路……。年老不服輸，令人動容。

　　2006 年 2 月 13 日副刊刊頭詩，莫藏心的〈人生〉乃刻劃人生的變奏曲：

人生　／莫藏心

比喻數學上的正弦曲線

起伏上下　　周而復始

至極限　　方程式圖表　無解

如同戲劇中之舞台表演

劇情曲折　　悲歡離合

落幕時　　只剩下一聲　嘆息

　　整首詩都在描寫人生，有的用自然的現象，有的用各式各樣的方式來詮釋人生。莫藏心以數學上的正弦曲線，起伏上下，周而復始，至極限，方程式的圖表，以及無解來詮釋人生，十分新鮮。後面三行以戲劇來詮釋前面的幾何圖形，

雖做了說明，比較易懂，但有蛇足之嫌。

　　2006 年 2 月 18 日副刊的刊頭詩，安塵的〈讓座〉寫盡了五十到六十之間，說老不老、說年輕不年輕的尷尬心理：

讓座　／安塵

是五十，還是六十
坐也不是，站也不是

在躊躇不決間
十年的光陰就這樣溜走

　　讀這首詩時，我已年過六十，老翁一個，認老之心早已適應。剛讀這首詩，覺得它很妙，早個十年的我，正是這種尷尬的年齡。五十已過，六十不到，別人讓座，坐也不是，站也不是，寫盡了此段年齡的心裡微妙變化。第二段更佳，正在躊躇不決間，十年就這樣過了，溜走了，寫盡了老年人的焦慮心情。

　　這次賞讀的四首詩，都在刻劃人生，有愛情，又有老年心情。王國維在《人間詞話》中，便以詩詞來代表人生的三種境界，可見以詩詞、刻劃人生，自古已然。他說：「昨夜西風凋碧樹，獨上高樓，望盡天涯路，是一種；衣袋漸寬終不悔，為伊消得人憔悴，是一種；眾裡尋他千百度，驀然回首，那人卻在燈火闌珊處，又是一種。」我們當然要另鑄新詞，才算豪傑之士，豈可在王國維的筆下稱臣？

　　讀詩會因作者的體悟而引發自己也豁然開朗，例如 2006 年 2 月 21 日副刊的刊頭詩，方白的作品〈貓咪過年〉，讀後

才恍然大悟，原來這世界上，除了自己，很少人會想到你：

貓咪過年　　／方白

貓咪過年，
會想到貓咪；
我過年，我也會
想到我自己。

除了自己，
誰還會想到你？

　　貓咪過年，會想到貓咪，只是作者用來舉例的一項而已，改爲其他人或動物過年亦可。利用這一事件，引發自己的聯想，原來除了自己，誰會在過年想到你？人們常自以爲自己很重要，以爲別人有事沒事一定會想到你；其實不然。由於作者的引發，讀者終於恍然大悟。

　　這首詩看似簡單，我卻給予很高的評價，原因是對生命的體會引起我的共鳴。瘂弦說：「一首詩的詩格高不高，首先看意境高不高。而意境來自對生命的體會，生活的深度就是意境的深度。顯示出這樣的深度，就是好詩，真詩。沒有這樣的深度，就是壞詩，甚至是假詩。」（引自瘂弦著《聚繖花序Ⅰ》台北・洪範出版》所以我說方白這首詩是好詩，好詩不一定要難解，「世副」的詩，正朝著平白曉暢、雋永有味的路上走，是十分正確的。

　　同樣的有感而發，有生命體悟的詩，是刊於 2006 年 2 月 19 日的刊頭詩，莎萍的作品〈淚〉：

淚 ／莎萍

弱者被欺侮反抗的武器
情海翻騰變幻的風雨
失敗懺悔痛苦的泣液
老人無奈感激的心語

　　對於作者對人生的真實體悟，他體會到弱者被欺侮時會流淚，但，但為何說是「反抗的武器」，令人費解。流淚者可以成為反抗的武器，那就沒有人會被欺侮了。可能只有夫妻間以哭做武器吧？此句要再斟酌。情海翻騰會感傷流淚、破涕微笑等，以變幻的風雨來形容甚佳。失敗懺悔的哭泣，只以「痛苦的泣液」描寫，太單調，不生動。老人無奈感激時會流淚，以「心語」來描述尚可。作者可能硬要押韻，以致於部分內容顯得做作生硬。情人節常常是情人們最重視的節日，除了送禮物外，最有意義的大概莫過於寫一首情詩了，而情詩易寫卻難工，現在讓我們來看看 2006 年 2 月 20 日副刊的刊頭詩：

情人節 ／藍焰

對不起
我沒有什麼可送給你
除了這盒用心做成的巧克力
我沒有買花
因世界上沒有一朵花
比你更美麗了

　　詩的一開始就先致歉，和一般情人相仿，以畏畏縮縮的心情。拿著禮物；先致歉，再送上自己認為的誠意。「用心做成的巧克力」可做兩層意思解：第一層表示自己很用心去做一盒巧克力；第二層表示心放在巧克力中。這種語意不明的曖昧語法，正是情人間最好的用語。

　　第二部分表達沒有送花，因為世界上沒有一朵花比自己的情人更漂亮，好像很多人都會如此說，因此說得並不讓人有意外驚喜，要再用心想想。有什麼別人沒有說過，且更有意思話語，在陳腐中拾人餘唾，有志之詩人不為也，新詩除了形式、語言新之外，內容的更新是第一要務。

第三十三節　詩為眾生抱不平

　　詩人在寫內心的想像時，往往可以天馬行空，有神來之筆，但遇到寫實的東西，雖如杜甫，亦不免有「朱門酒肉臭，路有凍死骨」之赤裸的演出。

　　兩三年來，個人對苦覺的超強的想像力十分欣賞。但最近苦覺轉趨寫實，令人意外的地方少了，令人心痛的地方卻增加了，得失之間，很難計算得清楚。

　　以 2006 年 2 月 23 日的刊頭詩〈致賣花小女孩〉為例，就明顯看出苦覺為眾生抱不平之心。

致賣花小女孩　／苦覺

是上學的時候
是跳舞唱歌的時候

你卻赤腳和花朵在路口開著

你剛開花，就遇上了
生活中最冷的倒春寒

紅燈，是你唯一的朋友

　　整首詩在替賣花的小女孩叫屈，意義十分明顯。首段說
小女孩此時應是上學的時候，是跳舞唱歌的快樂年齡，無奈
出身貧寒，只好在路口賣花，甚至連一雙鞋都沒有。第三行
「赤腳和花朵在路口開著」甚佳，寫實之外，也有超現實的
想像，增加詩的韻味。第二段描寫小女孩人生才開始，以「剛
開花」來形容也寫得不錯。以「生活中最冷的倒春寒」來描
寫生活的苦況，甚佳。末段只有一句「紅燈，是你唯一的朋
友」，在十字路口買過花的人都知道，賣花人常在紅燈亮時
進行叫賣，若無此經驗，對這一句就不知其意。整首詩明顯
的是在為小女孩抱屈，顯見苦覺的眼睛已經在尋找人生真實
苦難了。

　　2月24日刊頭詩，李福林的〈眺望〉，是一首層次分明，
遠近有致的詩：

眺望　／李福林

冬至風冷冽
陰霾天霏霏的雪
巍巍屹孤松

山徑雨中行
遠巒黝綠深邃處
渺忽一盞燈

　　第一段先寫近的「冬至風冷冽」，接著稍遠些「陰霾天霏霏的雪」，再遠一些是「藐藐屹孤松」，層次分明。第二段亦然，先寫近景「山徑雨中行」，稍遠些「遠巒黝綠深邃處」，更遠則是「渺忽一盞燈」，寫出了「眺望時」天地蒼茫的心境，尤其是「渺忽一盞燈」，更叫人莫名的滄桑感油然而生。

　　2 月 28 日的刊頭詩，韋雲的〈時間有傷〉，似乎是一首謎題詩；本來詩的暗示就帶謎之意：

時間有傷 ／韋雲

黃昏裡我聽到簷滴聲，
數著算著，
天就亮了。

白雲裡我曬著棉被，
翻來翻去，
都是鹽粒。

　　第一段寫心情哀傷，一直聽著簷滴聲到天亮，頗有「枕前淚共階前雨，隔著窗兒滴到明」之意。果然，第二段在曬棉被時，竟然翻出無數鹽粒。鹽粒乃淚水結晶之意，此段的「白雲」不知是否「白天」之誤？本詩設下一個簡單的謎猜，

很容易猜出作者心情不佳，果然是「時間有傷」，而且傷得
很深。

第三十四節　詩在反映時代

　　瘂弦的一本薄薄的詩集，不到七十首的詩作，卻獲得台
灣詩壇的肯定，認為他是優秀詩人，也是重要詩人，其中的
道理，除了語言掌握得當，寫作手法有創意外，對題材的掌
握與開拓，也是造成他成功的重要因素。

　　例如他在〈現代詩短札〉中，談到他自己的詩作〈深淵〉
時說：「要說出生存期間一切，世界終極學，愛與死，追求
與幻滅，生命的全部悸動、焦慮、空洞和悲哀！總之，要鯨
吞一切感覺的錯綜性和複雜性。」（瘂弦著《中國新詩研究》
P.49，洪範書店出版）。因此，我們可以看出，為何〈深淵〉
一出，就備受矚目。其他作品也一樣，都能反應他那個時代，
把個人生存的痛苦與公眾生存的危機，在詩中用各種方式、
人物去呈現，都能有深刻的生命意涵，使他的詩，數十年來
傳誦不輟。

　　因此，我們在討論寫詩方法之餘，也要關心詩人寫作的
體材面向，也就是生命關懷的程度。2006 年 4 月 6 日副刊刊
頭詩，嶺南人的作品〈海上夜色〉，就是一首對時代有所感
的作品：

海上夜色／嶺南人

夜深了，熄了床頭燈

望窗外 ——
沒有星星，沒有月亮
夜色空曠而深沉
海上一片漁火
更綠了

　　詩人在深夜時，雖熄了床頭燈，卻還不睡覺，反而望向窗外，可見詩人心中有事。果然，是一個沒有星星，沒有月亮，是深沉而空曠的夜；這樣的夜，代表什麼環境、狀況，代表什麼心境？此時海上漁火更綠了，詩人沒有說出心中的焦慮、煩憂，而詩中自然顯現出焦慮、煩憂，是一首值得用心體會，再三回味的作品。

　　2006 年 4 月 7 日副刊「刊頭詩」，苦覺的作品〈打麻將〉，也是一首對時代有所感的作品：

打麻將　／苦覺

有時吃魚肉吐骨頭
有時吃魚刺吐魚肉
上游也是下游
下游也是上游

當最後一條魚走進某個魚網
另外的網都破了

　　以打麻將來暗示人類社會的生存情境，十分生動，尤其是反諷的手法。表面上這首詩在寫打麻將，其實是在反諷人

生。第一段四行中，沒有一處不是寫實，卻也是人生百態的抒寫：「有人吃魚肉吐骨頭，有人吃魚刺吐魚肉，上游也是下游，下游也是上游」。當然，有人吃魚肉卻不吐骨頭的也有，吃銅吃鐵的更多，但詩只要點出部分，以小暗示大即可。末兩句，也就是第二段更佳，可以做更多的聯想。

像這樣的詩可以說十分戲劇化，有小說的功能，其諷刺攻擊的社會人士，目標十分醒目，如在眼前。英國文學家約翰生（Samuel Johnson 1729-1784）說：「諷刺詩是責難邪惡和愚昧的詩作。」

以打麻將來暗諷社會現象，當然也有英國詩人、劇作家萊頓（John Dryden 1630-1700）所希望的：「諷刺的真正目的是改善惡行」，然而詩人的力量卻十分薄弱的，不過，在薄弱中有時也會產生千萬斤的力道。

諷刺詩當然也有只表現機智幽默，以滿足個人的情緒發洩為目的；但仍然有藉諷刺發掘問題，暴露問題，讓讀者去深思去判斷。瘂弦的諷刺詩〈赫魯雪夫〉就是諷刺專制極權的佳構，除了為人不斷傳誦外，我們也看到許多專制人物的垮台，正是這種作品帶來的無形力量，一天不倒，一年不倒，有一天他就會倒。

第三章　技巧論

第一節　以小見大，以有限暗示無限

　　2003 年 11 月 27 日林煥彰有一首好詩：〈反向思考〉，我想在這裡討論一下，因為詩人往往因外物而有所感，因有所感而成詩，詩正是詩人傳達心聲的最佳途徑。

反向思考　／林煥彰

在枯樹下，尋思
太陽為我的煩憂紋身

我買進孤獨，
再賣掉
孤獨中的孤獨。

　　詩人在樹下尋思，此時正有炎陽照著他，一般人可能覺得沒什麼，所以他不是詩人，詩人會因遇到不同的情境，而產生感觸；第一段中的枯樹，表示沒什麼葉子，不能遮陽，太陽直射而下，常會使人熱不可當，但詩人不這麼寫，反而說「為我的煩憂紋身」，可見這個枯樹只是一種比喻，比如

環境不順遂，人生不如意，那麼太陽就是這些重大的不順遂所帶來的煎熬，所以有「為我的煩憂紋身」，意象語的使用十分高明。若寫成「我遇到許多不如意的事啊！這些不如意的事就一直煩憂著我，困擾著我。」一般人都寫得出來，何必要詩人？「紋身」兩字更傳神，紋過身的人都知道，一輩子都很難去掉這種紋身，暗示終生的痛，表面不說，讀者自然知道他的痛是終生的痛。此時詩人內心是孤獨的，有如陳子昂〈登幽州台〉一樣——「前不見古人，後不見來者，念天地之悠悠，獨滄然而涕下。」陳子昂千百年來多少人傳頌讚美他這首詩，我覺得「獨滄然涕下」，實在不如林煥彰的「我買進孤獨／再賣掉／孤獨中的孤獨」，沒有一字帶淚，而淚在心中流。一點都不會太「傷他悶透」，不會太爛情。我多年來一直不解「獨滄然涕下」有何驚奇、特殊之處。蕭蕭曾說：「情感也會因為遇到不同的外物，形成另一種情感時，同是哀傷，可以借花、借酒、借景來吟，感應的層次就不盡相同了。」我看林煥彰都不必借這些，他只有「買進孤獨，再賣掉孤獨中的孤獨。」其成就就讓聰明的你自己評比了。

　　再看 2003 年 11 月 28 日馬凡的〈失戀〉：

失戀　／馬凡

在淚眼中的你
像頭失魂的水牛
迷失茫茫的山野

看　天空是一片

亮麗

　　失戀是什麼？有什麼感覺？馬凡以失魂的水牛迷失在茫茫的山野做為比喻，就是比喻的活用，用得恰到好處。失魂的水牛，會不會到處亂撞，尤其在茫茫的山野？讀者可以自由聯想。這樣藉著比喻，更能讓讀者明白抽象的失戀情緒到底是什麼樣子，如果光是「淚眼中的你」，人人都會寫，有的甚至會自殺、傷人，這就不能感人了，也就不成其為詩了。這種拿一件通俗的事物、已知的事物，來形容詩人所要描繪的主題，也是優秀詩人擅長的技巧。接下來兩句更令人有「驚奇結尾」的小說效果：「看　天空是一片／亮麗」，轉折十分快速，這也就是短詩如匕首，一刀見血的功力。如果因失戀而導致傷人、自焚，一點都不意外，此處突然想到「天涯何處無芳草」，想到「此處不留人，自有留人處」，心情自然豁然開朗，天空一片亮麗。作者當然沒寫這麼多，寫了這麼多就成了散文了。可見要擅用比喻，往往以具體、已知的事物去比喻抽象、未知的東西為佳。

　　2003 年 11 月 17 日范模士的〈等誰〉是一首留下無限想像空間的佳構。

等誰　／范模士

日出，日落
風吹，雨打
你仍佇立在溪岸的一邊
繞過岸去的人
總是投以疑問的眼光
你在等誰？

　　整首詩十分明白易懂，不用多加解釋。但它留有無限的想像空間。此人是癡情的人？日日夜夜在等他的情人？或者此人是有理想的人，不論風吹雨打，日以繼夜的在等待他理想目標的實現而不在乎別人的眼光？諸如此類，讀者可以無限聯想。好詩絕不會只有一種意義，例如「曾經滄海難為水，除卻巫山不是雲」，可以說是巫山之外，已無其他景可賞了，也可以說是除了妳，我別人都不愛了，看讀者如何解讀。所以很多詩人要讀者多聯想，不只有詩人寫作需要想像力，讀者更需要想像力；沒有想像力，詩就不成其為詩，聯想更是詩的靈魂。

錯過　／林秀華

與詩人相約
我在裡面，你在外面
我在樓上，你在樓下
我走出來，你卻回去了

三十年是錯過
三十秒也是錯過

　　這首詩，我初讀時，眼睛一亮，哦！原來詩人竟然是和人捉迷藏的人，人家在裡面，你卻在外面，人家在樓上，你卻在樓下，人家走了出來，你卻回去了。永遠沒有交集，這樣如何約會？然而，這也是詩人迷人的地方，有時 30 年也沒有交集，當然是錯過，即使 30 秒沒有交集，也是錯過。這樣的詩人，會像徐志摩一樣，偶爾投影在你的波心，這一個瞬

間，你沒有把握好，當然錯過，當然遺憾一輩子。擴而大之，人生有許多事，也和詩人約會一樣，往往事後才知道原來我在裡面，你在外面，此時一般人都會大叫：「早知道如何就好了！」千金難買「早知道」，作者以「與詩人約會」的錯過事件來暗示人生的許多無奈，也和這件事相似，明明應該如何如何，自已卻不知如何如何，以致錯過許多賺錢或成功的機會，當然有人一輩子都活在錯過的遺憾中，有些人即使短暫的失誤，也一樣終生後悔。

　　詩人白萩在他的〈抽象短論〉一文中提出：「藝術家最主要的職責是忠實於自己的感動。何種感動寫何種詩。」（抽象短論）。〈錯過〉的作者，一定有某些事物失誤的遺憾，這種遺憾在心中釀造成詩的感動，詩人當然不能把所有遺憾寫出來，她只寫其中一小項，就可以小見大了。這也就是詩人桑德堡〈試擬詩歌界說三十八條〉中有一條是這樣說的：「濕的花根在泥土中拚命掙札，然後在陽光照耀之下綻開花朵，詩就是那株花的根與花之間的沉默與談話。」詩人把思想變成詩，如同花的根如何在土中掙札而綻開花朵，如果你無法體會桑德堡的話，那麼你就會和詩「錯過」，不管是 30 年或 30 秒，因為你抓不到重點。作者這首〈錯過〉，讓我感想很多，還是留一些讓你自己去體會吧！否則你也會「錯過」哦！

情有獨鍾　／范模士

月亮含情脈脈地看著我

她不說話越叫我心動

回到家裡

　　我把屋頂掀掉

　　吩咐老天爺夜裡不要下雨

　　好讓我看月兒看個夠

　　看月亮竟然要掀掉屋頂，還要吩咐老天爺不要下雨，真是異想天開。難怪桑德堡還有另一則詩的界說是這麼說的：「有一種棲於陸上或海裡的動物想要飛上天空。詩就是這動物的日記。」棲於陸上或住在海裡想要飛上天空，這種動物所寫的日記不就像詩人要掀掉屋頂叫老天不要下雨一樣的不可異議嗎？其實，詩人只是借這種怪異的舉動，來表達自己對月亮的純情，至於月亮代表什麼，那是詩人心中的祕密。詩人桑德堡又有另一翻對詩的界說是這麼說的：「詩是蜘蛛在晨間新織成的網，訴說它在昨夜月光下編織和等待的經過。」詩人為了看月亮而掀掉屋頂，整夜盼望老天不下雨，要看月亮看個夠，詩人在整夜的月光下編織和等待的經過，正是他的詩題〈情有獨鍾〉。只是對誰情有獨鍾？桑德堡又說了一段話：「一個黃綢手卷打成一個個謎語的結子，封在一個繫在風箏尾巴上的氫氣球裡，讓它飄在以春日碧空為背景的白色風中，詩就是這個手卷的定理。」〈情有獨鍾〉真的只是對月亮情有獨鍾嗎？有沒有桑德堡黃綢手卷中的謎語結子？不要看作者似乎寫得淺白，其中的內涵往往令人深思良久。

　　其實，這兩位詩人的兩首詩的妙處，都是把主題妥當的以某種事物做為寄託的意象，讓人讀後印象深刻。〈錯過〉乙首以「詩人」為意象，詩人本來就令人不好捉摸；你在內，

他偏在外，這就是詩人。而人生許多機緣也如同和詩人約會一樣，很不易把握，往往錯過許多機會。〈情有獨鍾〉更是一首以「月亮」爲意象的深情詩，詩人心中一把「火」，必須有「薪」才能燃燒，此時抽象的火附著在具體的薪上，對月的深情，終於燒得令人目眩神迷，眼花撩亂了。

　　人類有喜怒哀樂，如何適當表達，擊痛人們心坎或搔到人們的癢處，使人都因有同感而拍案叫好，是騷人墨客之所以挖空心思，搜遍枯腸的原因。

　　和〈詩經〉、〈楚辭〉能相提並論的古詩 19 首，雖然不知何人所作，但人們讀了都會深深觸動他們的心靈，對這些語言十分平易的作品，詩中卻蘊含無比深微精巧的豐美，一直爲人們所深深喜愛，且影響深遠。

　　清人陳祚明在〈采菽堂古詩選〉中就說：「〈十九首〉所以爲千古至文者，以能言人同有之情也。人情莫不思得其志，而得到者有幾？雖處富貴，猶有不足，況貧賤乎？志不可得而年命如流，誰不感慨？心情於所愛，莫不欲終身相守，然誰不有別？以我之懷思，猜彼之見棄，亦其常也，夫終身相守者，不知有愁，亦復不知其樂，乍一別離，則此愁難已。逐臣棄妻與朋友闊絕，皆同此旨。故〈十九首〉雖此二意，而低回反覆，人人讀之皆若傷我心者，此詩所爲性情之物。而同有之情，人人各具，則人人丕自有詩也。但人人有情而不能言，即能言而言不能盡，故特推〈十九首〉以爲至極。」（轉引自葉嘉瑩〈人人讀之皆若傷我心者〉，收在《詩馨篇》（上）。台北，書泉出版社）

　　下面我就來談談余光中悼瘂弦妻橋橋的詩和非馬的祝福友人生日快樂的詩，一生一死，皆人類同有之情也，如何寫

得出色，令人讀後覺得「好像替我說了」，或者覺得：「嘿！我怎麼想不到，說不出。」

　　先看 2005 年 2 月 4 日湄南河副刊余光中的悼亡詩〈休止符之必要〉：

> 休止符之必要
> 讓豎笛和低音簫
> 歌一下吧，把一切無奈
> 都交給餘音去嬝嬝
> 一輩子多長啊餘音就多長
> 休止符之必要
> 如歌的行板已經變調
> 最後總是留下了詩人
> 天藍藍漢代的純藍
> 基督溫婉古昔的溫婉
> 罌粟仍在詩人的田裡
> 觀音山劫後仍是觀音
> 台北選後還是台北
> 休止符之必要
> 久寂之弦要重調
> 只有休止符能證明
> 是真的歌必然有回音

　　余光中這一首悼亡詩，如編者所言（略）係聞瘂弦之妻張橋橋女士過世，深有所感遂化用瘂弦〈給橋〉、〈如歌的行板〉等著名詞語而成，瘂弦看到之後一定會深受感動，這

中間有余光中和瘂弦私交的「私密性」，引用好友的名句對
兩人的情誼及對好友亡妻之痛，更有安撫作用。

詩題就是〈休止符之必要〉，直接切入人生的結束；誰
都會有生命死亡的一天，不論長短，曲子終有結束的時候，
但余光中用此題「特別有含意」，據聞橋橋女士長年臥病，
受病魔之折磨，這種休止符豈非必要？結束痛苦折磨，對病
人應是好事。

曲子結束了，豎笛和低音蕭都停歇了，只有餘音仍在嫋
嫋，並且一輩子有多長，餘音就有多長，形容瘂弦對妻子的
情感乃至死方休，余氏對他們夫婦的情感也是至死方休，深
情動人。接下來十分妥貼的引用瘂弦詩中名句，使全詩讀來
傷感動人，尤其末句「是真的歌必然有回音」令人沉吟再三。
果然名家作品，弔亡詩能寫得如此真摯誠懇者不多，正是前
面所說的說中了人們普遍共有的情感痛處，說出了一般人說
不出的苦處。

再來看 2005 年 2 月 12 日湄南河副刊非馬的短詩兩首之
一〈春天生日快樂〉的祝福詩：

> 給一位與春天同生日的友人
> 興奮得半夜睡不著覺
> 她在電話裡孜孜為我
> 點數
> 插在全世界大大小小
> 湖泊邊沿
> 所有冒綠火苗的
> 蠟燭

> 我提醒她
>
> 還有我心中
>
> 一支接一支亮起的
>
> 欣欣的祝福

　　這首詩的第一行，我覺得是副標題或小標題，不知何故擺在第一段第一行？或者第一行有給某某打電話之意？

　　不過沒關係，我們就從第二行看起，他說「興奮得半夜睡不著覺」，理由是「她在電話裡爲我（他）點數」，點數什麼？是「插在全世界大大小小湖泊邊沿／所有冒綠火苗的蠟燭」，原來她的生日跟春天同時，春來了，湖畔植物紛紛長出綠芽爲他慶生，彷彿點上成千上萬的綠燭，這樣的巧思是非馬短詩一貫的特色。

　　第二段寫到作者的祝福了。作者說不要忘了，還有我心中一支一支接著亮起的欣欣的祝福呢！這裡不寫深深而用欣欣，仍有春天欣欣向榮之意。

　　像這樣的祝壽詩，寫到了人們感情的共相，很容易感動讀者，尤其意蘊深微豐美，使每個人都能讀後有所感有所得，甚至讀後爲之拍案：「嘿！我怎麼就想不到！」或者說：「嘿！我怎麼就不會說！」有的更會說：「說到了我內心深處！」

第二節　意象的經營，對比的運用

　　「詩中經營意象的方法很多，用對比的方法也能構成很

好的意象。」向明如是說。是的「朱門酒肉臭，路有凍死骨」是杜甫常被引用的名句，就是利用兩種完全相反的景象或感觸並置，而產生出一種感人的意象來。湄南河副刊在 2003年 11 月 7 日有一首苦覺的詩，就是利用對比寫出來的好詩。

紅毛丹　／苦覺

火紅的頭髮，是為了
向季節宣布
熱情如火的我成熟了

而，人們
你們把頭髮都染紅了。
為的，是什麼？

　　紅毛丹成熟了，所以頭髮也紅了，目的是向季節宣布熱情如火的「我」成熟了，你們可以來享用「我」了，完全是事實的描述，但筆鋒一轉，指向染紅頭髮的人們，並提出質問：「為的是什麼？」作者沒有說明答案，讓染紅頭髮的人自己去說，讓讀者自己去想，理由應該有千千萬萬。這種相同的類比，意象也十分鮮明而讓讀者印象深刻。

　　2003 年 11 月 21 日王學敏的〈旅行支票〉也是一首妙詩：

婚外情
像旅行支票
旅途中才用得上它
這一趟沒用完

　　只有期待

　　下一次的旅行

　　婚外情是什麼？很多人都可以說出一大堆的解釋，但詩人只把它比喻成「旅行支票」，真是妙喻，而且意象新穎，不落俗套；既然是婚外情，當然在外面進行，不是「旅行支票」是什麼？而且沒用完，還十分期待下次的旅行。充分寫出對婚外情的吸引力。英國現代詩人奧登就說過：「平庸的詩人與偉大的詩人其不同處，在前者只能喚起我們對許多事物的既有感覺，而偉大的詩人卻使我們如夢初醒，發現從未有過的體驗。」把婚外情比喻成「旅行支票」，妙喻，但第二次再用的人就是平庸的詩人了。不過，詩壇上這種跟屁蟲很多，反倒是一流的詩人、有創造力的詩人奇少，湄南河副刊挖掘出不少創造力高的詩人，令人激賞。

　　2003 年 11 月 26 日林煥彰的〈語花〉，更叫人拍案叫絕：

　　沒有葉子的時候，

　　我就開花；

　　生命，

　　不只是一種顏色。

　　葉子和花對比，且悟出生命不只是一種顏色。一般人不會寫詩，只會告訴別人；這條路走不通，就走另一條路；高明一點的人會說：「條條大路通羅馬。」羅馬代表成功，也是意象語，但不若「生命，不只是一種顏色，沒有葉子，我

就開花來得詩意盎然！」讀者看到我把詩人的句子寫成如上述的樣子，就知道是散文，而原作的寫法就是詩，其中的道理，不難分辨，你就自己分析分析吧！畢竟你也是有創造力的讀者啊！

　　任何一位有成就的詩人，都知道意象在詩作中的重要性，評論詩的人，更不可能錯過意象在一首詩中所發揮的重要功能。以曹植的〈七步詩〉為例：「煮豆持作羹，漉豉以為汁，萁在釜下燃，豆在釜中泣，本是同根生，相煎何太急。」其中的「豆」與「萁」即表示兄弟、同根之意，意象何等明晰，不必多加解釋，千古以來，詩家均樂於引用。足見詩人要豐富自己的生活，多閱歷多觀察，才能在運用之時，取之不盡，用之不竭，否則搜刮枯腸，也找不到可以借用的意象，作品水準，詩人才情，自然低下，沒有什麼值得懷疑的。

　　2003 年 11 月 2 日的「刊頭詩」〈被 SARS 愚弄的娛樂業〉，就有很好的意象演出：

被 SARS 愚弄的娛樂業　／北雁

> 沙發們整齊排列成發愣的
> 服務生
> 音響器材噤若寒蟬
> 怕酒後的我突然決定
> 裁員

　　這些意象語刻劃出沙發無人坐，只在那裡發愣，音響無人使用，噤若寒蟬，我孤獨的喝悶酒，它們都怕被裁員，整個 SARS 時期娛樂業的景象，全盤托出，不必寫三、四千字

的論文「論 SARS 對娛樂業的影響」，而影響已然盡出矣！

再看曾心的〈桂河橋〉：

三十萬人的血汗
匯成桂河水

橋頭
那老列車
曾運走
一萬六千顆頭顱

這一首是 2003 年 11 月 3 日的「刊頭詩」，我一讀到眼睛馬上一亮，多年前也曾親訪桂河，更把《桂河大橋》的電影看了不下十來次，讀了這首詩，彷彿這些情景都回來了。詩中的 30 萬人彷彿還在造橋，彷彿河水中有他們的血汗，老火車更是鮮明的意象，載走了一萬六千顆頭顱。戰爭的殘酷，不必下筆，詩中自然產生，二次大戰中可歌可泣的情景，歷歷如在眼前。詩人把 30 萬人、桂河水、橋頭、老火車、頭顱等一起運用到詩中，來表達他對戰爭抗議的意圖，不著一字，盡得風流。

另外 2003 年 11 月 4 日的「刊頭詩」〈有愛不會老〉，也是意象鮮明的作品：

有愛不會老　／阿鵑

愛撫平了皺紋
愛染青了白髮。

　　愛減慢了時間的腳步，
　　愛使你又青春煥發。
　　相擁在愛的懷抱，
　　有愛就不會老。

　　愛是十分抽象的東西，看不到、摸不著，只能用感受的，
作者知道因其抽象，所以必須具象，所以皺紋、白髮、時間
的腳步、青春煥發都是很好的意象語，讓我們具體感受到愛
可以撫平皺紋、染青白髮，放慢時間的腳步，讀後印象深刻。
可惜末兩句「相擁在愛的懷抱裡／有愛就不會老」太落言詮，
是否可以再釀一下，也許可以想出更好的意象語。
　　2003 年 11 月 5 日苦覺的〈往事〉令我讀得拍案叫絕，
真是好詩：

　　風
　　在翻看我的日記
　　之後
　　哭著
　　溜走了

　　風和日記都是很好的意象語；日記代表往事，風代表掀
起往事記憶的事件、或一隻手，看到日記中的悲慘，雖然作
者未說，但從哭著溜走了，就可以明白。這種「以小暗示大，
以有限暗示無限」，正是詩的精義所在。從這一首短詩，你
可以聯想到成千上百個故事，而我們讀後印象深刻，久久揮
之不去，一直在想，「詩中的風，幹嘛哭著溜走了，他只翻

了翻日記而已啊！」這種意象的成功運用，往往可以使詩的意境高妙，讓讀者過目不忘。中國大陸部分詩評家就把意象稱爲「形象思維」，其實意思是相同的。

西方意象派詩人龐德曾在他的《漢詩譯卷》中盛讚：「中國詩人從不直接說出他的看法，而是通過意象表現一切，人們才不辭繁難的翻譯中國詩。」可見意象在中國詩中的重要地位。在中國古書《周易・繫辭》中，孔子曾說：「書不盡言，言不盡意，聖人立象以盡意。」晉時王弼也在《周易略例・明象》中說：「夫象者，出意者也。言者，明象者也。盡意莫若象。意生於象，故可尋象以觀意。意以象盡，象以言著。」劉勰在《文心雕龍・神思篇》亦曾言：「然後使玄解之宰，循聲律而定墨，燭照之匠，窺意象而運斤。此蓋馭文之首術，謀篇之大端。」明代王廷相亦曾指出意象的重要：「夫詩貴意象之透瑩，不喜事實黏著。古謂之水中之月，鏡中之影，可以目睹，難以實求也。」又說：「嗟夫，言徵實則寡餘味，情直致而難動物也。故示之意象，使人思而咀之，感而契之。」大陸詩人艾青認爲：「意象是詩人從感覺向他所採取的材料的擁抱，是詩人喚醒人的感官向材料的迫近。」台灣詩人余光中更簡單表示：「詩人內在之意訴之於外在之象，讀者再根據這外在之象試圖還原爲詩人當初內在之意。」洛夫也說：「所謂意象就是用語言來洩漏一種新鮮、活潑的，而且很具體可感的一種形象。簡單的說就是用語言文字來構成一幅畫。」白靈則認爲：「意象正是古人論詩時強調的所謂情景，意就是情，象就是景。或寓情於景，或觸景生情，或情景交融。」總結以上古今中外論者所言，就是心中的意念，藉著一個清楚的事象來說明，讓讀者腦中，留下深刻印

象。

　　我之所以花大篇幅討論「意象」，主要原因是最近「湄南河副刊」有許多精采的「刊頭詩」，意象十分鮮明，讓人愛不釋手。舉 2003 年 11 月 6 日的曾心作品〈風車〉爲例，利用風雨不停反覆旋轉的意象，指明去路。

風車　／曾心

自由的風
一旦忘乎所以
也會迷失方向

唯有風車
不倦地旋轉
給予指明去路

　　這裡的風和風車都是很好的意象語，風因爲自由，會迷失方向，風車因固定的旋轉，方向一致，才能指明去路。表面如此，詩人有無限的暗示。試想，人人都崇尚自由，一旦自由到無節制，忘乎所以，是不是形成亂源？風車雖被固定，可能失去自由，但他的方向一致，是否可以指明去路？當然，讀者可以更自由去聯想，而詩的可貴就在於它不會限制你的思想，把你固定如風車，不倦的旋向同一個方向。

　　曾心是「意象派」的高手，11 月 11 日，他又有一首擲地有聲的作品〈火山〉：

本是心中一團火

要為人類事業燃燒

無奈受到壓制
使我一直處
忍與爆之間

　　這真是令人印象深刻的佳構，把人們心中的氣，容忍到極點，在要爆不爆之間，那種人生的無奈，活生生的呈現在眼前。不是有人形容某人火爆脾氣，如火山爆發嗎？〈火山〉一詩已寫盡了人們心中的那團火，未爆的火山，正是一直處於「忍與爆之間」，寫盡了人們的無奈與壓制之煎熬，真是好詩。

　　再看劉舟發表在 2003 年 11 月 8 日的〈鷹〉：

振著高傲的翅翼
劃出
一圈圈
冷漠的孤寂

　　你說你志向多高，想展翅高飛，你說你心中多麼冷漠孤寂，都十分抽象；以鷹振著高傲的翅翼，在空中劃出一圈圈冷漠的孤寂，不但具體，而且讓人印象深刻。

　　意象之於詩，重要可見一斑。難怪許多詩人都要認真在詩中琢磨意象，否則直抒胸臆，常是敗筆之作，甚至可以說是情和景分開的散文，詩人寫詩而被認為散文，其恥辱不下於叫你去跳黃河長江！大陸詩評家李元洛在《詩美學》乙書

〈論詩的意象美〉一章中，認為：「意象是一個涵義較情景
更為廣角的批評用語。它包括情景。意不僅包含情，也蘊含
著理，而象則可囊括整個客觀世界的物象。」詩人寫詩對意
象的運用，不可不用心啊！

　　意象在詩中的重要性，寫詩的人都知之甚詳；詩評家也
多有討論。如向明就曾為意象下定義：「意就是情，象就是
景。或寓情於景，或觸景生情，或情景交融。」章亞昕也在
〈追求純粹：創世紀的意象語言〉一文中如此說：「飽經滄
桑之後，詩人自然道出一個屬於純詩的神話，那是為了超越
生命中的悲劇。純詩看重美感，意象語言立足於真實可靠的
主觀性，正所謂『我思故我在』，詩人們省略對現實生活進
程的直觀介入環節，從而由內入外、由己及人，在誇張、變
形、怪誕的藝術境界中，走向感覺，走向個人化的生命經驗。
於是，意象語言可以意在言外，建構無數無為而無不為的幻
象世界。」（節錄自《情繫伊甸園 ── 創世紀詩人論》，台
北，文史哲出版）

　　2004 年 11 月 10 日「湄南河副刊」的刊頭詩，辛牧的〈陳
酒〉就是一首找到「陳酒」的意象，來打發內心深藏多年鬱
結的詩 ──

　　　　瓶蓋才旋開
　　　　一股陳年的往事
　　　　便嗆鼻而入

　　　　才啜一口
　　　　不意勾動

　　滿肚愁腸

　　以陳酒來隱喻陳年往事，才一旋開瓶蓋，便有一股嗆鼻的酒味，如同一想到往事，過去種種便洶湧而來。這些往事竟然是痛苦的，才一回想，便滿肚愁腸，把一個喝酒者一面喝一面訴說自己的痛苦和不幸的樣子，生動的刻畫出來。

　　再看辛牧發表在 2004 年 11 月 24 日「湄南河副刊」的刊頭詩〈詩蝨〉，也是意象鮮活的詩 ──

　　　　睡到半夜
　　　　突然一陣搔癢
　　　　起身猛抓
　　　　竟然抓出一把詩蝨

　　十分生動有趣。半夜搔癢，起身猛抓，均為人之常情，但抓到的不是有形的蝨子，而是抽象的「詩蝨」，十分意外，詩因而有可讀性。此詩與向明的名詩〈瘤〉有異曲同功之妙。這是意象成功運用的佳例。

　　另外，以圖象詩的圖象來顯示意象的妙用，2004 年 11 月 19 日「湄南河副刊」苦覺的〈水燈〉就是一例：
　　　　　　　　亮
　　　　　　獨眼
　　　　　　依舊
　　　　　　出航
　　　　　　只想
　　　　只想去吻總吻不到的夢

　　清楚明白以「水燈的樣子」寫詩，放過水燈的人都知道水燈的樣子，最上面點了蠟燭，當然是光，底座較寬，因此橫排，十分具有巧思。尤其詩中文字雖少，但內涵卻無限，每一個放水燈的人都有一個心願，而那個心願往往很難心想事成，所以是「只想去吻總吻不到的夢」。而「獨眼」就是一個扣子，每一個人均可自己去解。我認為有「一心一意」獨鍾情某事之意，你以為然否？

　　另外，2004 年 11 月 29 日「湄南河副刊」林煥彰的〈秋瘦了〉，也是一首頗具巧思善用意象的作品：

　　　　秋瘦了，因為
　　　　芒花白了

　　　　因為，櫻花樹的葉子掉光了
　　　　因為，我的頭髮長了，因為

　　　　風的衣服，又寬又大了

　　詩人利用許多鮮活的意象，來點出秋的況味，如芒花、櫻花樹的葉子，尤其是「頭髮長了」更生動，顯然是懶得梳理，心情的秋意更深。風的衣服寬大，更顯示其瘦。詩人寫詩才具，令人讚賞。難怪嚴羽早就說了：「夫詩有別材，非關書也；詩有別趣，非關理也。而古人未嘗不讀書，不窮理。所謂不涉理路、不落言詮者，上也。詩者，吟詠情性也。盛唐詩人唯在興趣，羚羊掛角，無跡可求。故其妙處瑩澈玲瓏，不可湊泊，如空中之音，相中之色，水中之月，鏡中之象，

言有盡而意無窮。近代諸公作奇特理會，遂以文字爲詩，以議論爲詩，以才學爲詩。以是爲詩，夫豈不工，終非古人之詩也。」（引自《滄浪詩話》一書中之〈詩辨〉詩人以鮮活意象爲詩，並不以才學、議論爲詩，往往信手拈來，自成妙品。

　　寫五、六行的短詩，常因某一種人生的感悟而發，處理得當，是詩；處理不當，就變成格言，不可不慎。古詩中也有許多看似格言，其實是好詩。例如：「欲窮千里目，更上一層樓」、「夕陽無陽好，只是近黃昏」、「問渠那得清如許，因有源頭活水來」……許多詩例，後來常被人引用爲題字，勉勵後進，遂成格言。

　　2005 年 7 月 24 日的刊頭詩，曾心作品〈水泡〉，看似格言，其實是生動有味的詩：

水泡　／曾心

吐幾口水
魚尾一捲就走人

人生的追求
往往
撈到水泡

　　如果只有第二段，這首詩是格言，但加上第一段就變成一首生動有味的詩。其中的道理，就在詩的有機組織裡面，不能光講抽象的道理。第一段的魚吐幾口水，尾一捲就走了，正是詩意的源頭。給讀者一個生動的畫面，也就是意象，代

替抽象的說理，這就是詩。「千山鳥飛絕，萬徑人跡滅，孤舟簑笠翁，獨釣寒江雪」是一首好詩，只因他利用一個孤寂的畫面去訴說孤寂，而不是由字面描述抽象的孤寂。

　　同樣的道理，2005 年 7 月 25 日的刊頭詩，符徵的作品〈感恩〉，也是用具體的意象，即生動的畫面，去描繪抽象的題意：

感恩　／符徵

準時滿地撒幾把穀粒
餵飽飢腸轆轆的雞群

伸長脖子苦苦找尋
偶獲桶邊的殘羹餘米

　　這首詩題〈感恩〉，顯然是感謝別人的施捨、佈施。怎樣才算感恩？給洋房、大樓或者是桶邊的殘羹餘米才要感恩？正因其微小而念念不忘，才算感恩吧？

　　這首詩寫得十分生動有味。準時滿地撒幾把穀粒，布施雖微小，但對著飢腸轆轆的雞群，這幾把穀粒，無異滿漢全席。第二段更生動，「伸長脖子苦苦找尋」，寫盡了苦難飢餓的樣貌，即使桶邊的殘羹餘米也是山珍海味，絲毫不願放過。此詩隻字未提感恩，但感恩自在其中矣！好詩。

　　2005 年 7 月 26 日的刊頭詩，苦覺的作品〈知了〉，令我眼睛一亮：

知了　／苦覺

把一些術語
播種在風中

了了嗎
了了

風，走過夏天
哲學家誕生了

正在想著，苦覺好像到了「高原現象」了。突然，他給
我一首好詩，告訴我，未必！

這首詩是聽了知了的叫聲有感而發的，但寫得格外出神
入化。第一段的「術語」播在風中，第二段的「了了嗎／了
了」，都十分令人意外。第三段總結也寫得好，尤其「風走
過夏天」，更見詩意；「哲學家誕生了」給讀者餘味滿胸，
留下很大的想像空間。大家一致看好的苦覺，果然不會令我
們失望。

2005 年 7 月 30 日的刊頭詩，楊玲的作品〈網路〉，看
似簡單，但得來不易：

網路　／楊玲

虛無的世界
虛擬的時空
虛空的精神

　　滑鼠一點

　　全進入了

　　整首詩彷彿白描，沒什麼學問，但這正是詩的魅力所在。把網路的神奇世界，因滑鼠一點，全進入了，詩抓住了這神奇的機緣，如同你抓到了「明月松間照，清泉石上流」等機緣；許多事實早就存在了，詩人抓住那個機緣，瞬間寫成了詩，那是不需要學問，但需要慧心。

　　創造詩的境界，首先必須要注意到它的新穎性，不要人云亦云，抄襲別人，也不要抄襲自己，重複自己。意境來自真實的生活，但絕不是現實生活的原來面目。現實生活可以比做酒的原料，這個原料經過釀酒的過程，提煉出醇酒來，此時的醇酒已經不是那些原料。由此可知詩是把現實生活經過提煉出具有藝術美、感情美和思想美的作品，如同把製酒的材料釀成酒一樣。

　　2006 年 9 月 6 日副刊刊頭詩〈距離〉，就是一首把材料釀成酒而且具有新穎性的好詩：

距離　／苦覺

　　雨中

　　你我共撐一枝蕉葉

　　前行

　　風大雨大，你我的距離近

　　風停雨停，你我的距離遠

　　這是一首描述「可以共艱苦患難、不可共歡樂享福」的

詩，經過作者用雨中行的材料，風雨的醞釀，寫成了這麼一首具有藝術美、想像空間極大的詩。尋詩是一個機緣，「明月松間照，清泉石上流」，千百年來都是如此，有機緣的詩人，尋到了它。現實生活中，作者一定和一般人一樣，早就感受到了許多人可以共患難、不可以共享樂的實際狀況，只有作者在風雨中，找到了一枝蕉葉，找到了詩味的「距離」，創造了獨具特色，注入自己喜怒哀樂的詩篇，詩的意境因而有創造性，新穎性。

　　同樣的道理，2006 年 9 月 7 日副刊刊頭詩〈飛刀〉，也是一首把現實製成酒的材料，釀成醇酒的好詩：

飛刀 ／嶺南人

冷言冷語如飛刀
射落了
一隻飛鷹

一顆璨璨的星
黯然
隕落！

　　在現實生活中，許多即使如飛鷹般的善飛，即使如燦爛的星一樣光芒四射，經不起人們如飛刀的冷言冷語，一樣會被射落，一樣會殞落。作者在人生中體悟了現實生活中的哲理，利用飛刀、飛鷹、璨璨的星等意象，創造了一首新穎的生動的詩。創造了一首昇華了生活的真實的詩。

　　2006 年 9 月 23 日副刊刊頭詩〈睡著了〉，也是一首在

人生的現實中，隨處可見的好詩，只看你有沒有慧心，抓住
這個機緣：

睡著了　／楊淑燕

像一塊方糖
放進牛奶裡

我睡著了
甜甜的

　　現實生活中的喜、怒、哀、樂，隨時都在你身邊，如何
抓住機緣，釀成詩篇，完全是作者的慧心。每天泡牛奶，放
下一粒方糖，糖溶解了，喝起來，甜甜的；每天這樣做，居
然變成「毫無感覺」，太可惜了。作者就是不一樣，抓住這
一份感覺的真實，寫出了那一份幸福快樂的感覺，雖平常卻
是新穎的，獨特的意境。

　　所以尋找詩的意象，有時在很熟悉的生活中找到每天習
以爲常，感覺變成遲頓，看別人在尋常事物中找到新穎的意
象，創造完美藝術的意義，常常會拍案嘆息：「啊！我怎麼
沒有想到！」

第三節　暗示法

　　有時我們看到一個人，孤單的坐在一家咖啡屋，既沒朋
友可聊，也不看書，更不是在寫東西，但他坐得很久，很安

適。此人孤孤單單坐在那裡，好像什麼事也不做，不知道在想什麼？2003 年 12 月 7 日的「刊頭詩」〈讀心 —— 給孤挺花〉，讓我找到了答案。

讀心 —— 給孤挺花　／林煥彰

端一把椅子
讓我坐在你身旁
也讓太陽跨進窗來
並肩同坐
喝杯下午茶
讀我們的心事

　　表面上作者什麼也沒說，但其實作者已經說了，「讀我們的心事」是全篇主旨，可是作者仍然沒告訴你他有什麼心事。再回頭來看，從題目上找到給孤挺花；孤挺花從字面上又暗示什麼？這下子這首詩所要表達的題旨全都出來了。原來作者以孤挺花暗示自己的孤高、不隨流俗，此時只好自己端一張椅子，坐在花的身旁，表示一樣孤傲，打開窗讓太陽照進來，一同並肩而坐，一同喝下午茶，一同想我們的心事。此詩中的「一把椅子、太陽跨進窗來」，都是很好的意象語，是以物為象，作者並未說自己的孤單，但一把椅子、太陽跨進來（注意跨字的擬人法），都被作者視為同伴、朋友、孤獨之感油然而生。他居然願意跟他並肩而坐，除了孤挺花，太陽也變成朋友，最後「喝杯下午茶，讀我們的心事」這件事，也是很好的孤獨意象，這就是以景為象，如此孤單自個兒喝下午茶的景象，在讀者腦中留下了無比深刻的印象，整

首詩事件非常平凡，用語非常淺白，卻雋永異常。我也終於想到了，哦！原來他們都在想心事。我竟從外表，也可以讀到他們的內心。

2003 年 12 月 8 日的「刊頭詩」〈菜譜〉乙首，屬於以淺層意義，暗示深層意義的佳構。

菜譜　／雨村

走也好，游也好

只要被選上菜譜
總逃不掉了

全詩只有三行，表面意義是不論地上走的，水中游的，（若再加天上飛的更佳），只要被菜譜選中，一定逃不掉，是事實的淺層表述，但深層意義可以無限擴大；世界上有許多事都是如此，好像有一隻黑手，只要看上你，你就逃不掉了，淪為別人菜譜中的佳餚，別人的囊中物。全詩未著一無奈字眼，而無奈之情溢於言表。

另外 2003 年 12 月 9 日的〈歲月〉乙首，也頗具人生哲理，體悟十分深刻：

歲月　／楊玲

時間似流水
磨去了稜角和個性
換來了一個
假面具

　　人因涉事未深，往往直來直往，別人認爲你有稜有角，常設法修理你，等到被修理多了，如同稜角被磨平了，個性沒有了，真性情不見了，不是換一具假面具是什麼？哲理詩不明言自己的想法，而以事件或意象語演示，讀來詩味十足。

　　2003 年 12 月 10 日的「刊頭詩」〈雨夜〉，更是一首有味道而且深沉的詩。

雨夜　／辛華

> 人生掀起了颱風，這夜
> 雨是帶著情緒來的
> 心中頓成 —— 派茫茫澤國，洪水
> 泛著甜酸苦辣 —— 齊湧上。
> 遠處是誰推過來一條小船？
> 呵！船頭站立著一盞璀璨的明燈

　　以「雨夜」來象徵人生的困境，這樣的困境彷彿掀起了颱風，而且是帶著情緒的颱風，既不講理，也非常難捉摸，心中當然是茫茫澤國，汪洋一片，所有的事情都像洪水沖來，而且泛著甜酸苦辣，各種滋味。還好，遠方有一條希望的小船，而且站立著璀璨的明燈，是救星也。全詩以雨夜的一切苦難象徵人生的不幸遭遇，幸好還有貴人相助，來了小船和明燈，讀者讀到這裡，好像在看災難片，受難者獲救，全戲院的觀眾擠拍手叫好，歡聲雷動。

　　一般人讀詩常有看不懂一首詩的困境，也就是不知道詩人在說什麼，不明白詩的主旨。陳滿銘教授在《章法學新裁》一書中，就告訴讀者要用慧心去挖掘主旨。他說主旨大概有

三種情況：第一種就是從字面上就可以看出，也就是在詩中
出現，明白清楚。第二種是詩中沒有提到，也就是讀者必須
在文字之外去推敲它的含意，領會它的弦外之音。第三種是
詩人用較少的文字去暗示，用較少的內容去呈現，讀者自己
體會較多、較大的內容，他給你的只是淺層的意義，你必須
自己去體會他另外的深意，也就是以小暗示大，以有限暗示
無限。

　　2003 年 12 月 2 日的「刊頭詩」〈秋雨〉，就屬於第一
種：

秋雨　／范模士

　　苗條溫存，婀娜多姿；
　　欲橫還縱，欲言還止；
　　秋風來伴，結為知己；
　　不管短長，共舞天地。

　　作者以白描的筆法去描寫秋雨的狀況，因秋雨量小所以
苗條溫存，像女孩子的婀娜多姿，欲縱還橫，欲語還羞來寫
它。作者又以秋風明喻自己，願與她結爲知己，不論天長或
地久，時間長短不計，都要與她共舞天地。全篇主旨就在後
面四句：「秋風來伴，結爲知己；不管短長，共舞天地。」
屬於第一種由字面上就可看出的表達方法。

　　另外 2003 年 12 月 3 日的「刊頭詩」〈血淚九・一八〉，
就屬於第二種，是有弦外之音的詩。

血淚九‧一八　／今石

我們不記恨某個民族
只是警惕那一隻黑手
會不會再長起來，再伸出來
讓中國人耿耿於懷的
「精神勝利還魂曲」的簫管
時至今日，有幾張嘴皮還在吹

「九‧一八」當然是指日本侵華的一個重要日子，弦外之音就是怕軍國主義再起，如第二行、第三行中那一隻黑手再長起來，再伸出來。第五行，第六行「精神勝利還魂曲」的簫管還有人在吹，均暗示侵略者有還魂再來的可能，全詩沒有提日本、軍國主義等字眼，但讀者從字裡行間就可推敲出言外之意，是屬於第二種表現法。

2003 年 12 月 4 日的「刊頭詩」〈最長的演講〉，就屬於第三種以小暗示大，以淺層意義，暗示深層意義的詩。

最長的演講　／苦覺

選舉時
—— 我將給你們幸福自由民主
並把我的漂亮女兒
許配給你們其中的一位
當選後
—— 這是！絕不可能的

　　這一首詩題旨十分明顯，對比手法也十分清楚，但是前後不一的表現是人類普遍的毛病，選前什麼都要給你，選後什都不可能。依此類推，婚前，你要求什麼都可以，婚後，什麼都不行。像這種可以擴大聯想，甚至做更深入的體會的詩，屬第三種表達法。

　　2003 年 12 月 6 日的「刊頭詩」〈美女〉，仍屬於三種都有的表現法，要看讀者體悟的程度而定。

美女　／梁自元

　　一顰一笑的綽約風姿
　　「美目盼兮　巧笑倩兮」
　　展示著青春的標記
　　可憐的是
　　吝嗇的父母
　　不給她買一件禦寒冬衣

　　有的讀者可能只讀到第一種表現在字面上的意思，這麼美的少女，怎麼穿著如此單薄，怪起她的父母吝嗇來了。有的讀者可能誦讀到第二種情形，認為字裡行間有弦外之音，「美女」喻有才能的人，「吝嗇的父母」喻不懂惜才愛才，因而同情可惜起來。第三種情形的讀者會認為美女遇到吝嗇的父母，如同遇人不淑，懷才不遇⋯⋯等，可以以小暗示大，以有限暗示無限。這麼說來分三種方法來討論又覺得多餘的了。不過，筆者認為教授學者提出的方法論詩確有見地，更可以幫助我們欣賞一首詩，我樂於在此利用湄南河副刊的佳構介紹它。不過，筆者以為三種主旨的表現法，不如說是三

種讀者的讀詩方法，您以爲如何？

　　人類的歷史到底有多長？而詩人竟能以短短的五行小詩表達出來，這就是「以小見大，以有限暗示無限」，請看劉舟刊於「湄南河副刊」2004 年 2 月 3 日刊頭詩〈歷史〉：

> 血腥硝煙的
> 寶座上
> 滾落
> 骷髏頭

　　爲了爭權奪利，不惜武力相見，於是爲了那個「寶座」，造成血腥硝煙，骷髏頭於是一顆顆滾落下來。從古以來就是如此。鍾嶸在《詩品・序》中說：「文已盡而意有餘」，也就是文學創作要有「餘味」。劉勰在《文心雕龍・神思篇》也說：「文外曲致」；在〈隱秀篇〉更說：「餘味曲包」，就是作品要讓人有想像空間，劉舟這首〈歷史〉，正有這種優點。歷史事件何其多？而劉舟竟集中在「寶座」的爭奪，因而「骷髏頭一顆顆滾落」。讀者的注意力集中在這種「恐怖美學」上，因而印象深刻；許多爭權奪利的宮廷戲，就是這樣引起讀者興趣的。

　　同樣情形的詩作很多，例如刊於 2004 年 2 月 4 日的〈火石〉乙首即是：

火石　／曾心

> 曾擦亮黑夜
> 擊亮一個世界

> 依然那團火
> 即使丟進海裡
> 千年也不熄滅

　　作者以「火石」集中焦點，來寫一顆心志或一個願望，也可以擴大一個壯舉。這樣寫法越能集中讀者的注意。全詩看似寫實，其實是寫意。火石確能擦亮黑夜，但要擊亮一個世界，可就要像火石一樣的偉大抱負。這種偉大的抱負，即使丟到海裡，也就是遇到極大的打擊，千年也不熄滅，暗示這顆心，這個宏願，即使再艱難，永遠也不改變。作者歌詠的是世界上的偉人或偉大的事，但不著一字偉大，偉大卻在其中，而且深深的撼動讀者的心，佳構也。

　　2004 年 1 月 11 日「湄南河副刊」的刊頭詩，林煥彰的〈妳在畫中〉，也是一首集中焦點，卻延伸無限故事的好詩：

> 一片藍天
> 一塊綠地
> 一個穿白衣的人
>
> 一個夕陽
> 一條黑線
> 一道被我拉長的影子

　　作者完全以個別的景點出發整個畫面，再由畫面讓讀者去感受整個故事。古詩中這種寫法俯拾即是，例如「小橋流水平沙，古道西風瘦馬，斷腸人在天涯」；「雞聲茅店月，

人迹板橋霜」；「長河落日圓，馬鳴風蕭蕭」，不勝枚舉。台灣現代舞集「雲門舞集」也常以單一的畫面、動作，暗示無限的內涵。

這首詩先寫場景：一片藍天，一塊綠地，只有出現單一的「穿白衣的人」，畫面乾淨清爽，作者在詩中暗示，想當年這位穿白衣的人，和我在這一片藍天之下，這一塊綠地之上，產生多美好的故事情節；但作者沒說，讀者卻很容易由這種場景，聯想到是一場令人難忘的純情戀愛故事。作者以「穿白衣」來暗示情人是純潔無瑕的人，也暗示這是一場多麼單純的戀情。

第二段場景一變，「一個夕陽」；夕陽代表一天即將結束，故事即將近尾聲，此時出現一條黑線，代表感情有意外，有變故，這位穿白衣的人影，遂被我拉成一道長長的影子。這一道長長的影子，暗喻一直心中有所懷念，而且這一道懷念是「被我拉長」的，也就是我一直無法忘懷。這種以集中焦點，讓讀者集中注意力的寫法，在文章做法上，有其非凡的美學功效。這首詩當然還包含我一再強調的「對比」手法和「意象」的鮮活使用。因篇幅所限，不再贅述。

寫哲理詩十分困難，爲什麼？寫得不好就像格言，非常乏味，如果艱澀難懂，讀來又痛苦異常。最理想的狀況是表面簡明有趣，內容卻深奧複雜。就像杜思妥也夫斯基的小說《卡拉馬助夫兄弟們》一書，內容描寫人生哲理及宗教方面的形而上繁複主題之探索和辯證，而筆法又類似偵探小說，懸疑離奇，追查殺父兇手，一路窮追猛打，直到最後在法庭上的辯論，趣味性十足。然而，要求短短數行小詩，有此長篇小說功能，未免有些苛求。但是 2004 年 2 月 1 日「湄南河

副刊」的刊頭詩，就有這種妙趣。

做人　／親親

做人不難，
「將心比心」即可。

做人很難，
每天必得身心拚搏！
「想要」的太多！

　　作者以兩段式的對比手法來寫「做人不難」和「做人很難」，而其中點出的情節卻只有「將心比心」和「想要得太多」而已。表面十分明白平易，但要「怎樣將心比心」，是什麼東西「想要」的太多，足可以寫成一本小說。這就是詩的高明所在 ──「以小暗示大，以有限暗示無限」。嚴羽在《滄浪詩話》中有一段話足可做本詩的評語：「不涉理路，不落言詮者，上也。詩首，吟詠性情也。盛唐詩人惟在興趣，羚羊掛角，無跡可求。故其妙處，透徹玲瓏，不可湊泊，如空中之音，相中之色，水中之月，鏡中之象，言有盡而意無窮。」此詩雖然有些落言詮，但留下的想像空間還是很大，足以彌補這個缺點，即所謂言有盡而意無窮也。

　　像這樣的「言有盡而意無窮」的詩作，2004 年 2 月 2 日的「湄南河副刊」的刊頭詩，又出現一首：

渡口　／曾心

匆匆趕來

在渡口送別

雙手緊緊握著
又輕輕放開

哦！忘記帶來玫瑰
即從水中捧起一朵浪花

　　這是一首情景交融，意象適切的好詩。詩題〈渡口〉，正是送別的地方，匆匆趕來，當然忘了該帶什麼禮物，否則怎麼能形容其匆忙慌亂？第二段雙手緊握，形容不捨；又輕輕放開，形容不得已，時已至此，不放手又能如何？第二段配合前面匆忙的心情，忘了該帶玫瑰花來送別，只好從水中捧起一朵浪花，聊表心意。這一句最好，最令人回味無窮；浪花捧起，雖有「花」的字眼，卻無花的形象，且浪花一經捧起，隨時消逝，一切成空，想來這一段感情，也如夢似幻，令人讀來心生淒然。

　　像這樣耐讀的詩，2004 年 2 月 9 日「湄南河副刊」的刊頭詩，又出現一首：

春節返鄉　　　　　／林煥彰
　　—— 櫻花開的時候，我就回來

我在北宜路上！

櫻花開得很春天，
在路的兩旁——

> 我是歸人
> 櫻花沿路都笑臉
> 迎我。

　　題目〈春節返鄉〉，附題是「櫻花開的時候，我就回來」，有什麼意涵？一般人春節返鄉，大概都是和親人團聚；不然就是好友相會。為什麼副題要加上「櫻花開的時候，我就回來」？是否有一段讓人想像的故事在其中？而且可能是綺情的故事，不然為什麼一定要在「櫻花開的時候」回來？作者在櫻花開的時候，是不是發生了一段令人永生難忘的愛情故事？

　　果然，第一段只有一行「我在北宜路上！」了解北宜公路九彎十八拐的人都知道，這是一條十分彎曲危險的路段，開車族常視為畏途，作者有什麼暗示？

　　接著寫路旁的櫻花開得很春天，名詞做形容詞用，十分有味，也暗示作者回鄉心情的愉悅。第三段寫自己是歸人，路旁的櫻花都笑臉迎他。更證明作者回鄉心情之興奮。這是這首詩耐讀的地方，讀者可以聯想好多故事情節，正所謂「文有盡，而意無窮」也。

我想到的　　／林煥彰

> 熄了燈，我才開始發亮；
>
> 我想到的每一個字，
> 都成了寒夜裡的星星。

　　第一段只有一行，但讓人思索良久。爲什麼「要到熄了燈，他才開始發亮？」這可以做多方面意義解釋，「因爲燈太亮了，所以熄了燈，他才能發亮。」也可以再深入解讀，「因爲熄了燈，本來要休息了，但卻可以躺下來思索。」這樣解讀似乎比較合理，因爲接著第二段兩行，果然是在思索，而且想到的每一個字都是「寒夜裡的星星」。這就是詩人，連睡覺都在想詩，而且企圖讓每一個字在寒夜裡發亮。希望對人心，對世界有一點助益。詩人表面是靜的，但骨子裡卻是動的；這種動和靜的有機調和，造成詩藝上很高的成就。葉嘉瑩教授在「唐詩系列講座」中，論到高適的詩說：「這就是詩爲什麼有好的有壞的！不在於你說的是什麼，而是在於你怎樣去說。一個好的詩人，他在很平常的直接敘述之中，就可以帶出很強大的感發力量。」（引自《國文天地》第 229 期頁 60）。

　　詩人的用心十分簡單，他希望在黑暗的時代，成爲照亮世界的光源。很多人都會存有這種希望，但只能高喊口號，他無法寫詩，他雖說了相同內容的話，但那不是詩。詩人透過高度的藝術手法，處理了很平常的題材，而且內涵極爲深刻的人生動靜問題。詩人白靈的〈大黃河〉花了 319 行，雖然氣勢磅礡，也只是處理了人生的動和靜的主題，林燿德評論說：「從大自然孕育的『動』，黃河奔流不息的『動』、中國文明衍生創造過程的『動』一直到達大陸人心的『動』，透過『動』的哲學，與『動』的觀照，最具體的『動』與最抽象的『動』，在作者的調度整合下做出有機結合，他鋪設下全詩結構的龍骨。在詩裡『動』的流程中，又隱含永恆不

易的『靜』，這『靜』即是黃河與中華民族在宇宙中不變的
精神存在，作者在『動』的轉換中烘托出宏偉與綿長的絕對
── 一種大中國主義的鄉土懷抱，〈大黃河〉一詩的哲學基
礎，即這種動態互補、陰陽相濟的中國式史觀，氣勢與架構
可觀之處。」黃河一直奔流，表面是動的，但仍在內涵中有
「靜」的不變精神存在。

　　詩人林煥彰熄了燈，開始想詩，靜靜的思考，這是中國
文化守夜人的永恒不變的心態、「士」的精神，而他的詩想
卻是奔騰不息如長江黃河，希望寫出來的詩能照亮黑暗的時
代，如同寒夜裡的星星，為夜行人引路。

　　虛實互補，雋永耐讀。這首詩也符合了「思、情、趣」
三體合一的優點，張默在〈語近情遙話小詩〉乙文中說：「一
首小詩，如何能禁得起讀者一而再再而三抵抗性的閱讀，確
實是創作者的一大難題。

　　筆者以為一首小詩應該是「思、情、趣」三者複合體，
如何使這三者水乳交融，天衣無縫，作者除了辛勤耕耘，努
力經營獨特的語法，融鑄各種詩的技巧之外，似乎別無他途。」
（引自《台灣現代詩筆記》三民書局出版）

　　像這樣「思、情、趣」三者合一的好詩，在 2004 年 5
月 1 日「湄南河副刊」的刊頭詩就是佳例。

等待 ╱金沙

　　海浪
　　來去　去來
　　我一直站在這裡
　　等一個人

　　他也許把我忘記

　　而我又沒有手機

　　這首詩是有思想的，表面上在寫「等待一個沒有辦法聯絡的人」，但骨子裡這個人只是暗喻，誰會去等待一個不知會不會來，而且無法互通訊息的人？只有詩人、藝術家，才會跑到海邊，去看潮來潮往，尋找靈感，企圖創造出偉大的作品。「這個人」就是靈感的暗喻。

　　因此這也是一首情景交融的詩，先寫景，寫海邊情景，再寫情，寫等待的心情。朱庭珍在《筱園詩話》卷一中說：「寫景，或情在景中，或情在言外；寫情，或情中有景，或景從情生；斷未有無情之景、無景之情也。又或不必言情而情更深，不必寫景而景畢現，相生相融，化成一片。」金沙這首詩，若只讀出等待情人的急切，未免膚淺，做為一個讀者的快樂，就在於作者烘托出一個美好的情境，你卻能在這個情境外再看到另一個隱藏的情境。

　　白靈在他的《一首詩的誕生》乙書〈序文〉中說：「很多人都以為一首詩的誕生就像嬰兒的臨盆般，是頭腳齊全地來臨的，殊不知它們經常是靠一隻鼻子找到一張臉，憑一根腳趾找到一條腿的。」難怪林煥彰連睡覺都在「想詩」，金沙到海邊去看「海浪」，像等待情人一般的等待「靈感」。寫詩不易，由此可見一班。

　　2004 年 5 月 17 日的「湄南河副刊」刊頭詩是，是一首情意細緻，用字穩妥的好詩：

荷葉·盃茶 ╱洪淑苓

　　留給我的只有半綠的荷葉

　　焦黃的蓮蓬

　　這是秋的印染

　　悄悄的等待收藏

　　而我盃中的殘漬

　　已是今春最後的碧螺

　　「半綠的荷葉、焦黃的蓮蓬」點出秋的況味，「這是秋的印染／悄悄的等待收藏」，有秋收的喜悅，成就正等待冬藏；此時又想起「今春最後的碧螺」是她「盃中的殘漬」，時間的跳躍倒敘，回想春天時詩人正泡著碧螺茶，苦思作品，如今已到秋收，仍然不免想起那段日子的艱辛，如同今天「盃中的殘漬」，還歷歷在目。

　　這首詩許多用字都十分古典優雅，表情達意也十分含蓄。用字之重要，論者頗多，唐朝詩人盧延讓竟然「吟妥一個字，撚斷數根鬚」，女詩人可能要拉斷數根髮了。另外，這首詩在「時間」的感受上，也頗令人激賞。正待秋收冬藏，卻想到春天的辛勤，才彷彿如昨。許多詩人，對時間是敏感的，商禽的許多詩作，都因「穿透時間」而名震四方，例如〈長頸鹿〉；張默的〈時間，我繾綣你〉以及方思的〈時間〉，都是有關「時間」的佳作，其他寫時間的作品甚多，不勝枚舉。

　　2004 年 5 月 29 日「湄南河副刊」刊頭詩，也一樣是一首令人再三回味的詩：

落葉　／林煥彰

木蓮葉，將落未落前
都會變成金黃

（我沒有黃金，它們是我的黃金）

我不斂財，但我一一撿起
好好珍藏

　　仍然是一首「穿透時間」的好詩，木蓮葉為何變成金黃？為何不寫其他落葉？詩人有何暗示指涉？經此推敲，詩人後面的用意，都因而豁然開朗。詩人暗示，自己的努力，所寫的作品，經歷時間的淬煉，如同木蓮葉，已變成金黃，有成熟、成就之意。括弧中說：「我沒有黃金，它們是我的黃金」，顯然更清楚暗示了對自己的作品的珍視。果然在末段「我不斂財，但我一一撿起／好好珍藏」，詩人是不愛財的，他對自己作品的重視，勝於金銀財寶。

　　時間是無形的，詩人只能用荷葉半綠、蓮蓬焦黃、木蓮葉變金黃來暗示，這樣的場景設計，令人心折。蕭蕭在《台灣新詩美學》乙書中，就曾有一段話讚賞詩人商禽的「場景設計之時間因素最引人心折」：「如〈前夜〉詩第二節：『那時我正越夜潛行，聽了自己的話，乃從黝黑的星空急急折返。歸來看見：在淚濕了的枕頭旁熟睡的我，啊啊，那笑容猶是去年的。』越夜潛行，穿透時空，回來看見帶著去年 3 月笑容的自己。這是夢境的重現，還是潛意識的浮升？這是記憶的追索（去年 3 月），還是未來的恐懼？」以這一段話，來分析前述兩首詩，一樣適合。在「半綠的荷葉、焦黃的蓮蓬」

中穿透時間，回到春茶「碧螺」的殘漬。在木蓮葉將落未落前所變成的金黃，視同自己長年的努力成績，把落葉撿起，穿透時間，回到先前的努力，不惜生活艱困（寫詩沒有什麼收入，付出則無可計數），仍然要「好好珍藏」。「詩言志」，兩位詩人的高潔心志，已表露得夠清楚了。

　　2004 年 5 月 21 日的「湄南河副刊」刊頭詩，也是一首穿透時間的佳構：

月亮上的女人　／沙鷗

坐在新月弦上
等待星星
一顆
二顆
三顆……
繁星如畫

　　這首詩，表面淺白，卻有深意，任何人都會有所「等待」；詩人等待寫出好詩，畫家等待畫出好畫。這些期待，都要經過時間的苦熬，才能有所成。詩人不直接說明，而以「月亮上的女人」來暗示，這些女人如同新月弦上的星星，會一顆、二顆、三顆……一直到繁星滿天為止。這樣的期待，而能「繁星如畫」，不再一片黑暗，可謂大功告成，但那是無止盡的等待啊！

　　2004 年 6 月 13 日「湄南河副刊」的刊頭詩，籐子作品〈一幅畫〉，寫得十分巧妙，看似畫一幅畫，也像在低訴一番陳年往事：

一幅畫　／籐子

勾勒揮灑

濃濃淡淡　深深淺淺
點點滴滴　絲絲縷縷

驀然回首　山水遠

　　第一段彷彿只寫畫畫的動作「勾勒揮灑」，但仔細一想，
人在寫自己的歷史、愛情故事，甚至豐功偉業，不也都如此？
用字精省到極點，想像空間卻奇大。

　　第二段仍然表面上似在描繪一幅畫的樣子「濃淡、深淺、
點滴、絲縷」，可是它不正是一個故事的大綱？

　　第三段仍然只有一行，但已點出此詩可能不只是一幅
畫，畫中可有千言萬語！人生走到某一階段，驀然回首，一
切都已如山水遠颺！

　　這樣解讀一首詩，似乎沒有什麼不可！但一首題旨並不
明顯的詩，其實也不必強作解人。我認為解讀像籐子這樣暗
示性強的詩，最好是像喝酒，在似醉非醉之間。讀詩也在似
懂非懂之間，詩的表面空間將會更大，就像半醉之間，人的
腦中會出現各種五花八門的幻象，此時像讀似可解又像不可
解的詩，所得到的感受，當然更豐富。清朝朱庭珍在《筱園
詩話》中就曾說：「在不即不離，若遠若近，似乎可解不可
解之間。」現代人讀詩，也有類似主張：「現代詩主要是以
生命體驗為其本體歸屬的，切入生命靈魂內質，依靠的多是

一種非分析非推理判斷的內在靈覺，一種想像、知解、靈感瞬間激活的理性思維。這種內在靈覺與悟性必然要抵制以明確性爲旨歸的形式邏輯入侵。因而可以說，現代詩越是接近形式邏輯四大規律（即同一律、矛盾律、排中律及理由律），越是遠離詩的，甚至在極端上可以說，現代詩人的模糊邏輯、模糊思維越發達，甚至愈是出色。」（引自陳仲義著《現代詩技藝透析》第十九章（禪思：「模糊邏輯」的運作）。因此，寫得不要太白，有些模糊，想像空間更大。當然，也不能晦澀，如人喝得爛醉，不省人事，還有什麼可以說的；最重要在模糊、可解與不可解之間。

2004 年 7 月 1 日「湄南河副刊」刊頭詩，杜子的作品〈荷塘的嘆息〉也是一首似乎說了，也似乎沒說，讓人一讀再讀仍意猶未盡的作品：

荷塘的嘆息 ／杜子

荷塘裡
不停搖動的枯枝
最後嘆了一口氣
掉下最美的花瓣

蕭蕭的秋風搖落了
夏天的影子……

「對於詩本質的體認與掌握，實與一個人的才情和悟性有關，有人一點即透，出手不凡，有人縱然寫了半輩子詩，仍不知詩爲何物。」（引自洛夫〈向羅英的感覺世界探險〉

該文選入瘂弦等編《創世紀四十年評論選》）

　　的確，詩人要抓對題材，適當敘寫，的確要有不凡才情。杜子的〈荷塘的嘆息〉，乃是藉荷塘的嘆息，來敘寫詩人自己的嘆息。

　　第一段描寫荷塘裡的枯枝，不停的搖動，顯示生命到了最後的樣態，終於嘆了最後一口氣，掉下最美的花瓣，一生就此結束。借物抒感，令人讀後為之動容。其中枯枝、最後的嘆息、花瓣形象均相當明白清楚，但隱含在詩文背後空間的另一段淒美故事，卻又在欲言又止間，留下極大的想像空間。

　　第二段只有兩行，點出季節，蕭蕭的秋風，搖落了夏天的影子，似乎只有季節的更替，但讀者仍然可以感受到「蕭蕭、影子」等。所帶來的語意滄桑。

　　這是一幅有大幅留白的古畫，畫面上有荷塘作背景，荷塘中有已枯萎的荷花；撐著枯枝，在風中搖動，最後嘆了一口氣是作者插入的話，也是他的解讀畫面之動作，掉下最美的花瓣，也是作者加入的註解，意味美好的往日情懷之消逝，不然，花瓣一般都是枯萎了才掉落。此處更引人遐想。末段更含蓄，只有如此含蓄，詩味才能持久，深留在讀者腦中，這就是「模糊邏輯」抒寫運用。只有模糊，像霧又像花，讀者才願意花心思去追索深藏詩中的背後意涵，詩才能持久芬芳。

　　最近讀《世界日報》副刊的詩，一直有「眾聲喧嘩，百家爭鳴」的感覺，幾乎每一首詩都可以談，可惜篇幅有限。看來「世副詩人群」在努力琢磨、勤於思索的狀況下，好詩將會源源不斷出現，可喜可賀。

2005 年 7 月 18 日的刊頭詩，博夫的作品〈懷念童年〉，在他的生花妙筆下，真的回到童年：

懷念童年 ／博夫

嘰嘰喳喳的童年
游進家鄉的那條小河
把那兩片白雲
掛在嫩嫩的樹梢
看那頭老牛
慢悠悠地咀嚼夕陽

生動的畫面「嘰嘰喳喳的童年」；「游進」兩字十分傳神。童年的家鄉，那條小河，與嘰嘰喳喳的童年一起游了進來。「把那兩片白雲／掛在嫩嫩的樹梢」，美而清新的畫面。最神來之筆是末兩句：「看那頭老牛／慢悠悠地咀嚼夕陽」；既寫實，也寫虛。寫實是當年的黃昏，確實有頭老牛在夕陽下吃草；虛是回憶，咀嚼夕陽有老來回憶當年之意。夕陽即一天快過去了，暗示人生已近黃昏。古詩「夕陽無限好，只是近黃昏」，此時自然出現在讀者心中，但作者一字也未提。這是多麼巧妙的暗示！

2005 年 7 月 19 日的刊頭詩，楊學賢的作品〈彎彎小路〉，十分具有人生哲理，值得再三把玩：

彎彎小路 ／楊學賢

走在彎彎的小路上
我在學習一點彎彎的哲理；

> 總結以往直來直往的我，
> 為何行不通，受挫折？
>
> 彎彎的小路告訴我：
> 今天的世道越來越彎曲了。

　　作者以彎彎的小路來暗示人生之路也是如此。有時不得不彎彎而行，既對社會現況有所批評，也暗示直來直往，乃挫折失敗之源。以「彎彎的小路」之鮮活意象，來說明人生之路的曲折之抽象，十分成功。

　　再看 2005 年 7 月 21 日的刊頭詩,韋韋的作品〈大樹下〉,也是十分生動，意象鮮活的好詩：

大樹下 ／韋韋

> 段段記憶，讓落葉
> 厚厚地掩蓋著。
>
> 掃開落葉，露出了
> 仍鮮明如昔的，
> 變方形的
> 化為泥的往事。

　　作者以「大樹下」做為故事的場景，以落葉的意象來代表時間，撥開時間的落葉，往事即幕幕出現，十分巧妙生動。世副詩人已經能把握寫作的「奧妙」處，寫出來的作品不再

是「風花雪月」蒼白無力了！

　　再看 2005 年 7 月 22 日的刊頭詩，苦覺的作品〈生日〉，也是以鮮活意象，表達抽象理念的詩：

生日 ／苦覺

　　我不想知道
　　金幣和鑽石的生日

　　我不想知道
　　寶座和皇冠的生日

　　我只想知道
　　窗前那株蘭花的生日

　　金幣、鑽石代表財寶，寶座和皇冠代表地位，作者表示不羨慕財寶和地位，所以不想知道它們的生日。

　　作者只想知道「窗前那株蘭花」的生日，代表他只想陶醉在大自然中，即使只是一株小小的蘭花，也深深引起他的興趣。「詩言志」信哉，苦覺已充分說明了他高潔的志向。

第四節　並列法

　　仇小屏在賞析劉半農的詩〈教我如何不想她〉時說，這首詩是運用章法結構的「並列法」所組織起來的。她並解釋：「所謂並列法，就是並列結構成分全都圍繞著主旨，從各個

方面、角度來闡發主旨。而並列結構在形式上的反覆，可以
產生整齊之美，但又不是全然的相同，所以又有變化的美感；
而且各個並列結構成分之間，看似沒有太多關聯，但是「形
散而神不散」它們都在主旨的統攝下構成一個渾然的整體，
因而帶出一種含而不露的美。」（參閱仇小屏編著《世紀新
詩選讀》P149）。

　　湄南河副刊中的詩作，有許多就用並列法完成的佳構，
讓人讀後沉吟不已。

　　例如 2003 年 12 月 12 日的楊玲〈聽雨〉：

聽雨　╱楊玲

暴雨
萬馬奔騰
大雨
敲鑼打鼓
小雨
情話綿綿

　　作者把「暴雨」、「大雨」、「小雨」並列，寫出它們
個別的特色，似乎什麼都沒說，其實在詩中已留下無限的想
像空間，讀者可以從最基本的雨聯想起，最起碼覺得描寫得
十分準確。

　　深入一點的讀者，可能引伸來描寫人的個性，說某人個
性發怒起來如暴雨，萬馬奔騰，讓人招架不住。有事發生，
就如同大雨，到處敲鑼打鼓，遇到心愛的人，就如同小雨，
情話綿綿，諸如這種引伸，讀者可以依此類推，讀詩的趣味，

於焉產生。

　　再看 2003 年 12 月 12 日的「刊頭詩」〈刊頭詩〉，也是
以並列法寫成，趣味盎然。

刊頭詩　／苦覺

一天一顆太陽
一天一顆月亮
一天一顆星星
……三二一，升空
宇宙，從此
不再寂寞

　　作者以並列法呈現，一天一顆太陽然後是月亮、星星，
這些天體上的重要角色升空之後，宇宙從此不再寂寞，暗示
每天刊一首「刊頭詩」，詩壇就百花齊放，不再是小眾文學，
十分好的比喻。真的，主要是好詩，誰會不喜歡？把詩寫成
人人敬而遠之，詩人當然寂寞，不怪自己，卻怪讀者，怪哉！
　　再看 2003 年 12 月 28 日的「刊頭詩」〈愛與情〉，也是
以並列法寫成，餘味無窮！

愛與情　／金沙

愛像小雲雀
來去自由

情似長春藤
生死相纏

　　作者以愛與情並列，說愛像小雲雀來去自由，情以長春藤，生死相纏，把愛情寫得十分準確而有味。淺白的詩只要有味，何妨淺白？再三沉吟，依然回味無窮。

　　2003 年 12 月 7 日的〈剪刀〉兩首，也是使用並列法寫成的好詩：

剪刀（兩首）／亮瑞雲

一、

剪一片藍天
貼在桌頭上
剪一片草地
貼在藍天裡

桌頭便成為
沒有神仙的天堂

二、

剪不斷理還亂
如膠似漆的愛
如絲似藤的糾纏
剪她幹什麼
任她斷和不斷
理她幹什麼
由她亂和不亂

　　第一首作者以剪刀剪來藍天，貼在桌頭上，卻剪一片草地貼在藍天裡，如此桌頭便成為沒有神仙的的天堂，帶出一

點想像空間，一點不露的美，用的手法正是並列法。

第二首仍然是用並列法，把「如膠似漆的愛情」與「如絲似藤的糾纏」並列，把「任它斷和不斷」與「由她亂和不亂」，詩雖淺白，但韻味無窮，不覺讓人多讀了好幾遍。

第五節　論敘法與因果法

現在台灣有許多學者專家，紛紛投入現代詩的研究。對詩的推廣頗有助益。仇小屏和陳滿銘兩位教授更把文章章法學運用來解析新詩。使讀者更容易進入詩的世界。仇小屏更在她的《世紀新詩選讀》乙書中，附錄了「常見章法簡介」，對詩的分析頗有幫助。例如她提到「論敘法」，把它定義爲：「將抽象的道理與具體的事件結合起來，使之相輔相成的一種章法。」並介紹它的美感及特色：「作者依據其特殊的需要，去揀選適合的事件來表達主觀的情感，然後體現在篇章，因此『敘』與『論』必然是可以相適應的；而且從具體的事物中提煉出抽象的理論，揭示了客觀真理，這個過程本身即會產生美感。」（引自仇小屏《世紀新詩選讀》頁 375。台北：萬卷樓出版）

湄南河副刊中的詩作，有許多頗符合「論敘法」的佳構，特選數首以此法分析之，以便和讀者共享。

首先先看 2003 年 12 月 10 日林煥彰的詩作〈牽掛〉：

牽掛 ╱林煥彰

把貴重的東西

　　放在心上，隨心帶走

　　要上哪兒就上哪兒；

　　無牽無掛

　　　作者的題目是「牽掛」，抽象的論點是因何事牽掛，具
體的事件是貴重的東西，有人可能是錢財珠寶，有人可能是
心愛的人物，可是作者沒那麼平凡，他帶的貴重東西是可以
隨心帶走的，可以放在心上的，接著舖陳出愛上哪兒就上哪
兒，無牽掛，揭示了客觀的真理。讀者讀完此詩，想像的空
間很大，「是怎樣重要的東西，可以放在心上帶走？」作者
沒有明示，讀者可以自由發揮想像；作者可以自由發揮想像；
作者可以說利用「論敘法」給了美學的架構，讓讀者一起去
完成一件美學的作品，甚至可以聯想成小說；有人物有情節。
陳義芝在論青年詩人曾琮琇的詩曾說：「她恆常以內在心靈
詮釋外在世界，著力於流動的、不確定的、回反內心的因子，
例如遺忘、疏離、禁閉，雖然有外在實體的投影，卻不以外
在實體為對象，主旨不在那實體上，而在人的心性感覺上。」
以上論斷林煥彰這首詩，同樣是成就在心性感覺的表現上，
並且可悟可感，一點都不隔，是理想的、容易與讀者共感共
鳴的佳構。

　　　另外 2003 年 12 月 24 日路雅的作品〈聖誕花〉，也是以
「論敘法」寫成：

聖誕花 ／路雅

　　本來是葉的花

　　到那時候長得更旺

只想鋪陳

給他們看

世上原沒有永恆

　　作者的論點是「世上原沒有永恆」，敘述的方法是原來是綠色的葉子變紅了，以之來論斷世間萬事萬物都會因某種理由而變。聖誕紅由葉變紅，是要讓人欣賞：「只想鋪陳／給他們看」，如此而已。情人為了讓心愛的人欣賞，致力於某件事的努力，也是如此，簡單的詩，可以因讀者的程度不同而有不同體會，是理想的現代詩佳作。

　　2003 年 12 月 25 日金沙的作品〈吐絲〉，也是以「論敘法」寫成：

吐絲　／金沙

蠶不爬格子

求隱待變

筆戀紙

不作繭不變蛾

　　作者的抽象道理是「人必須經過苦熬磨練才能成功」，如火浴的鳳凰，但作者以具體的蠶、筆紙（暗示寫作）來表述。蠶吐絲，作繭自縛，但卻求隱待變，直到第二段才以寫作來敘述，同理「筆戀紙／不作繭，不變蛾」，不經一番苦熬不會有成就，以此類推其他道理亦然。古今中外這種詩例很多，例如「不經一番寒徹骨，那得梅花撲鼻香」都是。

另外 2003 年 12 月 26 日周天曉的〈血詩〉，也是以「論敘法」寫成：

血詩　／周天曉

涙盡的眼睛

會噴出血

血裡埋著星星火苗

怒視迎面而來的豺狼

血詩

由此綿綿

作者的論點是「因被豺狼虎豹之侵擾而完成綿綿不斷的抗議詩論」，敘述方法則以涙盡眼睛會出血，會冒出星星火苗的怒火來表示，結果詩作因而連綿不絕產生。

以上所舉佳構，皆以「論敘法」寫成，都可以依此類推，產生無數篇章，是「以小暗示大，以有限暗示無限」的良好範例。

2004 年 10 月 10 日「湄南河副刊」的刊頭詩，也是一首使用「論敘法」寫成的，值得一談：

紅‧黃‧藍　／老羊

紅，黃，藍，

化出千色萬色

千色萬色，聚成一片白。

聚，散，皆藝術。

聚，散，構成大千世界。

　　這首作品，作者由「紅、黃、藍」三原色起論；三原色可以化成千色萬色，是事實，但各種色彩聚在一起就成一片白是申論，結論是聚、散皆藝術，而且可以構成大千世界，就不是一般的結論，令人意外，詩的趣味因而產生。人生的聚散是抽象的事件，其中有悲歡離合，小說家要用具體的人物、故事去舖陳。詩人就以顏色的混合變化來描述，仍然具有趣味性、哲理性。作者以具體的顏色聚散的變化，來論敘人生悲歡離合的聚散，因而產生美感。

　　2004 年 10 月 11 日「湄南河副刊」的刊頭詩，是採用「因果法」而完成的佳構：

無題 ／劉舟

穿上露背裝的
湄南河副刊

苦得老編
用大尺寸插圖

填補
裸露的窘境

　　作者採用「因果法」完成這首詩，因為「湄南河副刊」精選佳作，選稿嚴格，因此文章少，如同穿上露背裝，幾乎要開天窗了，苦得老編用大尺寸的插圖來補足這種裸露的窘境，十分有趣。當然，若懂編輯原理的人，就知道一個版面的構成，如果全是文字是不好看的，如配上插圖、小詩、漫

畫就會生動，那是編輯學非我們探討的範圍。作者從直覺上發現因果關係，以少女穿露背裝的趣味語言來完成詩篇，讀來妙不可言。這種「因果法」的使用，在前的的賞析中也曾提過，仇小屏教授把它定義爲：「因爲……所以的構句方式是十分常見的；相反地，由所以到因爲的情形也有；甚至因爲與所以多次交互出現的情況也屢見不鮮。因此，這樣的思維方式，其應用範圍擴大到篇章時，就形成因果法了。」因此劉舟把老編用插圖的原因和結果加以趣味性的論述，就成了趣味性十足的佳作。仇教授認爲這樣的章法有如下的特色與美感：「因果邏輯的應用十分廣泛，所以因果法在文學作品中也就相當常見。其中最常出現的型態是由因及果，這樣可以因順推而產生規律美，也可以全面地弄清楚事情的前因後果。而由果溯因的結構，因爲果最後才出現，很能挑起讀者的期待慾。而其他的變化類型，除了變化的美感外，也藉助因與果的多次呈現，來更深入內容。」（引自仇小屏同一書）劉舟以「由因及果」的書寫，因而產生規律美及滿足讀者的期待慾。期待結果的出現，因而有滿足的喜悅。當然，如果結果令人意外更佳。這個事件大概別人來寫也不會有意外的結果。

另外 2004 年 10 月 13 日「湄南河副刊」的刊頭詩，就使用了前述的「論敘法」和「因果法」，並且有意外的驚奇：

想念 ／藍棠

耳朵癢時
寧可相信
有人在想念我

　　朋友
　　想念我時
　　請別太用力

　　這首詩作者以「耳朵癢是朋友在想念他」的論點來完成，是使用論敘法完成的詩。而因為你想我會使我耳朵癢，所以希望您想我時別太用力，否則我會癢得更難過，就是使用因果法的關係。這首詩之所有意外的驚喜，是作者希望朋友想他時別太用力，這在事實上不定說得通，但因作者前面的論述：「耳朵癢是朋友在想他」，所以雖非事實，卻也無理而妙。寫詩雖然很多方法，但要運用到存乎一心，並不容易。尤其具有巧思；任何作品沒有巧思，論得再好也像一篇論文，概念化十足，十分不可取。本詩作者在末尾來個意外的巧思「請別太用力」，也有情人撒嬌的功能呢！

第六節　審美移情法

　　《論語・子罕篇》謂：「子在川上，曰：『逝者如斯乎！不舍晝夜。』乃利用具體的事物來比擬抽象的事物，以水之流逝，來形容日子消逝如流水。蕭蕭在他的《台灣新詩美學》第二章第三小節中說：「這是儒家美學的移情使用。」他並舉近人葉慶炳在《中國古代心理詩學與美學》一書中的〈與天地萬物相往來〉乙節所提出的審美移情說要點加以說明：

　　1.審美移情作為一種審美體驗，其本質是一種對象化的

自我享受。

2. 審美移情的基本特徵是主客消融、物我兩忘、物我同
　　一、物我互贈。

3. 審美移情發生的原因是同情感與類似聯想。

4. 審美移情的功能是人的情感的自由解放。

2004 年 1 月 5 日「刊頭詩」〈過年〉，就有以具體事物
來比擬抽象事物的同類成就，達到了主客消融、物我兩忘的
審美移情特徵：

過年　／范模士

喫掉了三百六十五張日曆
消磨掉了三百六十五個日子
就是啃不掉自己

繼續走那尚沒走完的路
正想計畫如何迎接明天
新年已乘夜車趕著來敲門了。

　　詩人寫一年容易又過了 365 天，以喫掉了 365 張日曆的
具體事物來形容，正是以具體的東西來比擬抽象的時間，此
時日子過了一年，就是啃不掉自己，表示自己依然健在；何
以要啃掉自己？原來是自己一直在走那尚未走完的路，是什
麼路？作者沒說，但從要啃掉自己，怨嘆路走不完，一定是
辛酸痛苦之路，此時正在懊惱悔恨，而且希望如何迎接明天，
表示明天是有希望的，否則怎麼會正計畫著迎接呢？正計畫
之時，新年已經來到了，詩人以「乘著夜車來敲門」的具體

象徵，說明新年來到之喜悅，充滿希望。與一般對聯「爆竹一聲除舊歲，春滿乾坤福滿門」意義相同，只是這種聯語用多了就沒有新鮮感，詩人當然要另創新境。在文學作品中說相同的事，造不同的語境，比比皆是。

　　這種用大自然的事物來比喻抽象的時間、心事，文學作品中不乏先例。這裡再舉 2004 年 1 月 7 日「湄南河副刊」的刊頭詩〈傷懷〉加以說明：

傷懷　╱金沙

> 未到告別
> 都已望春
>
> 落葉片片
> 可見愁心

　　詩人以望春來形容時間消逝之速，又以落葉片片來形容秋的心情；所謂秋心兩字合成一字，正是愁，詩人之愁緒傷懷溢於言表，這種簡單的幾樣時序，大自然的季節變化，輕巧點出感時傷懷，令人讀之動容。蕭蕭說：「余光中的任何一首詩都有根有據，有感有實，看題目大約可以掌握他要書寫的對象。」從〈傷懷〉的題目，我們也可以看到金沙的心中愁緒啊！

　　2004 年 1 月 9 日「湄南河副刊」的刊頭詩〈重逢〉，也是一首以具體事物描寫抽象事物的佳構：

重逢　╱藤子

> 你指著我笑

白髮銀牙胖嘟嘟
我指著你笑
頂上華髮剩幾許

重相見，夕陽霞暉裡
相戲謔，恍還少年時

　　這首詩頗有戲劇張力，作者以你和我為主角，你笑我「白
髮銀牙胖嘟嘟」，多麼具體的老人外形，如果單說：「啊！
你怎麼變成這麼老？」就沒有文學效果了，這就是以具象比
擬抽象的文學功能。我也一樣，笑你「頂上華髮剩幾許」；
禿頭，當然是老人，但說華髮剩幾許，顯然高明多了。

　　同時這兩位主人翁的互相戲謔，不但幽默、趣味橫生，
而且產生了無比鮮活的戲刻效果，末段兩句雖有些畫蛇添
足，但在夕陽霞暉裡重相逢，也是很不錯的情境，詩人在創
造場景方面也頗具功力。末句點出他們之所以要這樣互相戲
謔，無非希望回到少年時光，大家打鬧成一片，兒時快樂的
情景自然回到眼前，老年當少年，忘掉年齡，故作小孩子狀，
誰曰不宜？不過，如果留給讀者自己去想、去補充，也許更
有想像空間。

第七節　淡中有味

　　海軍中將退役的海洋詩人汪啓疆，有一次接受台灣高雄
廣播電台孫玲小姐的訪問，有一段話是這麼說的：「基本上，

現代人應該讀詩，我很同意，因為太忙碌了，很多事情分割了時間，很難靜下來看一篇長一點的文章，但我們也必須檢討，這也是我最近想努力的方向，就是怎麼樣把它化淡一點。我內人常檢討我說：『你把句子壓得那麼濃，誰能體會得到？你遞給人家一杯水，把裡面的鹽弄得那麼澀，糖弄得那麼濃，人家不能接受的，你要把它沖淡。』所以我現在常覺得，要人家更能體會你或者更接觸詩的話，其中適度的濃度，是有必要的。」（錄自《海與風的對話》 ── 作家訪談錄第二輯頁 114）。

　　這段話深獲我心。有一位大陸詩人桑恆昌寫了一首，〈看海〉：「海老了／船還年輕／魚年輕／網卻老了！」多麼清新明朗的句子，但讀者回味、想像的空間卻很大。洛夫也有一首只有兩行的小詩：「玫瑰枯萎時才想起被捧著的日子／落葉則習慣在火中沉思。」真是又短又好，既清楚又明白，卻可以有很深的體會。

　　最近我讀到「湄南河副刊」的短詩，就有許多這樣的佳構，誰說詩一定要寫得高深莫測？

　　2004 年 1 月 3 日刊出嶺南人的「詩花九朵」，幾乎篇篇精采，讀來有上面提到的清新雋永的特色，茲舉其中第九首「曇花」為例：

曇花　／嶺南人

千挑萬選
選更深人靜
悄悄綻開
一樹晶瑩

月色滿園
滿園幽香
不求永恆
但爭一夕

多麼清楚明白，曇花開在晚上，晶瑩亮麗滿園幽香，開放時間極短，一夕之間就凋謝。詩人整首詩完全是白描，但有人生歷練的讀者，一讀，不得了，這中間藏有多少人生的體悟。詩中的情節，彷彿人生，誰知是否能夠永恆，只爭一夕便可，在極短的剎那，亮麗開放，滿園幽香，於願足矣。更進一步解，有人品格高，不喜名利，特選在更深人靜，沒人看到的時候開放，仍然月色滿園，滿園幽香。何必在乎與人爭千秋？一夕就好！多麼高風亮節。王維詩「明月松間照，清泉石上流」，你看到也好，沒人看到也罷，我照我的，我流我的，多麼瀟灑自在。

2004 年 1 月 28 日刊頭詩〈我沒有說〉，也有類似的情景：

我沒有說 ／林煥彰

我沒有說：我愛你。

樹對一顆岩石說：
我會永遠抱著你。

一樣的簡單語，沒有什麼高深的學問道理，而詩味自在其中。詩人並沒有說我愛你，愛光說有什麼用？虛情假意的

甜言蜜語，到頭來受騙受傷，往往是那些聽得最多男人甜蜜
語言的女人。詩人以樹永遠指著一顆岩石，來表明自己堅定
的愛，多麼感人，以樹抱石喻永恆的有許多優點，比如形容
癡情，形容永不變心的堅決，意象清晰明白，令人印象深刻，
雋永回味無窮，是一首好詩。

　　2004 年 1 月 26 日的刊頭詩〈足球〉也雋永異常：

足球　／苦覺

前世
定是壞事做絕
今生
人見人踢

還好！詩不是足球

　　苦覺這首〈足球〉，比喻十分高妙鮮活；足球本來是被
人踢的，有什麼詩可寫？嘿！詩人畢竟是詩人，聯想力特強，
以之來暗示被欺侮的人，想來前世一定做盡了壞事，不然這
輩子怎麼過得如此淒慘？這種前世今生的輪迴雖未必，然卻
可以安撫受苦的人們那一顆痛苦的心靈。末句也是第二段最
精采：「還好！詩不是足球」，有些僥倖的味道。如果詩也
像足球，被人踢來踢去，豈不慘哉？不過，話說回來，如果
要故作高深，詩人專打高空，被踢來踢去也是命中注定，誰
叫他「壞事做絕」，令人頭大？怎麼可以怨天尤人？詩人也
有反諷之意。

　　台灣名詩人向明在一篇〈詩的奮鬥〉中談到他的一首詩

〈懷念媽媽〉，被選入一本名爲《親情無價》的選集中，被另外一位名詩人瘂弦分析出：「此詩乍看全係家常話的白描，但細加體會，會發現它的內蘊豐富，形象飽滿，令人興味盎然，玩味無窮。」（參見向明著《我爲詩狂》頁 224，台北三民書局出版）可見寫詩不一定要玩弄多少花樣，也一樣可以寫出好詩。2004 年 12 月 2 日「湄南河副刊」刊出苦覺的作品〈領帶六首〉，就屬於這種清明有味的作品：

領帶六首 ／苦覺

一、

許久許久許久以前
我們的祖先的祖先的祖先
改革中把尾巴砍掉了

念舊的子孫的子孫的子孫們
把尾巴接在了脖子上

二、

出門
不一定能進門
夢，有短有長

我們預備了
另一個世界的鑰匙

三、

晚上，我們躺著做夢

白天，我們站著做夢

給自己繫上一根繩子吧
希望有誰來牽引

四、

把自己拴在
傳統的某棵樹下

禁止吃
—— 圈圈以外的草

五、

一根繩子
一頭拴著有腮的夢
一頭拴著歲月

歲月走
我們也走

六、

我們強迫在牛鼻上穿繩
是，為了奴役牛

我們自己在自己的脖子
套上越勒越緊的繩子
等著
別人來使喚

　　第一首寫我們的祖先在改革中把尾巴砍掉了。當然是指剪去清朝人的辮子；而後念舊的子孫，又把尾巴接在脖子上，當然是指現代人的打領帶而言。但是詩如果只有如此，便乏善可陳，苦覺乃利用這一段事，來痛陳人們雖剪掉了昔日的辮子，但又為自己加上一種「新的辮子」。舊的壞習慣改了，新的又犯了，人類的天性弱點，看來沒完沒了。

　　第二首，第一段寫出門不一定能進門，每天出門去，到另一個門去敲門，有求職求人之意，但卻不一定能進門，有時往往被拒門外；夢想有時實現的多，有時實現的少，所以夢有短有長。雖然如此，我們還是得預備打開另一個世界的鑰匙，也就是穿上西裝打上領帶；儀表仍是打開一個新的門鎖之鑰，君不見業務員每個人都西裝革履？這一首小詩有很重的生之無奈感。不過，瀟灑的苦覺「從未打過領帶」，他說：「人為什麼要讓一條領帶牽著走！」（參見嶺南人〈美麗的錯誤〉2004 年 12 月 28 日「湄南河副刊」）

　　第三首晚上躺著睡覺做夢，白天站著走路做事也做夢，可是夢想何時實現？只好自己繫上一條領帶，看看有沒有人賞識，牽引一下，提拔一番。仍然是利用領帶引出的對現代人生存無奈的諷刺。

　　第四首也是利用領帶限制人的道理，體悟出人們每日還是被拴在傳統的禁忌裡，不敢越雷池一步，就像被拴在一棵樹下，禁止吃圈外的草。在社會上打滾久了，當然知道社會上有一條無形的領帶，拴住每一個人，如果你不小心越軌，輕者被開除，重者被判刑。喜歡自由的人啊！你雖然不打領帶，但社會還是用一條無形的領帶把你綁得牢牢的，你奈他

何？令人油然生同情之心。

　　第五首，寫一根繩子仍然是無形的，只是領帶是有形的，它像一根無形的繩子，一頭推著有腮的夢，可以呼吸的夢，此夢當然是活生生的，可是繩子的另一頭卻拴著歲月，我們活著做夢，然後歲月走，我們也走，日子過了，不知不覺中我們已在打領帶的生活中過了一生。許多現代小說都以很長的篇幅來刻劃這種人生的無奈，苦覺的小詩乃無奈中之無奈。

　　第六首利用人們在牛鼻上穿繩，寫奴役牛來對比自己在脖子上套繩索，乃是等待別人來使喚，如此則人是不是也變成了牛？生活的無奈利用領帶的意象，清楚明白的刻劃出來，豈不是和向明的詩一樣「令人興趣盎然，玩味無窮」？

　　台灣的名小說家黃春明曾說：「藝術最重要的是能令人感動，不能感動人，再多的理論也是空的。」苦覺的詩往往帶有奇思異想，令人感動，難怪嶺南人說：「苦覺之詩名，如初昇的旭日，冉冉從『湄南河』昇起，引人注目……」（引自前揭同一文）誠非虛言。

　　「夫也不良，歌以訊之。」（〈陳風·墓門〉）意思是「這個人素行不良，寫首詩告誡他一下。」可見寫詩訓人、諷人，古已有之。

　　2005 年 3 月 10 日「湄南河副刊」的刊頭詩，就是一首罵人、諷刺人的作品：

蛤蟆　／雨村

嘴大腦子視線短

雨也叫，旱也叫

夏也叫，秋也叫

蛤蟆還是蛤蟆啊

罵人像蛤蟆「嘴大腦小」，一張大嘴，沒什麼頭腦，尤其視見短淺卻早也叫晚也叫，天雨也叫，天旱也叫，夏天叫，秋天也叫，不論什麼時候都會「哇啦哇啦」叫個不停，因此罵這樣的人「蛤蟆還真是蛤蟆啊」十分幽默有趣。

像這樣寫詩的人有意圖和目的，對社會可能起一些作用，正是孔子所謂的詩教：「小子何莫學乎詩？詩可以興，可以觀，可以群，可以怨；邇之事父，遠之事君；多識於蟲魚鳥獸之名。」（《論語·陽貨》）但這種詩最怕的是「說教和說盡」，總要留一點想像空間給讀者，詩才有味。

因此「語近情遙」也正是我們追求的詩意目標，2005年3月13日「湄南河副刊」的刊頭詩，就十分含蓄有味：

夏鷗 ╱黃國彬

藍天。
碧海。
哪裡
飄來
一瓣雪？

藍天碧海並不奇特，飄來一瓣雪就十分新鮮；以一瓣雪來描寫海鷗的白，十分新穎醒目。同時，這首詩表面淺白，好像只寫了藍天碧海中的一隻海鷗，但其實作者仍如前述「另有所指」的，最少「表明心跡」，表示自己如藍天碧海

中的一瓣雪，心志高節。至於其他都沒說，正可以讓讀者補
充。這樣一來可以避免寫了一堆大道理，像枯燥乏味的哲學
講義，道理勝過詩，一點味道也沒有。歐陽修讚美梅堯臣的
詩「初如含橄欖，真味久愈在」，讀黃國彬這首詩，正是這
種感覺。2005 年 3 月 16 日「湄南河副刊」的刊頭詩，仍然
是利用一些春天特有的景象來寫春天，十分簡潔有味：

春天　／今石

> 一支歌展翅，從天空飛落
> 原野上，千千萬萬隻
> 鵝黃色尖尖的小嘴
> 合著和諧的節拍唱了起來
> 太陽把歌聲錄在光盤上
> 在廣袤的土地播放

「一支歌展翅，從天空飛落」是虛的，是人們的感覺，
可說是春天到來的感覺。「原野上，千千萬萬隻／鵝黃尖尖
的小嘴」是寫實的，剛冒出頭的小草尖芽，不是「鵝黃尖尖
的小嘴」嗎？「合著和諧的節拍唱了起來」是虛的，又是人
們快樂的感覺。「太陽把歌聲錄在光盤上／在廣袤的土地播
放」，陽光在大地上，是真的。這樣一首詩在虛實交錯中完
成，十分有味。詩人沒有直接說：「春天來了，草長出來了太
陽照下來了……」等直接說明式的書寫，而是用象徵的方法，
比如「歌聲展翅飛落」，「鵝黃尖尖小嘴合著節拍歡唱」、「太
陽在大地上錄音」，都十分新鮮有趣。馬拉美是法國象徵派大
詩人，他說：「一語道破，則詩趣索然」，可見大詩人還是

輕直說，重暗示的，我們怎麼可能不注意這麼重要的技巧呢？

到現在爲止，一些詩的讀者，已經厭棄「被動的接受」，他們要主動的參與，因此詩人寫詩，千萬不要說盡道破，一點想像空間也沒有留下。

李元洛在《詩美學》第十四章〈作者與讀者的盟約 — 論詩的創作與鑑賞美學〉中說：「在詩歌創作中，只有那種既具有積極的美學內容，同時又有高明詩藝表現的作品，才能在甫進入鑑賞者立即產生一種『驚訝』與『激動』爲特徵的美感，並進而獲得愉快與喜悅的感受。相反，那些直陳式、說教式的詩作，不管他們的觀點如何正確，不但無法使鑑賞者產生如上述的美學感情，反而在鑑賞者的直覺中產生一種以『厭憎』爲特徵的情緒。」（台北・東大圖書出版）這就是中國傳統詩學「以意逆志」之意，讀者可以在作品中積極找出作者的苦心，正是作者「含蓄」之意，如果一一道破吐盡，哪來「苦苦追尋」之樂？

第八節　瞬間透視法

詩人桑德堡（Care Sandburg）說：「詩是一扇窗的開啓和關閉，讓曾經透視其內的人去猜想瞬間所見爲何物。」在那瞬間讀者猜想到或感受到的，往往十分主觀，所以一首詩的解說往往言人人殊，每人不同，批評家對一首詩的批評越多，這首詩就像一粒再三琢磨的鑽石，愈光彩輝耀。好詩不怕評，就是這個道理。

但有些詩人，窗子關得緊緊的，誰知道裡面放什麼東西？

此時詩人再三告訴讀者詩只可意會不可言傳，詩只能感不能
說，自欺欺人，久了必被讀者拋棄，此時詩人自怨自艾：「曲
高和寡呀！」不如適度的開啓窗戶，讓讀者一窺其殿堂之美，
百官之富。

　　2004 年 1 月 3 日的刊頭詩〈風蘭花〉，詩人在窗子的一
開一閉間，告訴我們裡面珠寶的光輝：

風蘭花　╱辛華

　　你是一隻潔白的鴿子
　　站在春風綠色的頭頂
　　展翅欲飛往何方？

　　往北飛？啊！真好！
　　請衝起我的心願和您的芬芳
　　一起交給那塊黃土地吧！

　　詩人開了一下窗戶，告訴你他看到一隻鴿子正要飛往北
方，剛好是他懷念的方向的一塊黃土地，然後窗戶就關起來
了，什麼也沒有說。但在這一開一閉間，你感知了詩人思鄉
的情懷。其他的都是使用點或染的修辭學手法加以擴大敘述
而已。如果是一個普通人，他只會說我多麼懷念那塊黃土地
呀！我希望變成鴿子飛回去，一點回味的空間都沒有，讀來
乏味，詩人在明朗與晦澀間，真的很難拿捏。

　　也是 2004 年 1 月 3 日的「湄南河副刊」，刊出嶺南人的
「詩花九朵」，朵朵在一開一閉間，展現芬芳，現在看第五
朵〈丁香〉：

丁香　／嶺南人

　　如珠似玉
　　一身玉骨冰肌

　　這裡沒有冬天
　　哪來一身雪花

　　風起，飄來陣陣
　　水仙的幽香

　　這首詩真是文學中的文學，詩中之詩，把丁香的形神貌等特色，以短短六行詩完全表現出來，詩人只開那麼一小縫窗子，自然幽香撲鼻而來。此詩有最精煉的結構，有無形流暢的律動和節奏。

　　如珠似玉，玉骨冰肌都是形容美女的用詞，以之來形容丁香的外形，再恰當不過了。而一身雪花，形容潔白的神韻，尤其以疑問句開始，頗有驚嘆之意，我好像在那一開一閉的瞬間，看到了一位如丁香的美女。尤其結尾又以另一種水仙花來襯托，更覺得詩人不只在寫丁香，可能在寫一個美女。金聖嘆談詩：「詩非異物，只是人人心頭舌尖所不獲已而必欲說出的一句話。」詩人看到一位如丁香般的絕色美女，以詩來加以讚嘆，誰曰不宜？

　　2004 年 1 月 4 日副刊刊頭詩〈新年〉更是絕唱：

新年　／葉竹

　　正正當當的進來

　　納春接福的

　　早已等在門外

　　其中除了「納春接福」有迎新年之意外，作者一點都未提新年，但只開這一扇小窗，讀者馬上可以聯想到所有新年的事物，尤其詩人用「正正當當進來」的句子，真是神來之筆。比如新年時逢人便說恭喜，十分正當，平常無緣無故的逢人就說恭喜，令人莫名其妙外，有人或許還會罵你神經病；其他事物亦然，新年放鞭炮，適合，平日沒有喜慶放鞭炮，別人會為之側目。詩人不把這些寫出來，只用「迎春接福的／早已等在門外」，讀者亦即一目了然，心領神會，所有新年應有的事物，都會聯想起來。

　　「詩就是這種細微的差別」，桑德堡在「試擬詩歌界說時」列舉了 38 條對詩的解釋，第 1 條就這麼說。他加以解釋：「人們說：『聽！』和『你看見它了嗎？』『你聽到了嗎？是什麼？』的時候，這兩則之間有極細微的差別，詩就是這種細微差別的報告。」葉竹的報告，可能就和其他詩人有細微不同，他沒寫春聯、舞龍舞獅，但這些已等在門外，就是這個些微的不同，使這首詩十分成功。「獨釣寒江雪」和「獨釣寒江魚」也只有些微不同，其成就不可以道里計。

第九節　頓悟法

　　名散文家張曉風在〈楊貴紀和她的詩〉乙文中說：「有一套詩，叫《全唐詩》，只收了二千二百個詩人的作品，作

品的數目多達四萬八千首，裝訂成 24 冊。我深愛此書，所以
買了三套，分別放在家裡和研究室裡，以便隨時翻閱。不過，
奇怪的是，我最愛看的，往往不是大詩人如李白、杜甫的詩，
而是些無名詩人的詩，他們雖只有一首詩或一句詩傳世，但
往往有它很特別的意義。」著實令人意外，多數人讀書必名
家作品，看電影必名導演傑作，讀詩不讀李杜而讀無名詩人
的詩，張曉風果然是高人，見解十分獨特。我在讀「湄南河
副刊」時，也有一種感覺，編者只看佳作，不看名家，令人
激賞。

　　另一位散文家林貴真在她的〈人生漫漫天地悠悠 ── 我
從『朱銘美術館』回來〉乙文中，有一段話，十分值得供寫
詩人和愛詩人參考，她說：「當年民生報記者賴素鈴訪問朱
銘：『你覺得你是怎樣的人？你的根本在哪裡？』朱銘的回
答是：『自己很清楚我要什麼？別人的掌聲當然很好，但掌
聲有時也會害人，掌聲不一定正確，有時是奉承。』他繼續
說：「我主張要『修』，藝術家本身的修養才要緊。修行的
態度和學習的態度就是不一樣，因為『學習』沒有辦法解決
最重要的問題，『學習』都是學別人的態度，在學技術，想
想，你自己在哪裡？你要的是你的心，因為你個人的本性才
是最獨特的、最重要的。抱著畢卡索、馬諦斯不放，那還有
時間、位置放你自己。忘記那些沒用的，喚回自己。」

　　是語驚夢中人！很多人常說自己的詩像楊牧，那你自己
呢？也有人以像余光中、瘂弦、洛夫而沾沾自喜，我們不禁
又要問：「那你自己呢？」

　　林煥彰早年詩作曾入選多種詩選，文學大系，但目前他
已從這些作品中跳脫而出，做他自己。其實文學藝術入門時

難免要模仿學習別人的佳作，但有抱負的藝術家，往往「入而能出」，創造屬於自己的風格。

　　2004 年 1 月 30 日的刊頭詩〈我和他〉就是一首獨一無二、完全是屬於林煥彰的傑作。

我和他　／林煥彰

常和孤獨並肩同坐，
從日出到日落；
我同情他，
他同情我。

我和他，其實
只有我一個。

　　詩人已經不是在寫詩了，已拋開了所謂技法，達到「詩法無法」的境界。他已經不學所謂詩法了，他在修習一種本心，將心靜下來體會，然後參悟。此時你參悟所得，自然像山泉一樣，流出清新甘美的詩句。

　　孤獨是一種十分抽象的概念，抓不著、摸不到，常有人大喊：「我何其孤獨寂寞啊！」卻看他與三五酒友，暢飲解除寂寞，這種孤獨寂寞，是不甘寂寞，屬於等而之下的人。而詩人從日出到日落都與孤獨並肩而坐，基本上就是獨坐，而作者心中卻有一位名叫「孤獨」的陪伴他坐，並且互相同情。這種境界李白的「舉杯邀明月，對影成三人」差可比擬。其實寫的就是孤獨，古今哲人，千古寂寞一同。不論是與孤獨並肩而坐，或者是舉杯邀明月，其實都「只有我一個人。」

　　這是一首情景交融的詩，以仇小屏的章法結構分析的方法來分析，前四行屬於「景」，寫一個獨坐，景中也有虛實，實的是前兩行，「常與孤獨並肩同坐／從日出到日落」；虛的是三、四行「我同情他／他同情我」，作者不說，誰也不知道他和孤獨會互相同情。如果喜歡孤獨的人，也可以說「我喜歡他／他喜歡我」，這是虛的，看不見的。也就是前兩行屬於「具體」，後兩行屬「泛寫」。

　　第二段是體悟，也是結論，是寫情的，此時我的感覺是我和他只有我一個，孤獨只是我的影子，我的感覺而已。這首詩也是因果關係的章法結構，因是獨坐沉思，顧影自憐。果是體悟，好像有人可以互相同情，其實只有自己而已，誰也幫不上忙。

　　這就是佛家所說的放下，經此一體悟，作者自然已放下心中的鬱悶，自由自在，海闊天空，可以從早坐到晚，也可以從今天坐到明天，直到永遠。因為我和他就是一個人，即使再舉杯邀明月、邀星星、邀影子，其實也只有一個人。有一位禪師要聽眾舉重物聽法，眾皆不耐，禪師說：「你不喜歡舉著重物跟我說話，為何帶著煩惱來跟我說話？」孤獨與詩中人合而為一，詩人顯然已經放下了。放下了什麼？聰明的讀者一定已經會心而且正在微笑。

第十節　諷刺法

　　2004 年 2 月 6 日的「湄南河副刊」，我讀到一首很有趣的諷刺詩：

豬 ／嶺南人

髒！髒！有人說牠
但飯桌上，餐餐
都少不了一大盤

紅燒豬腳，連連
起著，風掃
落葉

　　真是令人拍案叫絕！這首詩完全是寫實，君不見人人都
說豬髒？但每餐都要有豬肉，而且吃起來竟如風掃落葉，描
寫得十分生動，彷彿就在眼前。不是有許多人厭惡政治嗎？
但嘴裡這麼說，卻熱中於政治活動，喜歡政治利益。我不知
道嶺南人是否信奉「現實主義」，但我不認為這首詩是「現
實主義」的佳構。所謂現實主義，就是眼見為憑，蕭蕭在他
的《台灣新詩美學》乙書中有一段轉引自朱光潛的〈現實主
義的美學〉所論述19世紀俄國文學評論家別林斯基的有關側
重藝術客觀性的語錄，此處再轉引供讀者參考。

　　（1）客觀性是詩的條件，沒有客觀性就沒有詩；沒有客
觀性，一切作品無論怎樣美，都會有死亡的萌芽。（《全集》
第二卷）

　　（2）詩人所創造的一切人物形象，對於他應該是一種完
全外在於他的對象，作者的任務就在於把這個對象表現得盡
可能地忠實，和它一致，這就叫做客觀的描寫（《全集》第
三卷）

（3）最高的現實就是真理；詩既然以真理為內容，詩作品就是最高的真實。詩人並不美化現實，他寫人物並不按照他們應該有的樣子，而是按照他們實在的樣子。……客觀性是創作的重要條件，它否定一切目的，一切來自詩人的訴訟。（〈智慧的痛苦〉）

（4）詩就是生活的表現，或者說得更好一點，詩就是生活本身。（《全集》第四卷）

（5）哪裡有生活，哪裡也就有詩，但是只有在理念的地方才有生活。（《全集》第四卷）

（6）詩就是現實本身。（《全集》第五卷）

嶺南人這首〈豬〉，畫面是現實的本身，也是人們真實的生活，所表現的也是生活本身，並且真實到了極點，同時儘可能的忠實，也十分客觀，沒有作者任何評語，沒有一般寫詩的「語言暴力」。許多現實主義的作品之所以令人泛味，就是好像口號、論文、宣言。嶺南人並沒有「痛斥」這些吃豬肉的人，痛斥既愛政治利益又要痛罵政治骯髒的人。這首詩就是集中了所有的焦點，又能讓讀者無限聯想的好詩。

2004 年 2 月 7 日的「湄南河副刊」的刊頭詩，朵思的〈簫聲〉，也是一首「現實主義」的好詩 ——

簫聲停駐風中
一支斜斜懸掛牆壁的洞簫
半夜，聽到所有的洞孔都流出
靜穆的慾望
它顫顫向一支歌說：我的傷感
除了炊煙，你一定也知道

　　朵思是一位現代主義的重要詩人，她的〈簫聲〉乙詩我卻說是「現實主義」的佳構，寧非怪事？一點也不，朵思這一首詩多麼寫實！她的作品主要是反映生活：「半夜，聽到所有洞孔都流出／靜穆的欲望」，以簫的洞孔來暗示人的身體，此時靜穆的慾望即是七情六慾，誰說不是寫實？

　　這首詩也和「客觀性」吻合，如果直接寫七情六慾，此詩就無值觀。她把人比喻成一支簫，而此時的簫斜斜懸掛在牆壁上，不是被閒置、被忽視是什麼？簫本來是要以口來吹才會出聲，才有音樂，而此簫卻斜斜懸掛牆上，應該是無聲的，然而卻有「簫聲停駐風中」，其實描寫人被忽視，甚至不被愛，但仍有心聲要表達，作者就以風中的簫聲來暗示，這就是詩人所創造的事物，完全外在於他的對象，和前述別林斯基的理論第二點「客觀的描寫」吻合。

　　而且人有七情六慾，直接說明又乏味極了，只好透過客觀的描寫來表達，而這種情慾其實就是「真理」，符合第三點「詩作品就是最高的真實」，詩人要把這種真實換個東西來暗喻，所以我十分讚賞朵思這首〈簫聲〉，我認為它是現實主義的佳構。

　　2004 年 6 月 4 日「湄南河副刊」的刊頭詩，顧長福的作品〈鞠躬〉，讀來頗有搔到癢處之感。這是一個卑微小人物的心聲，利用反諷的手法出之：

　　　在校時
　　　學會鞠躬行禮

　　踏入社會了

　　更要行禮　謙恭禮讓

　　甚至對死人

　　也要給他一個

　　最後的敬禮

　　當學生時，訓練你鞠躬敬禮，老師的教育，合理的是訓練，不合理的是磨練，這樣才能培養人見人愛的奴才，否則桀驁不訓，有誰喜歡？

　　因此，出了社會，對上司要行禮，尤其要謙恭有禮，即使是人死了，也要給他一個最後的敬禮；君不見某些國家領導人死了，活人紛紛前往謁靈以示忠誠？而這些給他一個最後敬禮的人，是否真的心悅誠服、心甘情願？頗有反諷之意。

　　「反諷，最早來源於古希臘戲劇的一種角色，後又成為西方修辭學中一個古老的修辭格。經過多次演變，眼下已成為西方新批評派手中的『老 K』。特別在詩歌結構分析中，我們常常能見到這種流行色。儘管它的內涵變得越來越複雜，界說也不能那麼確定，我還是比較服膺布魯克斯的定義：反諷是語境對一個陳述明顯的歪曲。下得十分簡潔（當然要挑剔的話 —— 覆蓋面還不夠）。實際上，反諷不僅是一種修辭手段，往往還升格為新批評派的一種哲學思想，一種人生態度，一種思維方式，而對於詩歌文本分析最適用的，應該是作為一種結構原則。」（引自陳仲義著《現代詩技藝透析》第五章〈反諷：語境對陳述語的明顯歪曲〉）。反諷的使用，使一首詩，讓人讀了印象深刻。反諷可以是自嘲，也可以是他嘲，這一首應該屬於自嘲型的，頗有誇大事實的趣味。

2004 年 6 月 3 日的「湄南河副刊」刊頭詩，林煥彰的作品〈椅子和時間〉，讀後頗有荒謬劇的感覺：

椅子和時間　　　　　　／林煥彰
── 椅子和時間都是孤獨的

椅子，自己坐著；
時間，自己坐著。

椅子，坐著；
時間，坐著；

在天地之間，
他們都自己坐著。

有一個荒謬劇，全場只有一些空空的椅子，空空的椅子就坐在那裡直到終場，我看過之後，印象深刻。林煥彰此詩，不知有無受該劇影響？（《椅子》荒謬劇為羅馬尼亞籍伊歐涅斯柯作品。他生於 1909 年，以法文寫作，1944 年死於法國，該劇評價極高，Jean Anouilth 就說「這是西方劇場難得一見的偉大作品」。此文參考劉森堯的文章〈「荒謬劇場」和伊歐涅斯柯〉，收在《母親的書》乙書中。台北・爾雅出版）

椅子坐著，加上「自己」兩字，更顯孤獨空洞。而時間，居然也自己坐著，這就是詩人的靈視；時間是看不見的，除了靈視，怎能看到他自己坐著？

「所謂靈視（Poetic Vision），按字面的理解，可以解釋

爲心靈的視界視域，即心靈洞見。」（引自陳仲義著《現代詩技藝透析》第七章〈靈視：智性的燭照與悟性的穿透〉）陳仲義在論羅門的詩時說：「讀完《羅門詩選》，有一種異樣的感覺：詩人的想像、穿越時空的能力、智性深度、靈覺乃至悟性都在一般人之上。」（仍引自前註同一本書），陳仲義也頗認同張漢良在《現代詩導讀》中對羅門的論斷：「羅門是台灣少數具有靈視的詩人之一。」羅門有一段關於靈視的話是這樣說的：「任何一個具有創造性的詩人與藝術家，都必須不斷擴展一己特殊性的靈視，去向時空與生命做深入性探索，以便把個人具卓越性與特異性『看見』提示出來，讓全世界以驚讚的眼光來注視它。」（引自前註文章，此文轉引蕭蕭著《現代詩入門》，台北・故鄉出版）。林煥彰透過他過人的悟性，產生的靈視，顯然是他感受世界萬事萬物的重要手段，也由於這種超覺的靈視，使他的詩更加逸趣橫生。

因此，他的詩，一般人看來也是荒誕的。「卡謬曾稱荒誕是人類精神中渴望和世界上實現這些渴望的可能性之間的深淵。」（引自前註同一書）。這種荒誕，在詩壇上以管管最能獨領風騷，洛夫就曾說：「在中國歷代詩人中，管管是一異數，他有能耐開啓別人的門，登堂入室，俯仰自如，但別人是否也握有一把開啓管管之門鑰匙呢？」（原出處在葉維廉主編《中國作家論》，台北・聯經出版，此處轉引自前註同一書）林煥彰的詩作有異曲同工之妙，與管管詩作相映成趣，讀者自行對照閱讀之。

2004 年 7 月 3 日「湄南河副刊」的刊頭詩〈詩句〉，是一首令人讀後百感交集的詩：

詩句　／楊學賢

一隻隻飛鳥
是天空的詩句 ──

天空沒有飛鳥的時候
我把詩句寫在天空

　　一隻隻飛鳥，讓人賞心悅目，有時飛鳥也讓人勾起鄉愁，多麼像詩句，引起人們的共鳴。表面是虛構卻也寫實。

　　詩人此時突然想到，天空沒有飛鳥的時候，要把詩句寫在天空，更是集虛構之大成。但是也虛構得十分有理。乃寫詩人之抱負、願望，希望他的詩句供人們閱讀，希望他的詩句有眾多人閱讀。

　　這種願望，和羅智成的《傾斜之書》有異曲同工之妙。楊牧在《傾斜之書》的序文〈走向洛陽的路〉乙文中說：「羅智成曾經以詩和美術為自己設計了一個小型的宇宙，在那宇宙中，他是全知全能無所不在的主宰，神秘智慧的自滿哲學之王。」林燿德則進一步以〈微宇宙中的教皇〉來討論羅智成的詩（收在《一九四九以後》，台北・爾雅出版）。楊學賢在他的寫作世界，也是這個世界的主宰，要把詩句寫上天空。

　　這種宏願也令我十分感動和感慨。感動的是詩不太受人重視，詩集詩刊沒有銷路是不爭的事實，而詩人竟能懷抱如此「詩癡」的情懷，令人佩服。感慨的是工商掛帥的時候，人們何時靜下心來，喝一杯咖啡，讀一首詩？孟樊在〈瀕臨死亡的現代詩壇〉乙文中，憂慮的說：「現代詩會不會像魏

晉時的駢體文一樣，在可見的未來成了一種過時的文類稱呼？」（引自《台灣文學批評》台北，揚智出版）。林于弘更在他的《台灣新詩分類學》乙書中痛陳：「詩作畢竟是詩人的產品，是以陷詩於小眾的始作俑者，也當非詩人莫屬。」（引自《台灣文學讀本 02》台北，鷹漢出版）。

　　楊學賢的〈詩句〉雖短短四行，卻讓人聯想無限，而且感慨萬千。如何把「詩句寫在天空」，讓千千萬萬人閱讀，應該是所有詩人的願望？

　　《台灣詩學》第一期（1992 年 12 月出版）的發刊詞中，就有這麼一段話：「這時候我們真該勇敢地正視詩的存在了，過去基於傳統詩學以及對於詩的重視和熱愛，我們曾經過度誇張詩的功能，膨脹詩的地位，而當整個社會正朝向視聽媒介的多元入侵，人們的時間、精力及感官享受，已逐漸被電子媒介所侵佔，而文字因其靜態性、沉潛性而逐漸在複雜的環境中式微。」好像言之有理，把責任推給其他傳媒的侵略，獨獨沒有反省「詩人自己的作品」，多麼艱澀難懂，詩人自娛而不能娛人，能怪讀者嗎？最近《世界日報》副刊大量刊載詩作，寫作方向不變，手法卻迭有更新精進，若長此以往，不難再造新詩之盛唐。許多詩人浪得虛名，卻責備起讀者來，就由他去吧！千百年後，將被歷史的浪濤淹沒。2004 年 7 月 4 日的「湄南河副刊」刊頭詩〈紅玫瑰〉，應該是讀者喜歡的作品：

紅玫瑰 ／曾心

因為有刺
顯得格外紅

那紅
不是落霞
而是愛你的人的血

　　第一段是寫實；玫瑰帶刺，而且紅玫瑰色彩十分鮮紅豔麗。但按常理「因為有刺／顯得格外紅」就非必然，許多深紅的花並沒有刺，作者利用「無理而妙」來完成這首詩，令人讚賞。君不見越棘手的事情，人們越有興趣；越追不到的女人，男人越愛。作者什麼都沒有，只說了「因為有刺／顯得格外紅」，其他讓你自己去想。有人說寫詩要難，以便讓人再三閱讀，讀一次就不讀，就不是好詩，只說對了後半，前半未必然也。

　　第二段終於引出作者原意，這個紅不是落霞，而是愛你的人的血，反轉得真快。本來是玫瑰的紅，此時反而是「愛你的人的血」，讓人怵目驚心。詩作因而在讀者心中留下深刻印象。這樣的詩，人們怎麼會不喜歡？

第十一節　敲擊法

　　2004 年 2 月 13 日的刊頭詩〈星星〉是一首令人回味無窮，值得再三探討的好詩 ——

星星 ／藤子

望蒼穹　搜視

璀璨的星星

是城市輝煌的燈影
遮蔽了你們的光芒？
還是你們厭棄了再探望
這煙塵灰濛的人世？

　　作者借用搜尋星星來抒發他內心的感觸；在抒發的過程中發揮了作者的想像力。不論寫詩或讀詩，都需要想像力。蕭蕭在〈如何發揮想像？〉乙文中說：「想像可以突破時空與現實的有形限制，遨遊於廣大的宇宙中。時間上，遠自千古、下至萬年以後，都能自由飛翔；空間上，從此地到彼地，瞬息可達。甚至於物類之間，也可以隨時互相轉換，詩人可以轉化為其他動物、植物、無生命的物體。也可以將生命中的物體、植物、動物，予以擬人化。這些都有賴於想像。」的確，暗夜蒼穹，不見星星，作者馬上聯想到是城市輝煌的燈影，使你們的光芒被遮蔽，還是對人世的一切紛亂有所厭棄？這種聯想就是想像力的發揮。這首詩經過讀者聯想解讀，就不單純是不見了星星，有可能在抒發作者懷才不遇的心境。這種抒寫就是「敲擊法」。也就是仇小屏在《世紀新詩選讀》所附錄的〈常見章法簡介〉第十八則：「敲擊法」；「敲」專指側寫，「擊」專指正寫，所以「敲擊法」就是側寫正寫兼用的章法。

　　它的美感與特色是側寫兼用時，會造成「旁敲正擊」的效果，所以一方面具有側寫帶來的懸宕、流溢的美感，一方面又具有正寫所造成的痛快淋漓的感受，所以是一種常見有

美感的章法。這首詩正寫是感嘆星星被其他光亮、煙塵所遮蔽，但真正詩旨應該是側寫自己的懷才不遇。作者同時在第二段用了兩個問句，這兩個問句表示了作者的疑問，讀者一定會想：「難道他真的比不過人家？難道他真的要隱居遁世？」前述仇小屛的著作中，就有對「問答法」的說明 ——「就是藉著『問』與『答』來組織篇章，不過『連問不答』也有組織的效果，而且『對話』也應包括在問答法中。」仇小屛並申論此法的美感與特色：「語言具有『刺激』與『反應』的雙重屬性，前者會形成『問』，後者會形成『答』，而且一般的對話也會形成『刺激－反應』的關係，因此可以將兩個不同的部分連結起來。並且『問』有懸疑的效果，『答』則會帶來撥雲見日的輕鬆感。至於『連問不答』則因意脈的流貫而連結爲一個整體，而且因爲一直沒有回答，於是造成了懸宕的特別效果。」此詩作者正是用「連問不答」法，讓讀者去想，回味空間很大，甚至有小說的功能。

　　說到想像力的發揮，2 月 14 日的刊頭詩〈給月亮服藥〉，正是「聯想」與「幻想」的結合佳構。想像力發揮到了極致。

給月亮服藥　／苦覺

團圓時
我給十五的月亮
服減肥藥

想家時
我給初一的月亮
服增肥劑

　　作者能想到給「月亮服藥」，真是令人嘆爲觀止。團圓時給他服減肥藥，想家時又給他服增肥劑，想像力超強。要有這種超強的想像力，必定要有很強的聯想與幻想結合在一起。

　　聯想只是把相類似的東西結合在一起。例如十五月圓時，尤其是八月十五中秋日，正是團圓的時候，作者聯想到給他服減肥藥，這樣月亮就瘦下來了。至於爲什麼要在團圓時給他服減肥藥？作者沒說，留下無限的想像空間。這種聯想就變成幻想，是超乎生活現象以外的思索過程，完全不受理性控制。作者既然有此幻想，是否代表團圓時有爭執？相見不如不見？這就有很大的想像空間，也像前述那首詩一樣有小說功能。

　　而作者心中是矛盾的，到了初一見了月亮，想到了家，又幻想要讓月亮服增肥劑，月趕快圓起來，最好像八月十五中秋節那麼大，全家團圓；作者在這首看似矛盾，卻是人間真實情境。君不見有些夫妻見面就吵，分手又想念，矛盾透頂。這就是詩人「矛盾美學」手法的成功運用。而能想到讓月亮「減肥藥」或「增胖劑」這種超強的想像力，正是造成這首詩有趣、幽默、充滿想像空間，具有小說功能的好詩的重要原因。

　　2004 年 10 月 5 日「湄南河副刊」的刊頭詩，是一首值得深究的作品。

墨魚　／苦覺

昏慵的海龍王

> 勢利的蝦兵鱉將
> 我，空有滿腹墨水
> 罷了罷了，留著
> 敵人進攻時
> 我要用詩去戰鬥

　　苦覺是一位詩人也是畫家，是典型的文人；文人有滿肚子墨水而無縛雞之力。此時詩人想到墨魚，想到海龍王，想到蝦兵鱉將，那些有統治權的人卻昏慵，那些有兵器的人卻不肯盡力打仗，而我，卻只有滿腹墨水。詩人大嘆一聲，罷了，罷了，敵人進攻時，我只好用詩打仗，如同墨魚噴出一肚子「墨水」。設想真妙。

　　詩人因為有想像力，才能寫出傑出的詩，所以蕭蕭在他的《現代詩創作演練》（台北・爾雅出版）一書第一章，就談到〈隨興幻想〉：「詩是想像的產物，惟有勇於發揮想像力的詩人，才可能成為傑出的詩人。想像是詩的翅膀，引領著詩人穿透眼前現實的侷困，飛翔在無限廣遠的時空，鍾情山林，過去未來，都可以任她點化、任她捏塑。」

　　「詩之所以迷人，也就在於想像力，可以完全而盡情地發揮這點，比起其他文類，詩的想像是充實而有光輝的，是變化無窮的，是無可預知的，美、大、聖、神，極盡其上天入地、通神驅靈之所能。因此，現代詩創作的第一要務，我想應該就是『解嚴』。解除嚴肅刻板的描繪，活潑自己的心思，柔軟自己的腦筋，盡力、穿破一切僵化的思維聯結。」

　　這一首〈墨魚〉，如果概念化的書寫，可能寫成：「我只是一個文人／沒有刀槍／沒有將軍、王侯的指揮權／我只

能用筆戰鬥」，那將多麼乏味，多麼失敗。因此，詩人要善用他的想像去搜尋一些驚奇，那樣才能寫出傑出的詩作。

2004 年 10 月 6 日「湄南河副刊」的刊頭詩，也是一首善用想像力的佳作：

曇花 ／曾心

現實太沉重了
壓彎我的腰
只好趴在籬笆活著

白天不敢與百花鬥艷
深夜裡偷偷地
釋放我剎那孤獨的芬芳

曾心這首詩也是想像力發揮成功的作品，他把自己想像成「曇花」；曇花枝葉細軟，只能依籬笆而生，比喻自己生活的重負在現實壓力下，壓彎了腰，也有不得不低頭的苦況，明裡不敢與人爭鬥，私下卻寫詩散發自己的芬芳。

如果詩人先訂題〈曇花〉，詩人以曇花的特性，聯想到詩人自己的特性，寫出自己的心聲亦無不可；一般人也可以利用這樣的「角色轉換」去寫詩，不一定要是詩人才可以寫。蕭蕭在前揭書中一章就是「角色轉換」的論述：「詩人不可能遍歷人生，嘗盡酸甜苦辣，但是，他又必須為社會上弱勢的一群說話，甚至於他要模擬當道者、強勢團體跋扈的語氣，然後，加以消遣。詩人要有許多喉舌、許多語言、許多經歷，但是詩人只有一個人生，他如何化身為不同的人物，替他們

發聲？」

　　曾心把自己比喻成曇花發聲，詩人的特性和曇花類似，所以並無「角色轉換」，只有想像力的發揮。如果自己不是詩人，而要寫一首〈曇花〉，也可以「角色轉換」把自己想像成詩人，然後利用曇花的詩人特性發聲。

　　這樣說來寫詩還是真累人。不過，也有很單純的詩，不必那麼勞累費心，完全是找尋眼前的世界，寫出單純的圖像之美，例如 2004 年 10 月 8 日「湄南河副刊」的刊頭詩：

在雨中　／摩南

在雨下，在雨中，
我喜歡有雨為伴，
它親密地包圍我，
沿著傘邊數節拍，
看我輕快的步伐，
聽我悄悄地談話。

　　摩南這首詩完全寫雨中即景的單純之美；被雨親密包圍，沿著傘邊數節拍，看自己輕快的步伐，悄悄的談話。台灣名詩人林亨泰的名詩〈風景〉就是類似的例子：「防風林的／外邊　還有／防風林的／外邊　還有／然而海　以及波的羅列　然而海　以及波的羅列」。（林亨泰〈風景 No.2〉1959）。這首防風林的外邊還有防風林的「風景」，寫得多麼單純，只有景的單純，卻引起很多討論。翁文嫻教授在一篇〈台灣現代詩在白話結構上的貢獻〉乙文中，就說它，閒觀看風景，真是名副其實的「風」和「景」，顛覆傳統，完

全沒有暗示，將中國人長久「自外測內」的想法中斷，純粹用「眼」，找尋眼前的世界，化繁爲簡。（以上大意引自《創世紀詩雜誌》140-141 期頁 103）。可見詩法可以複雜 —— 繁複之美，也可以單純 —— 單純之美。

2006 年 7 月 1 日副刊刊頭詩，金沙的作品〈磨〉是一首值得再三回味推敲的詩：

磨 ／金沙

乾坤默契
動靜唱隨

進出之後
變臉

寫的巧妙至極，想像力超強。由題目「磨」，聯想到「乾坤默契，動靜相隨」，思想沒有僵化。乾坤乃天、地也，陰陽也，必須要有兩件東西，才能產生「磨」這件事；墨、硯相磨，才能提供寫字的墨汁，而且要配合得好，動靜相隨才不會弄翻。其他夫婦之間磨，更是含有極深的人生哲理。

最神奇的地方在第二段「進出之後／變臉」，想像空間極大。寫詩最忌把所有話都說完了，讀者看後，一點回味的空間都沒有。這兩句詩可以說起手不凡，出手不俗，讀者一定會問：爲什麼在進出之後會變臉？每一個人都可以用心去想一個答案，一定很有意思。容我賣個關子，不告訴你我的想法。

寫詩一定要大膽去選材，用心去發揮想像，寫出出人意

表的句子。但是人生中哪有那麼多出人意表的事？有些看似平凡，例如雨下在芭蕉葉上，是人們十分常見的情景，我們就可以說雨在芭蕉葉彈奏琤琤鏦鏦的曲子，如此一來，人生就有詩可尋了。

　　以 2006 年 7 月 2 日的刊頭詩，嚴夏的作品〈飛塵〉爲例，只要加一點想像，使它變得有一點詩意，「飛塵」或「灰塵」，當然也可以入詩：

飛塵　／嚴夏

陽光從牆縫中滲進來
在小小的光柱裡
有許多的灰塵飛舞
我變得很小
小到可以趴在一顆灰塵上
飄舞著在陽光裡睡一覺

　　只有很純、很浪漫的想變得很小，小到可以趴在灰塵上睡覺，就可以成爲一首詩，寫詩多麼簡單。但是千萬不要以此爲滿足，畢竟這只是一個想法而已，如何讓人拍案叫絕說：「想得好，想得妙」，可能要再下一些功夫。

　　2006 年 7 月 3 日副刊的刊頭詩，紫鵑的作品〈烹調月光〉，就想得比較出奇，比較浪漫：

烹調月光　／紫鵑

再晚
也趕不走你

我只能在夢裡
烹調月光

任思念滋味
冉冉而生

　　這是一首情詩，使用與事實相反的筆調來寫；第一段「再
晚／也趕不走你」，你是一個想念的人，不但不在身邊，從
第三段「任思念滋味／冉冉而生」即可得知，反而卻用反筆
「趕不走你」來寫一個自己想念的人，怎麼會去趕走他呢？
這樣就更能寫出其想念之深、之切。第二段最好、最浪漫，
在夢裡烹調月光，望月止渴，寫得很詩意，比上一首好多了，
但我相信，如果更用心想，還可以想出更令人意外的句子，
詩不就是這樣留下來的嗎？我們不是希望自己的詩能留下來
讓人一讀再讀嗎？那就多用心去想吧！

　　詩人寫詩，常常對已寫出的作品產生不滿意，因而努力
想寫出更好的作品；為什麼要寫新詩，就是這個道理。古詩
已寫得夠好，我們寫不過他們古人，只好另闢蹊徑，另謀出
路。寫新詩一樣，別人寫過的，我們不想再重複，自己寫過
的，當然更不可以重複；詩人，永遠要保有創造的心，因為
要努力開發想像力，只有想像力一再開發，才會有好作品出
現。

　　2006 年 7 月 4 日副刊的刊頭詩；金沙的作品〈手杖〉，
就是努力發揮想像力，走在想像的冒險之路的作品：

手杖　／金沙

手杖點頭再三
孤獨依舊

月光　熙熙
老人前行成習

　　用「手杖點頭再三」來描述老人走路靠著手杖的情形，
十分貼切，可是再怎麼點頭，沒人理，就是沒人理，「孤獨
依舊」，寫盡了持杖老人的孤寂心情。第二段，在月光下，
熙來攘往，老人還是習慣性的走出自己的路。四行小詩，點
出老人孤寂的情形，沒有多餘的敘述，老人的情況卻已全部
寫出，讀者更可以利用已寫出的部分，再加上自己的想像補
充，去使詩產生更大的影響力。這就是黑格爾在《美學》一
書中所提到的，詩人必須要記住觀察的事物，明確掌握現實
世界中現實形象的資賦和興趣。老人和手杖是現實的，引出
孤獨前行，當然帶有詩人觀察後所得的感受。詩就是要在人
生現實中，去找熟悉的題材，然後以獨特的方式去發揮。
　　2006 年 7 月 5 日副刊的刊頭詩，紫鵑的作品〈走進經典〉
就是以獨特的方式來完成的一首詩：

走進經典　／紫鵑

走進經典的
永遠是小詩

被你咬傷
我還反吻你

捻熄月光吧
趁風　攬入未盡的慌

　　這首詩很顯然是情詩，卻和一般的情詩在表現方法上不同，在追求詩美方面，可說是一種探險。「經典」、「小詩」都是暗喻，第二段寫出感情路上的一種特色。第三段最好，最浪漫，讓人掩卷沉思再三。情詩寫的人很多，往往流於普通，沒有特色，原因無他，不敢走險徑。寫詩一定要跳出既有框框；別人坐纜車，也許你就要攀岩，吃力是吃力，往往有意想不到的奇效。

　　2006 年 7 月 6 日副刊的刊頭詩，楊玲的作品〈輕重〉，就顯示出楊玲有在詩國探險的天份：

輕重　╱楊玲

心　很輕
隨風飄盪

心　很重
如鉛似鐵

　　以輕重對比來寫兩種心情，讓人回味無窮；好詩。我認為此詩看似平凡，其實不凡。這牽涉到楊玲的賦性，她有向外看的能力，對外在世界觀照細察，她看到許多人，心思不

定，隨風飄盪；她也看到許多人，心事重重，如鉛似鐵；妙。
她也有向內看的能力，對內在世界的省察力，以自己的心，
有時意亂情迷，有時心事重重，但她的組織能力又特別能把
抽象和具象的思維，加以重排組合，我看她許多詩中都具有
這種特色，令人特別欣賞。

　　詩人觀察物象，而以詩行展現，有時限於才華，無法兼
顧到詩美學，常直接把所見所聞形諸詩篇。寫遊記詩，如同
風景名勝實況報導；寫政治詩，如同遊行示威吶喊，沒有加
以藝術手法的處理，很難讓人在心中留下深刻印象。

　　2006 年 7 月 17 日副刊刊頭詩，韋韋的作品〈冬眠〉，
就是一首能藝術化處理的詩：

冬眠　／韋韋

　　雨哼著小曲，
　　太陽蓋上了灰色大被
　　邀我體會蛇的智慧。
　　時間乘了雪橇在冰凍的空中滑翔，
　　不眠的心，
　　扛著沉甸甸的大袋在後追趕它。

　　詩中「雨哼著小曲」、「太陽蓋上了灰色的大被」、「邀
我體會蛇的智慧」等句，都有迂迴的想像；雨下著就下著，
作者加上想像「哼著小曲」，就有味道多了。太陽罩上灰雲
或烏雲，就想像「蓋上大被」；蛇會冬眠，因此想像「體會
蛇的智慧」。形容不眠的心之沉重，也以「沉甸甸的大袋」
來形容。我認為整首詩有「曲折的隱喻」之美學。只是詩作

尚保持在可以理解的想像之中，如再加鍛鍊，更上迂迴的想像層樓，甚至不惜從常理中脫軌演出，可能詩的境界會更高一層。洛夫的詩作之所以可觀，道理往往在此。

2006 年 7 月 21 日副刊刊頭詩，北雁的作品〈逆族〉，則是一首層層迂迴的想像之佳作：

逆族 ／北雁

不肖文明的一群猴子

在懸崖邊

推翻達爾文的銅像

求生

達爾文是進化論者，認為人由猴子進化而來；基於這個事實，作者乃經過迂迴想像而寫出這一首詩，不但十分精簡含蓄，且令人可以再三推敲。

這首詩除了表面意義外，是否還有其他的暗示？當然有，因為詩題就是「逆族」，猴子不願進化，推翻達爾文的銅像求生，只是眾多「逆族」之一，讀者可以再擴大聯想其他的逆族。這就是詩，不必把要說的全部都說得清楚明白。這首詩寫得十分簡單，但思想卻很繁複曲折，沒有浪漫主義的濫情，也無超現實主義的濫感，手法獨特。

2006 年 7 月 24 日副刊刊頭詩，林煥彰的作品〈小雨點〉也是觀物詩，是透過迂迴曲折的手法表現的佳作：

小雨點 ／林煥彰

小雨點，我的愛人。

　　一個小雨點，
　　一張小嘴；

　　一張小嘴，
　　一個輕輕的吻；

　　我的愛人，千萬個吻。

　　看到小雨點，觀察到小雨點打在臉上，好像情人的吻，一個小雨點就是一個小嘴，一個輕輕的吻，千萬個小雨點，好像情人千萬個吻。從雨點轉爲情人，再轉爲吻，詩中的意象清晰明白，十分有味。

　　這首詩的成功，其實不在技巧上，而是在於他的「真摯性」，真誠的人生感受；所謂不誠無物。詩人寫詩需要技巧，但最重要的，還是對人生感受的真誠。是花，真的花，而不是塑膠花。

第十二節　驚奇效果的運用

　　2004 年 2 月 8 日刊頭詩〈大象〉，是一首值得探討研究的詩作：

大象 ／苦覺

　　把自己的鼻子

　　拉長

　　再拉長

　　上叩天門

　　下把地脈

　　大象的鼻子長固然是事實，作者卻希望「拉長／再拉
長」，甚至於「上叩天門／下把地脈」，就不是真實的，而
作者希望利用它來表達自己的心意，希望自己能有上天入地
的本領。這種詩作令人有震驚的作用。如同台灣中生代詩人
蘇紹連的詩，往往在平凡無奇的事物中，運用出奇手法，達
到震撼人心的作用。蕭蕭在《台灣新詩美學》中就有一段話
探討蘇紹連的作品，以之來說明苦覺作品，亦可適用。他說：
「蘇紹連詩中所應用的物都是平凡之物，日常生活所習見，
這些我們眼之所見、手之所觸的物品，到了蘇紹連手中，卻
樣樣令人驚悚無比。如果物的本名、物的本質，原就是怵人
目、驚人心，則讀者心中有了驚覺之心、戒惕之意，驚悚效
果可能減弱。蘇紹連卻以凡常之物，趁人不備，達成驚悚效
果。」同理，苦覺所寫的〈大象〉，甚至十分平凡，十分常
見，象的鼻子長也不怪異，令人驚悚的是他要拉長再拉長，
以至於能上叩天門下把地脈，就十分不尋常，十分令人駭異，
作者詩作的「驚奇效果」，因而產生。這樣的詩作，令讀者
有「不甘於平凡」的強烈印象。大象是平凡的，人也是平凡
的，但像科學家想上太空，探地心，那就十分不平凡了，苦
覺寫的正是這種不平凡的心志。

　　2004 年 2 月 27 日的刊頭詩〈標點符號〉，也是一首十

分有味的詩：

標點符號　／楊玲

，逗號俏皮
。句號完美
？問號張大了口
！感嘆號眼淚欲滴
─破折號勇往直前
…省略號水珠連連

　　作者表面上都是根據這些逗號、句號、問號、感嘆號、破折號、省略號的外形加以書寫，但骨子裡也都像蘇紹連一樣，對所描寫的物的特性，加以延伸想像，甚至製荒謬劇般的錯愕。這些符號，擺在詩中、文章裡，有誰看到它俏皮、完美、張大了口、眼淚欲滴、勇往直前，甚至水珠連連？但作者竟能依這些符號的外形，加以想像，讓人讀來趣味盎然。

　　2004 年 2 月 19 日的刊頭詩〈失眠的蓮〉，也是利用凡常之物來抒發作者的心志：

失眠的蓮　／紫鵑

以為睡著了
卻一點一點的
驚醒

　　蓮是十分常見的植物，看過它開花的人都知道，甚至有耐心的攝影家常耐心等待以慢鏡頭捕捉它開放的過程。作者

就是根據這一極爲凡常的蓮花開之經驗，捕捉到這一個瞬間
令人驚奇的「艷遇」。其實作者是與蘇紹蓮一樣，利用凡常
事物，寫出令人驚悚的畫面。從蓮引申到人，本來以爲自己
睡著了，卻一點一點的驚醒，這是一種悟的過程。睡覺只是
表面意義，深層意義有可能頹唐不振，像一朵縮成一團的花
苞，本來以爲沒有希望了，這一輩子完了，嘿，卻在某種頓
悟中，一點一點的驚醒，如同蓮花慢慢的、一點一點的開放。
這就是一種自我變形，隱喻自己的心志。

　　蕭蕭在同一篇論蘇紹連的詩中就舉許多詩例來討論「自
我變形」，我擇其大要用以解釋前述三首佳構。苦覺是把自
己變形爲大象，楊玲是以這些符號來說明自己，紫鵑則是以
蓮暗喻自己。「自我變形是指不因巨大的外力衝激、侵入而
變其形色，也不是因爲與外物感通、移情、易位而改變身軀，
換句話說，自我變形不影響外在環境的具體改變或騷動。」
「變形，有時候可能只是將自我擬物化。」這兩段蕭蕭的話
用來印證前述三首佳構，再恰當不過。第一，都是將自己擬
物化，苦覺以大象擬自己，楊玲以標點符號暗示自己的人生
歷程、喜怒哀樂。紫鵑以蓮花來暗示自己的頓悟，甚至藝術
之路的成長。這種變形，並不影響外在事物的環境的具體改
變或騷動，詩人還是靜靜的寫他的詩。我們則從詩中獲得驚
悚的效果。

　　2004 年 5 月 2 的「湄南河副刊」的刊頭詩〈致未來的妻
子〉，作者苦覺在短短 6 行詩中，竟使用了「對比」、「頂
真」、「現實與超現實的轉換」等修辭技巧，乃樂於在此評
論：

致未來的妻子　／苦覺

搖籃式的飛機上
我，無法入眠

搖籃式的地鐵裡
我，很快入睡

而你，你就是
就是那地心

　　一、二段首先用對比的方法，對比飛機上和地鐵裡的情況，一個無法入眠，一個竟然很快入睡；第三段點出原因，原來是你的關係，你是那地心，結果令人驚奇。此處的對比很容易誤會爲排比。

　　一般來說，使用排比大都在三個或三個以上句式、結構、語氣、字數相同，表達出同範疇、同性質的意象（參考黃慶萱著《修辭學》台北・三民書局出版）。此處只有兩個相似的句法，且完全相反的意象，一個在天上，一個在地底，一個很快入睡，一個無法睡著，應算對比。

　　至於頂真，第三段的「而你，你就是／就是那地心」，就是使用頂真的修辭格。

　　所謂「頂真」的修辭格，是指文字的重複，次句或段爲單位，下一句的句首重複上一句的句尾，使聯接的句子頭尾藉由同一詞彙而有上遞下接的趣味（仍見黃慶萱著《修辭學》）。頂真是重複前一句的頂真，稱爲「聯珠格」，而重複上一段

的句尾與下一段的句首，是段與段的頂真，稱爲「連環體」。

　　同時第三段「你就是那地心」，是現實與超現實的轉換，你是現實，地心爲超現實，借以形容你的吸引力如地心。詩評家陳仲義在論洛夫的詩藝時曾說：「洛夫觀照掌握世界的方式可謂放得開，收得攏，無論長篇鴻製或短章小令，頗讓人感到一種『耳聽四方，眼觀六路』的態勢。他之所以能在主客體之間、自我之間、自體與客體之間，出入自由，俯仰自得，在我看來，還有賴於一種臨界點上的轉化技巧，即在時空、運動形式、內宇宙與外宇宙以及現實與超現實之間所進行的飄移與置換處理。」（引自陳仲義著《現代詩技藝透析》台北‧文史哲出版）。苦覺此詩雖短且只有一句由現實轉換爲超現實，但其詩的力量，與平舖直敘不可同日而語。

　　這種現實到超現實的轉換 2004 年 6 月 1 日楊學賢的〈我不怕你踐踏〉，也是佳例：

我不怕你踐踏　／楊學賢

> 我是你踩在腳底的石塊
> 這些年來我習慣沉默不語
>
> 其實我不怕你踐踏
> 只怕一旦你踩錯
> 重重跌在我背上
> 砸傷你自己

　　我是真實的，是你踩在腳底的石頭，非真，是超現實的，用以比喻被你欺侮、做你的踏板，如此而已。

　　也因為我不是真正的石頭，不是真正的踏板，卑微如我，其實不怕你的踐踏，只怕你踩錯，傷了你自己。全詩充滿了善良慈悲的心，既犧牲自己要成全別人，又怕別人失敗，真是情何以堪！

　　作者這種「我心萬物心，萬物心我心」全方位的投射，和許多名詩人一樣，例如洛夫：「或者在身內宇宙英勇神遊，八面搜索，進行人性、獸性、神性間的生死搏殺；或者放大自我，膨脹自我，強行擴張，調度 ——「山川草木、日月星辰，供我驅遣，任我支配；或者『降格』為物，以物度人，與大千世界串通一氣，俯仰自得，物以神合，神以物遊。」（引自陳仲義著《現代詩技藝透析》台北・文史出版）此詩主體「我」，借用客體「石頭」投射，萬物無不解體、變形。

　　其實這首詩若以反諷來解讀，更加有味。其中詩意變成：「你不要把我當石頭踩啊，那天踩空了，傷了你自己。」尤其「重重跌在我背上」是否暗示反擊之意，不然何來下面的「砸傷你自己」？那一天把我惹毛了，是否會傷了你自己？用意至明。

　　反諷不正面責難，大概都以揶揄、調侃、諷刺出之，陳仲義在他所著的另一本書《詩的嘩變》中曾對反諷大致分類：「從對象上分有自嘲型、他嘲型，從內容形式上分有語義反諷和語調反諷，而獲致反諷的具體方法有四種：（一）凸顯時空倒置的錯位。（二）強化矛盾對立的悖論。（三）誇大現實性與假定性的差距。（四）故意製造『所言非所指』的錯誤。」作者此處應是語義的反諷。

　　許多評論者都說瘂弦詩耐讀有味，應該和他擅長使用反諷手法有關。例如〈鹽〉、〈赫魯雪夫〉……等名詩。

第十三節　超現實手法

2004 年 3 月 14 日「湄南河副刊」刊頭詩〈人工雨〉，
令人讀後頗為動容：

人工雨　／曾心

乾裂的地
飄逝的雲
求天公也無奈

伸出胳膊
吆喝一聲
扭落滿天雨

　　作者只有寫出「表層意義」，說土地乾裂，萬里無雲，
向天公求雨也無用，而「深層意義」則可以有無限的想像空
間，比如遇到苛求的主管，讓我折磨得要死；例如遇到暴政，
讓我求生不得，求死不能。此時作者把心一橫，發出抗爭力
量，「伸出胳膊／吆喝一聲／扭落滿天雨」，表面似乎無稽，
怎麼可能「扭落滿天雨」，但那正是抗爭的力量，許多暴政
都在鋤頭扁擔間被推翻，更有空手、肉軀阻擋戰車的畫面。
史坦貝克就以「憤怒的葡萄」描寫工人抗爭的力量。此詩雖
小，力量卻奇大無比。這首詩和商禽的作品正好相反，商禽
是沒有力量反抗，所以許多作品都作「生命的逃亡」，例如
〈逃亡的天空〉。不然就是「耽溺在夢境和黑暗中」，不敢

和現實抗衡，例如〈夢或者黎明〉。早期台灣詩人楊熾昌（筆
名水蔭萍 1908~1994），在日本人的統治下，也以超現實手
法，偷偷表達內心的不滿。陳明台對楊熾昌有一段佳評：「他
不只擁有高度的表現技巧，能巧妙的操作語言，呈示繁複的
意象，塑造豐富多彩的詩世界，而且十分能發揮詩敏銳的感
性與知性，深入內層精神世界，自由創造，想像和飛翔，以
異質而鮮烈的敘情性，鑄造出迷人的詩氣氛。楊熾昌作詩的
本領即在於他能融合超現實的切斷、連結的技法和象徵主義
的官能感覺，表現饒富魅力的情境和幻想的詩境 ── 亦即深
入深奧的內心潛意識世界去表現。」（轉引自《蕭蕭：台灣
新詩美學》）。以之來評價曾心的詩，也十分適合。意象的
繁複如「乾裂的土地」、「飄逝的雲」，深奧的內心世界和
做出不可能的可能「用胳膊去扭落滿天雨」，「吆喝一聲」
更顯示「潛意識世界」的痛苦表述。

　　2004 年 3 月 26 日「湄南河副刊」的刊頭詩〈柿子熟了〉，
同樣也是內心潛意識的表述，表面淺白，深層結構，卻也是
能把各種情境穿透的超現實主義佳構：

柿子熟了　／辛華

光禿禿的樹上

掛滿了燈籠

照亮了秋天的原野

在往後生命有限的歲月

讓我也成為一盞吧

就掛在路邊

　　這首詩的作者和曾心一樣，都在表達一種表面似乎不可能，其實是可能的超現實情境。許多超現實的詩，只是假設現實，行晦澀之實。甚至有些文學理論也故做高深狀騙人，2004 年 4 月 4 日台灣「聯合副刊」，就有一篇黃維樑寫的〈艱難文論〉，指導教授告訴研究生：「要去學理論、啃理論，不用某種主義，就不能對學術積累有幫助，甚至整個古典文學都該從頭艱難處理，否則根本不可能了解文學史。」黃維樑還舉了一個笑話：「有人惡作劇，故意寫了一篇長而艱難的學術論文，裡面胡謅一些學術名詞，竟蒙一家有名的學報評審袞袞諸公青睞採用，予以發表，此君事後公佈惡作劇始末，原來其大作弄虛作假，胡說八道，一大堆的術語，一大串的徵引，都不過是裝腔作勢，眩人耳目而已。美國學術界為之騷動。」其中有大名鼎鼎的文評家也列名在評審中，黃維樑說：「不知他作何感想？」

　　詩當然可以深奧，但不可騙人，有一位名詩人我當面請教他的某篇大作，他說：「只可意會，不可言傳。」看來和這位惡作劇的評論家半斤八兩。

　　話題扯遠了，辛華這首詩的結尾，「讓我也成為一盞吧／就掛在路邊」，看似不可能，其實是可能的。在事實上他想成為一盞燈有其超現實，但形容一個偉人像路燈、像太陽，甚至像夜航中的燈塔，都是把超現實的東西，加以現實化，這就是「物與物的穿透」，有時甚至是「空間時間感的穿透」，把外國人、古人的偉大形象加諸在自己的理想上，有何不可？辛華這首詩，看似燈籠是燈籠，但以它能照耀黑暗的世界，比喻自己內心的渴望及理想，誰說這不是超現實？超現實而能變成現實，且只有一個簡單的意象「燈籠」，詩人為何一

定要故做高深狀，就像寫「高深的文論」？

第十四節　正反法

　　仇小屏在《世紀新詩選讀》的附錄〈常見章法簡介〉第十四則「正反法」乙則中做了這樣的定義：「將極度不同的兩邊（或兩種以上）的材料並列起來，作成強烈的對比，藉反面的材料襯托出正面的意思，以增強主旨的說服力與感染力。」她說使用「正反法」有下面特色與美感：「正反法是在對比的原理上產生的，對比因爲極大的差異性，因而有鮮明、醒目、活躍、振奮的強烈感受。而且有『相對立的形態』出現在篇章中，反而能使主體『正』的特點更凸出，姿態更優美。除此之外，還可以增強主旨的感染力，這又再一次證明了『繁多的統一』」這一美學至理。」

　　2004 年 5 月 3 日的「湄南河副刊」刊頭詩〈與共〉，就是使用「正反法」寫作的成功例子：

與共／楊玲

與你分享快樂
快樂加倍

與你分擔痛苦
痛苦減半

「快樂」與「痛苦」有正反相對的兩種心境，詩人使用

對比手法讓「與共」的詩題，因快樂加倍與痛苦的減半而凸顯出來，增強主旨「分享」與「分擔」在親友之間的重要性，使詩人的呼籲希望大家能甘苦與共，產生了強烈的號召力及情感的感染力，不因詩旨的說教而產生讀者的拆斥。所以葉嘉瑩教授的話在這裡又獲得了印證：「不在於你說的是什麼，而在於你怎麼說。」（《國文天地》第229期，《唐詩系列講座》高適詩）。

　　另仇小屏著前揭書附錄第八則「因果法」，仇小屏也為它下了定義：「『因為……所以……』的構句方式是十分常見的；相反地，由『所以』至『因為』的情形也有，甚至『因為』與『所以』多次交互出現的情況也屢見不鮮。因此，這樣的思維方式，其應用範圍擴大到篇章時，那就形成因果法了。」她同時因為「因果法」的「美感與特色」做了清楚的介紹：「因果邏輯的應用十分廣泛，所以因果法在文學作品中也就相當常見。其中最常出現的形態是『由因及果』，這樣可以因順推而產生規律美，也可以全面地弄清楚事情的前因後果。而『由果溯因』的結構，因為『果』最後才出現，很能夠挑起讀者的『期待欲』。而其他的變化類型，除了變化的美感外，也藉助『因』與『果』的多次呈現，來更深入內容。」該詩詳細分析請參閱本書第三章第五節有關「因果法」的論述。

　　2004年5月5日的「湄南河副刊」刊頭詩〈擺攤〉就是使用「因果法」寫成的詩例：

擺攤　／苦覺

　　心情不好的時候
　　我就到海邊擺攤

　　向風濤聲浪花夕陽紅嘴鳥
　　出售我的心情

　　當然，我會趁月亮來臨前
　　把價格降低，再降低

　　詩人不說自己到海邊散心，觀賞風濤聲浪花夕陽紅嘴
鳥，而說自己到海邊擺攤，出售心情，而且以價格一再降低
的鮮活用語，描述自己企圖趕快脫離心情鬱卒的困境。此詩
成功使用因果法，因為心情不好，所以到海邊散心，作者巧
妙轉換成「擺攤」；因為心情不好，所以到海邊去欣賞海景，
包括紅嘴鳥；作者成功轉換成「出售心情」，因為夜晚來臨，
所以要趕快回去。作者成功轉換成「降低價格」以便出清存
貨。此詩乃成功使用因果法，並借「擺攤出售心情」來增加
詩的趣味性。
　　2004 年 5 月 6 日「湄南河副刊」刊頭詩，仍然是使用「因
果法」寫成的詩篇：

自囚　／范模士

　　不想別人
　　只想自己
　　拋棄親情
　　脫離群體
　　日子會告訴你
　　那是一種什麼樣的滋味

前面四行是因，後面兩行是果，因為不想別人只想自己，拋棄親情，脫離群體，結果日子就會很難過，會受到別人的排斥、指責、打壓……不一而足，那是一種什麼滋味？不言而喻。作者若能加以轉換別的事物來代替說明式的語言，詩當更有味。不過，直抒胸臆，一目了然，也較易引起一般人的共鳴；各有特色。有時詩人轉換比喻，轉換得太厲害，甚至一轉再轉，九彎十八拐，讀者就易陷入「雲深不知處」了。就叫晦澀，還是苦覺的詩恰到好處。

第十五節　狀態變化法

仇小屏在〈常見章法簡介〉第六則「狀態變化法」乙則中，下了這樣的定義：「將外在世界中，萬事萬物某一狀態本身的變化，呈現在文章中的章法。」她說，這樣的看法，有如下的特色與美感：「由於人對某一對象的某種特徵的注意力越集中，在腦皮層的相應部位就越能引起優勢興奮中心，這就是『有意注意優勢』，藉助於此，人們可以達到非常有效的觀察。創作者對觀察的結果感覺到美，便會用文字準確地傳達出來，於是出現狀態變化的刻畫；但這與其對事物形態的模擬，還不如說對美感情緒波動的模擬。」（引自仇小屏著《世紀新詩選讀》）。

2004 年 5 月 9 日的「湄南河副刊」刊頭詩，就是使用「狀態變化法」寫作的佳構：

美麗的失態　／王翠敏

披頭散髮的柳
彎低了腰
想捧起湖裡自戀的側影
一失足　卻跌落鏡面
讓水波忍不住瞇起眼來
盪開了笑靨

　　作者觀察到柳垂下來，碰到湖面。掀起陣陣漣漪，於是把這種大自然的狀態，加以變化，賦予人性的特質，把這種湖邊垂柳的形態加以模擬，於是產生了一首十分生動有味的詩。

　　蕭蕭在一篇〈如何活潑詩意？〉的文章中，說到了幾個重點：「詩人要活用自己的機智，詩人的機智表現在『不同趣味』的嘗試上，詩人不妨誇張。」以之來看前述的詩作，作者的確活用了自己的機智，嘗試使詩產生不同的趣味。用「披頭散髮」來形容柳，何嘗不是在說自己？也就是借物抒懷。同時此詩也誇張得十分巧妙有趣，形容柳垂水面是「一失足，卻跌落鏡面」，柳葉碰到水面所引起的波紋，竟然是「讓水波忍不住瞇起眼來／盪開了笑靨」，真是趣味十足，這樣的誇張，使詩具有高度的可讀性。這首詩有一個十分重要的優點，就是含蓄有味，讀者有無限想像空間。我們最欣賞的詩，應該就是這種「表面淺白，內涵雋永」的詩。

　　2004 年 5 月 13 日「湄南河副刊」的刊頭詩，也是一首使用相同方法完成的佳構：

生之喜悦 ／林煥彰

養花、養草、養盆栽 ──
養我心中的兒女；

我看到它們在成長，
分享它們對生命的禮讚，
我也學會了對生命的讚賞。

此詩把「養花養草」的心理狀態，變換成「養兒女」，這種變心頗能引起讀者集中注意力，產生共鳴。作者又把兒女加上「心中的」，可能不一定是一般的兒女，而是他的文學作品。台灣素人畫家洪通就曾說：「每一幅畫都是我的兒子。」藝術家、詩人把作品看成自己的兒女，因而心心念念它們的成長，心心念念要分享它們對生命的禮讚，自己也學會了對生命的禮讚。

詩評家沈奇在評大荒的詩時曾說：「一個詩人的悲劇是什麼？終其一生的創作而沒有代表性作品為讀者所銘心，為歷史所留存。而一個詩人最大的慰藉，也正在於無論其作為詩人的際遇是得意還是落寞，總有立身入史之作存活閃耀在現時和未來的藝術長河之中。」（引自《台灣詩人散論》〈歷史情懷與當下關切〉── 評大荒兩本詩集），沈奇又在〈誰是詩人〉乙文中說：「光榮只有一種；在歷史留下你詩人之名時，也留下了你的作品，那怕只是短短的一首⋯⋯」（引自《詩歌報》安徽 1989 年 5 月 21 日版）

林煥彰寫詩已近半世紀，熟識他的人，對他的作品、文

學活動，包括推動詩運、編書、評論者頗多。一般人都以他的文學活動成就，蓋過他的文學作品，這種表面印象我在一篇〈詩寫生活的林煥彰〉乙文中多所評論，不再贅述。我之所以特別看重這首〈生之喜悅〉，是因為我在詩中讀到了他的「言志」；也就是詩人用他的一生去建構的理想。

從養花、養草、養盆栽中，體會到了養兒育女的辛苦與成就感，再轉化為文學創作的苦心，企圖用作品對生命作歌頌、禮讚，也分享作品被欣賞的「成就感」，因而學會了對生命的禮讚。就像沈奇說的：「詩人一定要留下作品，即使是短短的一首。」這就是作者「心中的兒女」，希望被讀者銘記在心；如果有一首詩傳世，那生命該是多麼美好啊！詩人怎能不對生命禮讚，甚至學會對生命禮讚呢！

第十六節　比喻手法的運用

比喻在寫詩時是十分重要的，否則就易太顯太露，毫無含蓄之美。所以白靈在他的《一首詩的誕生》乙書，開門見山就直接談比喻的重要：「寫詩，基本上是一種『形象思維』，亦即將情感思想借助想像的活動而使之形象化、具象化。所謂『要使你的思想像薔薇一樣清楚』（艾略特語），即是此意。」而蕭蕭也在〈如何活用比喻？〉乙文中說：「寫詩的人必須善用比喻，以比喻寫詩是最基本的技巧，一方面，讀者可以藉著比喻，更快更準確地了解歌詠的對象；一方面則藉著比喻擴大詩的對象；一方面則藉著比喻擴大詩的天地。」他舉了一些例子以後又說：「什麼是比喻呢？」比喻是拿一

件切近的、已知的事物,來形容詩人所要描述的主體。」

2002 年 5 月 20 日的「湄南河副刊」刊頭詩就有一首善用比喻的佳構:

蛇 /苦覺

如果,我

能伸不能屈

如果,我

走直路不走彎路

目的地

將無法達到

這是以蛇的行進路線彎彎曲曲,以比喻人生之路,有時為了達到目的,不惜迂迴前進。尤其是作戰,所謂兵不厭詐。這種比喻易使讀者印象深刻。比和賦不同,「賦」是直述或示現,也就是黑格爾的「表現特性的形象,將所寫事物本身固有的實在情況表現出來。」也就是寫人生之路就有言人生之路崎嶇難行,必須迂迴前進才能成功。而「比」則是以 A 代 B 或以 C 代 D 而隱喻之,甚至可以互換而隱喻之,甚至可以因為 CD 相關,我們就以 B 代 D 或 D 代 B 而隱喻之。西方「詩學之祖」亞里斯多德就曾對「比」提出他的心得。（見《詩學第二十一章》）

同樣善用比喻的也有 2004 年 5 月 22 日的「湄南河副刊」刊頭詩:

雨季 /溫郁萍

隱藏了那麼久的堅強，
天空終於哭了！
哎！
怎麼一哭就哭個不停？

　　以下雨來比喻自己心情不佳，哭個不停，十分有味。尤其是「隱藏了那麼久的堅強」，寫盡了強忍住悲哀的況味。下雨之前，常悶熱難當，也有「隱藏痛苦故示堅強」的意味。

　　2004 年 5 月 21 日的「湄南河副刊」刊頭詩〈舞台〉，也是以舞台來比喻人生，不過「人生舞台」早有人說，創造性似乎可以再加強：

舞台／　楊學賢

世界有無數個舞台；
大大小小高高低低……
登什麼舞台？
演何種戲？
全由你自己決定。

　　作者以舞台來比喻人生，人生有各行各業，也就像舞台有高低大小，360 行，有時外加一行，有多少行就有多少舞台人生。至於要登什麼舞台？演何種戲？全由你自己決定。在比喻之後，也發了一些議論。就是使用前面提過的仇小屏章法結構的「論敘法」。

　　行業有別，但從外表無法完全看出，但舞台人生，清清楚楚，生、旦、丑都一眼可以看出，這樣以比喻的方法把抽象的東西形象化之後，讀者印象將可以留得久，留得深刻清

晰。再發表一些議論，達到詩人寫詩的真正目的。

蕭蕭在〈如何活用比喻〉乙文中又說：「有效的活用比喻，必須注意下面幾點：（1）相互譬喻的兩件事件，形貌要相似之處，本質卻要完全不同。（2）要以具體、易知的事物去比喻抽象、未知的東西。（3）比喻以動態為上，以立體為佳。（4）要多方面發揮想像力，嘗試各種可能的聯想，以發現事物與事物間的新聯結。（5）注意各結構間的諧調。（6）要具獨創性。」以上只是重點歸納，看法要具獨創性似乎比較困難，詩人們也只好再「挖空心思」了！

2004 年 8 月 4 日「湄南河副刊」的刊頭詩只有兩行，卻十分生動有味：

雲和雨 ／林清泉

雲開會時
雨就吶喊

下雨之前，烏雲聚攏而來，詩人以開會稱之，下雨時嘩啦嘩啦的雨聲，又彷彿開會時相互激辯的吶喊；寫得十分生動。抽象的事物予以具象化，適當妥貼的比喻，令人印象深刻，讀後久久不忘。

同一天的江泉作品〈上海詩抄〉四首，也是比喻生動的作品，茲舉其中第四首為例加以說明：

我是妳手中的一支筆 ／江泉

我是妳手中的一支筆
讓它用憂鬱畫出我的心

沉默的日子已經來臨
我沉默，像無言的烈火
我說得太多了
說出了一切，一切又沉默
該用怎樣的舉動去愛妳
我深愛妳正如冬天的樹
將像它一樣被渴望剝得赤裸裸
只能用支幹的顫音絕望地愛著
注視著枉然的想法思索著妳
思索一個未知的春季

　　詩人把自己比喻成情人手中的一支筆，要用憂鬱畫出他的心，可見這個戀情並不看好。果然，詩人覺得自己說得太多了，不如沉默，可見表面沉默，內心還是像烈火熊熊燃燒，表示愛之強烈，詩人以冬天的樹掉光了葉子，來渲染自己強烈的愛被剝得赤裸裸的，十分生動，意象鮮明；詩人在寒冬中只有期待一個未知的春季，對愛是否再來臨，像春天花樹生新芽，不敢抱太大的希望，苦戀詩寫得刺痛人心。

　　2004 年 8 月 5 日「湄南河副刊」的刊頭詩，也是一首適當比喻的詩：

惕　／王祿松

避免被夜抹殺
文字將我點燃

避免被夢溶解

我在燈下結晶

　　這是詩人以詩來表達自己爲何寫詩，兩段詩中第一段爲因，第二段爲果。爲了怕生命浪費虛擲，詩人比喻爲怕被夜抹殺，只好將文字點燃，暗喻寫詩；爲了不被夢溶解，詩人只好在燈下結晶，仍然是寫詩。此句甚佳，因爲只點燃文字，不見得是寫出好作品，只有結晶，才是藝術佳構。

　　同日的雨村作品〈太陽偷懶〉，也是一首比喻生動，俏皮幽默的好詩：

太陽偷懶 ／雨村

晚霞尚未被歸雁搧紅的時候

值班的太陽已睫毛互相接吻

心坎的黃昏

忙扯下四野霧幛

哼起蟲聲唧唧的催眠曲

同情慵懶的太陽，有簾

美美的幽夢

狂歡了一夜，酒意惺忪的

青蛙，張口便憨喊：

看！曬穀場上盡是農人餿掉的血汗

你呀！早退又遲到

時間到又不出現視事

夜眨眨閃電的眼

示意給多歇歇

　　青蛙還是腰鼓蟈蟈
　　這邊敲，那邊打
　　五更雞未啼
　　果真太陽的大耳被揪
　　扭它起床
　　逼它上班

　　第一段寫黃昏的景象，十分生動有味，如「晚霞尚未被歸雁搧紅」，「值班的太陽已睫毛互相接吻」，以動態寫靜態，尤其接下來的「心軟的黃昏／忙扯下四野霧幛／哼起蟲聲唧唧的催眠曲」，更是韻味十足。

　　第二段寫晨景仍然是生動的比喻，以「狂歡了一夜，酒意惺忪」來描寫夜晚的蛙鳴，十分合宜；白天青蛙大體上叫得少，但仍然憨喊，怪太陽早退又遲到，不盡忠職守。末段寫青蛙在五更雞未啼之前，仍然這邊叫那邊叫，要扭太陽起床，逼它上班。十分生動、新鮮有味。從表面看，一般人也可以欣賞，完全是黃昏、清晨的實際生動描述。資深的讀者更可以讀出詩中的深意；太陽比喻有權有勢的人，青蛙指那些批評者，在黑暗來臨之前指出太陽的懶散，希望他認真上班，不要打混。詩貴意在言外，雨村此詩可圈可點。

　　寫詩的手法大概不外「賦、比、興」三種。「賦」就是修辭學上的「直述」或「逑現」，一般人比較慣用，可以直抒胸臆；比就是比喻，可以把思想具體化，生動化；「賦」在以前是四、六句的一種韻文，在詩法中較不易討好，反而「比」較容易，變化也較多。「湄南河副刊」最近以「比」

寫作的佳構不少，2004 年 8 月 6 日的刊頭詩苦覺的〈上網〉
就是一列：

　　一聲
　　「芝麻開門」
　　門就開了

　　走不完的八八六十四卦
　　有人，被蜘蛛粘住了
　　有人，卻捉住了蜘蛛

　　第一段寫「開機」，用「芝麻開門」來比喻，生動有趣。
尤其「芝麻開門」是大家耳熟能詳的故事更佳。第二段以「八
八六十四卦」來形容網路上的變化多端、變幻莫測，更以蜘
蛛來比喻此「網」的魅力更佳，同時蜘蛛也會結網捕食昆蟲，
更有虛實交錯之美。

　　另外 2004 年 8 月 7 日「湄南河副刊」的刊頭詩〈木瓜〉，
詩人曾心乃以「木瓜」奉獻自己、結出果子交給大地，來暗
示、比喻天下的犧牲奉獻者。

　　瘦骨伶仃
　　支撐著　　支撐著……
　　血肉一個個胖起來
　　自己一天天瘦下去
　　在倒下時
　　它把孩子全交給土地

第一段詩人以木瓜樹的外形「瘦骨伶仃」來比喻一些「奉獻者」如「父母、師長、善心人士……」等犧牲自己，強力「支撐著」去完成自己的奉獻。他們所奉獻的對象，如同木瓜樹上的木瓜，因得到好的照顧和養分所以「血肉一個個胖起來」，而奉獻者呢？「自己一天天瘦下去」直到「自己倒下」，在倒下時，「它把孩子交給土地」，於是心願完成。此詩也可以說是借物抒感的一首佳構。

2004 年 8 月 8 日的〈玉蘭花〉，也是一首善用比喻的好詩：

玉蘭花　／楊玲

用清水供著
一把玉蘭花
讓它的香氣
飄入我的詩篇

前兩句十分平常，好像一首歌開始敘述「用清水供著／一把玉蘭花」完全不知作者心裡想說什麼，第三、四句就有意外的驚喜「讓它的香氣／飄入我的詩篇」，作者希望自己的詩如玉蘭花般的清香，讓人讀後神清氣爽。以玉蘭花來比喻詩香，讓人印象深刻。

同一天的「湄南河副刊」曾美玲的「木棉樹」，也是一首比喻成功的好詩：

木棉樹　／曾美玲

站在早春的街道

東張西望，一株
焦灼的
木棉樹

穿透灰暗的
水泥叢林
我聽見群花
朵朵
爆烈

撥開雲層
輕喚醒
囚禁的陽光

　　曾美玲以「木棉樹」來暗喻自己，比喻自己像「站在早
春街道上的一株東張西望、焦灼的木棉樹」，自己內心裡有
一種渴望，渴望在穿透灰暗的水泥叢林後會聽見朵朵鮮花爆
裂，這是描述詩人心裡的暗淡如「灰暗的水泥叢林」，乃現
代人生存的噩夢，此時詩人希望自己像木棉樹開花，朵朵爆
裂，寫出好的詩篇或樂章，此處用「聽見」代替視覺的變換
法，十分成功。第三段一旦開花了，就能撥開層層雲霧，把
囚禁的陽光輕輕喚醒；囚禁的陽光代表希望，此時希望來了，
不再暗淡。作者以木棉花比喻現代人的生存困頓，企圖在困
境中掙扎而出，以物抒感，寫得生動感人。

　　最近讀了兩首以「下棋」設喻，描寫當代政治局勢的詩，
展讀再三，遂深深沉入詩中那種莫可奈可的氛圍中。第一首

是黃國彬寫於 1997 年，香港回歸之前的作品，收在他的最新詩集《秋分點》第 17 頁；另一首是余光中，發表在 2005 年 5 月 31 日的《聯合報・副刊》。經過近月的思索，覺得有分析一談的必要。下面請先看黃國彬的作品：

下棋 ／黃國彬

沒見過對手的面貌，

不知道他坐在何方；

只知道他的棋藝深不可測，

我的棋藝拙劣莫名。

卻偏偏被迫，坐在星空下

跟他對弈；伸手觸棋，

只聽到一片寂靜；

每走一步，都聽到

夜風吹過棋盤，

前後俱無去路。

1997 年 1 月 30 日

—— 選自《秋分點》詩集

香港在 1997 年回歸中國，這麼重大的事情，連小老百姓都議論紛紛，何況一個知識分子？尤其是在大學中任教，精通中外文學的精英，更不可能沒有感想。

在這種情況下，一般人都只有自認是一顆棋子，任人擺布；但黃國彬自視高人一等，居然以「棋手」自居，下去和整個操縱大局的人下棋。此人當然沒有見過其面貌，更不知坐在何方，棋藝更深不可測，下到後面，當然是前後俱無去路，一種不知何去何從之感。整首詩塑造一種十分無奈的氛

圍，尤其是「一片寂靜，夜風吹過棋盤」；把作者的心情，充分表現出來，這首詩為歷史留下了見證，見證當時香港人的心情，見證知識分子的心情，見證一般人都是被人擺布的心情。

再看第二首余光中的作品，寫兩岸的局勢，也是以棋局設喻：

棋局 ／余光中

觀棋不語真君子
落子無悔大丈夫

觀棋的手癢，七嘴八舌
指指點點，楚河這一邊
有人催渡河，有人說，不可
棋子們進退兩難
車都塞車，馬都蹩腳
炮都不舉，卒都潰散

但一過了河，車就暢行
炮就轟動，馬就奔騰
三十萬過河的卒子
就忽然恢復了生氣
一進了漢界，棋局
就不再是僵局，是活棋

此岸的弈者沉不住氣

斥車馬，呵仕相
卻一直舉棋不定
而每次草率落子
立刻又想要悔棋
更拍桌而起，嚷嚷

「你們不過是棋子
我，才是棋盤的主人！」
而對岸，漢界的弈者
神情淡定，一言不發
只偶爾端茶
淺淺喝一口鐵觀音

　　余光中此詩以「棋局」來暗示兩岸的情勢。第一段指「楚
河這一邊」的人意見太多，七嘴八舌，讓車馬炮卒都塞車、
蹩腳、不舉、潰散。但下棋的人不下，下面的棋子自己走了，
一旦過了河，就是活棋，砲也轟動了，馬也奔騰了，卒子更
恢復了生氣。第三段又回到下棋的人，此人沉不住氣既斥車
馬又呵仕相，既要悔棋，又要拍桌嚷嚷；十分生動，把當前
的時勢寫活了。末段寫到漢界這邊，人家氣定神閒，喝著鐵
觀音，說了一句：「你們不過是棋子／我，才是棋盤的主人！」
對兩岸這種政治局勢，以「下棋」、「棋局」設喻，既生動
有趣，又不落入口水的窠臼，寫得很有意思。尤其高級知識
分子，精通中外文學，遊走世界各地的學者詩人余光中，更
有睿智看破「當局的迷霧」，指出一個「下棋的策略」，更
是知識分子不可推卸的神聖任務。

　　小說家楊照也以《暗巷迷夜》一書，來描述台灣當代的
政治情勢。以姊妹的愛恨情仇暗喻國民黨和台灣人民的關
係，以台籍政治系副教授蔡其達穿梭兩人之間做「聯絡人」。
文學批評家王德威在評楊照這一本小說時說：「在寫作的層
次上，楊照正如小說中的蔡其達一樣，終必意識到作為敘述
者的地位，是何等曖昧游移。蔡其達果真使兩姊妹的故事互
通有無了麼？藉著兩人的告白，他了解了什麼，還是誤解了
什麼？有多少時候他曾問了不該問的，或說了不該說的？如
果蔡是個懵懂且曖昧的傳話者，那麼楊照呢？他能說清楚那
說不出、卻又不能不說出的創痕麼？（引自王德威著《眾聲
喧嘩以後》當代小說點評，台北，麥田出版）

　　兩岸局勢這麼複雜，不但不是小說所能說清楚，連專研
兩岸的學者也說不清楚，何況是詩？但是詩人既身為棋局中
的一個「棋手」或「棋子」，當然要表達一些看法做歷史的
見證。至於棋局結果如何？等待棋下完了，不就分曉了嗎？
當然，如果意見能被掌權者接受，豈不更好？

　　避開意識型態不談，這兩首詩的確是好的文學作品，不
論語言的掌握、設喻的生動、意象的鮮活、氣氛的塑造都十
分成功。畢竟政治不是文學，把受政治磨難的實錄當做文學
是目前許多作品的通病，如何處理這些題材，運用什麼藝術
手法，才能寫出感人肺腑的傑作，是有理想的作家，不能忽
略的課題。王德威也說：「杜斯妥也夫斯基的文學成就，並
不只奠基於他坐了多少年牢、吃了多少年苦而已。」王德威
又說：「任何有歷史抱負的作者，當然要不斷的追憶過去，
書寫創痕。但正因那歷史的創痕是如此的深沉痛切，我們怎
能奢求完全用文字救贖不義、療傷止痛？」相對於這些話，

我要說做一個文學工作者，如果能以「先知」自居，讓人們
「下對棋」，避免傷痛，那又何來「療傷止痛」？歷史也不
會一再重演悲劇。

　　刊於《詩潮》第一輯的曾心詩作，表現平平，我曾有一
些批評，但對一個不斷努力追求進步的詩人，絕對不會自甘
平庸；從近兩年來曾心發表在副刊的「刊頭詩」，就可以知
道，曾心不斷翻新想像力、鍛鍊語言、營造意象的企圖心，
並且有良好的成績。

　　請看 2005 年 6 月 12 日，曾心發表在副刊的「刊頭詩」
〈登高〉

登高　／曾心

風
熱情相迎
頭髮飄起來

一抹白髮
飛出一首詩

　　題目〈登高〉，既是寫實，也是比喻；寫實一般人可以
理解，在此不論。比喻就看讀者自己的解讀。依我解讀，登
高有高高在上，志得意滿，成就不凡的暗示。此類人士，自
然有「風」會「熱情想迎」，「頭髮」也會「飄起來」，心
當然更飄飄然。風等意象的經營，十分深刻耐人尋味。第二
段「一抹白髮」象徵智慧，也比喻年高德劭。「飛出一首詩」，
更是神來之筆，令人意外，一般可解做登高自有遠見，年高

自有領悟，此句可做「智慧」解。當然其他解法亦可，因為好詩總是留下極大的想像空間；我為曾心喝采。

另外年輕的楊玲，最近佳作也頗多，看她寫來彷彿得心應手，不太需要時間醞釀，難免有些詩像格言、語錄。不過2005 年 6 月 15 日登在副刊的「刊頭詩」〈風說〉，卻是神來之筆：

風說 ／楊玲

風
路過
一池春水縐了

風說
我是無心的

這首詩轉化自「弄縐一池春水，干卿底事」；作者巧妙加上風的話：「我是無心的」，整首詩就可讀可頌，味道十足。作者彷彿在說一個故事，但彷彿什麼也沒說，讀者卻能深入其中，久久無法出來。詩的奧妙，就在這裡。

今石的作品也給我十分深刻的印象，他常有感而發，絕不無病呻吟。例如刊於 2005 年 6 月 30 日副刊的「刊頭詩」〈怪〉，就是佳例：

怪 ／今石

心在荒郊躑躅
它把眼睛給甩了

眼睛裝下太多的事
還責怪心
不去命令手和腳

　　這首詩顯然是作者有感而發之作，他眼見社會上許多人
爭功諉過，互相責怪的現象，就利用身體各種器官去比喻社
會上各階層的人。心、眼、手、腳都各有各的作用，也都對
身體有幫助，但心卻把眼睛甩了，自個兒溜達去了。眼睛忙
著看事物，十分辛苦，當然責怪心的「無所事事」。其實若
沒有「心」，眼睛看太多東西也沒用，手和腳都不動也等於
零。此詩叫人：凡事要心到、眼到、手到、腳也要到。基本
涵意如此，但每個讀者都可延伸解讀，這樣詩才有豐富性。
《世界日報》副刊許多好詩，基本上都有這一層優點，絕對
不會「寫滿」、「說滿」，都會留下想像空間讓讀者發揮。

第十七節　戲劇手法，小說情節的運用

　　2004 年 6 月 4 日「湄南河副刊」的刊頭的，嶺南人的作
品〈雪人〉，是一首以小見大，充滿戲劇性的詩。

雪人 ／嶺南人

精雕細刻
一尊美人如玉

太陽一出

一灘濕漉漉的
濁水

　　短短 5 行，小小的一件事情「雕刻雪人，遇太陽爲雪水」，可是證之世間萬事萬物，卻莫不都如此。比如開國皇帝，南征北討，終於建成大帝國，但子孫不肖，一下就被人滅了，土崩瓦解。夏烈的小說《白門再見》，心儀一位清純美麗的女孩，視爲女神，直到真正接觸，又是邊走邊吃東西，大刺刺的在人前剔牙，美好印象瞬間破滅。此即以小見大。

　　另外，此詩好就好在點出美學中的要點，其他讓你自由聯想。第一段和第二段兩段剛好形成對比，一個是雕出美人如玉，形象多完美，太陽一出（真面目露出）變成一灘濁水，真是讓人拍案叫絕。人生中許多事情，不都是如此嗎？雪只要遇熱即溶，但偏有人要去「精雕細刻」，即使雕成一尊美人如玉，遇到太陽，還不是化爲一灘水？若在泥地，豈不是一灘濁水？有些事情就是做不好，但偏要去做。這種類似的題材，有其戲劇性，這首詩也包含了「戲劇性構成的三大要素：衝突、情境、動作。衝突是戲劇的核心，衝突主要是指性格命運的衝突，而構成衝突的主要基礎是情境和動作。

　　情境是衝突爆發的前提和條件，是性格展現的客觀場所，而情境的構成又必須依賴於情節的設計，特別是懸念的設置。情節是劇情發展的因果鏈，懸念恰恰是承前啓後的『環扣』，是情節發展推進器，又是觀眾讀者期望的焦點。」（以上引自陳仲義著《現代詩技藝透析》第六章〈戲劇性：衝突、情境、懸念、動作〉）此詩雖短但有衝突 —— 明知雪易溶卻要雕它；有情境 —— 這麼一個執著的人認真雕刻的情形；有

動作，刻的人的動作，太陽一出的動作（太陽代表無法預測的人物會出現）。瘂弦的詩作一般也公認有戲劇性，例如〈上校〉、〈坤伶〉、〈故某省長〉……等，有戲劇性，詩將更有味。

2004 年 6 月 8 日「湄南河副刊」的刊頭詩，楊玲的作品〈落葉〉是一首敘述型的詩：

落葉／楊玲

秋天的兩片落葉
在地上交談
一片想乘風上天
一片願化作泥土

楊玲這一首只敘述兩片落葉在交談，一片要乘風飛上天，一片要化作泥土，滋養大地，其他什麼也沒有說，是理想的敘述型態的詩。一般詩人不太喜歡敘述，因爲這樣較易產生散文化的毛病。但楊玲這一首詩簡略得很好，留下許多空間要讓讀者自己去體會。這是焦點敘述型的詩。由於聚焦精準，敘述者與接受者能順利達到意思的傳達、交流。

2004 年 6 月 9 日的「湄南河副刊」的刊頭詩，曾心的作品〈釣〉，也是一首很好、很精鍊的敘述型的詩：

釣 ／曾心

在河邊垂釣的人
魚鉤多了
回家烹煮去

在人流垂釣的人
東張西望：
怎麼還不上鈎？

　　曾心這首詩以河流垂釣和在人間垂釣（釣美人魚？或其他要釣的人？）對比，魚很快釣到，惟獨人不易釣到，只能東張西望，寫出釣者的心情，十分有趣。

　　「按傳統定義，小說的敘述是指對人物事件環境所作的說明和交代，而現代詩歌的敘述應該是指抒情主體特有的一種言說、交談方式，一種對話的姿態。由於詩歌主體無所不在的強大存在，詩歌一方面成為最能表露自身靈魂世界的獨語（獨白）形式；另一方面成為構成敘述者與接受者雙方最真實的交流（對話）形式」。（引自陳仲義著《現代詩技藝透析》第十四章〈敘述：言說的視角與姿態〉）。曾心這首詩敘述了他的感悟，由於體驗真切，最能引起讀者共鳴，亦即真實的交流。

　　最近讀到鍾玲教授為詩人余光中七十壽慶而編的詩文集《與永恆對壘》，最後附錄了一篇傅承德對余光中的訪問文章〈藏火的意志在燧石的肺裡〉，談到現代詩讀者越來越少的理由，歸納余光中談話的重點，大概是「現代詩晦澀難懂」，讀者不喜歡有關，他舉夏宇為例，認為夏宇有些詩不錯，但寫到後來就不容易了解；鴻鴻也由西洋的魔幻主義吸收了一點好東西，但細節太多，句子太長；陳黎也寫得不錯，但句子仍然越寫越長，排版都有問題。余光中更說出了他對現代詩缺點的看法有三：「第一，句子太長。第二，不斷迴行，第三，細節太多。由於這些缺點，才讓人讀不懂，但他說讀

不懂還沒關係，最嚴重的就是不美，他舉李商隱爲例，李商隱的詩也不太好懂，可是覺得美，有一種超逸之美。」（參閱鍾玲主編《與永恆對壘》台北、九歌出版）摘錄了以上重點，供有志寫詩的朋友參考。

　　說到不懂、不美，我就更感到《世界日報》副刊的「刊頭詩」剛好相反，更值得推介。

　　舉 2005 年 8 月 25 日辛牧的作品〈放生〉爲例，那種小說情節和反諷手法，真是夠味：

放生　／辛牧

在廟口買一隻鳥
口中念念有詞
然後把牠放了

在郊外牽一張網
到廟口大聲吆喝
來買一隻鳥放生吧

　　不但諷刺那些放生者都假道學、假慈悲，也諷刺那些捕捉動物賣錢騙愛心者的心有「夠」黑。許多「黑心食物」、「黑心事件」只要點出一個，由小見大，人們就可以舉一反三。這首詩畫面、場景十分生動。一個畫面是在廟口買鳥，又念念有詞，好像十分慈悲。但骨子裡，這種放生行爲卻鼓勵了第二個場景：張網、捕鳥，吆喝人們來買。在這一捉一放間，鳥兒死多少？沒有人算過，問過。辛牧的詩，讓人猛省，也擊痛了人們內心假慈悲的痛處。

再看 2005 年 8 月 31 日莎莎的作品，也是〈放生〉：

放生　／莎莎

讓鳥兒飛向藍天
讓魚龜泅回大海
眼不瞄準星　　手不按電鈕
人身也不再綑綁炸藥
自己放生自己
就會多點歡笑少些哭泣

莎莎這首詩，頗有人道主義者的胸懷，寫出了他個人的
志向和看法。莎莎要讓鳥兒在藍天自由飛翔，沒有人去瞄準
牠，讓牠沒有恐懼；要讓魚龜在大海中泅泳，沒有人張網，
也沒有按電鈕去獵殺牠們。這是直抒胸懷的放生。更有意思
的是「自己放生自己」，最令人意外，想人之所未想。莎莎
看到恐怖分子身綁人肉炸彈，製造恐怖事件，發出要「多點
歡笑少點哭泣」的渴望心聲。

亞里斯多德在他的《詩學》第六章中說：「悲劇為對於
一個動作之模擬，其動作為嚴肅，且具有一定長度與自身之
完整；在語言上繫之以快適之詞，並分別插入各種裝飾；為
表演而非敘述之形式；時而引起哀憐與恐懼之情緒，從而使
這種情緒得到發散。」姚一葦在箋註這段話時引申出了三種
意義，其中的二種與這兩首詩有關，特引錄如下：「第二為
倫理學上之解釋，伯拉圖〈莎斐斯德篇〉認為精神上之病態
如無知、敗德、偏見、虛榮等，可因教育而矯正，教育即悲
劇的發散作用。」（引自姚一葦《詩學箋話》台北，中華書

局出版）。這兩首詩都看到人類無知、敗德、偏見、虛榮悲劇而寫的，人們讀後因受感動，受教育而有正面的啓示功能，人心因而獲得淨化。

第十八節　用心尋找詩的機緣

2004 年 7 月 11 日「湄南河副刊」的刊頭詩，是一首看似平凡，確有奇詭與巧智張力的詩：

野薑花　／杜子

山坡上
一群香噴噴的蝴蝶
睡在舒舒服服的綠床上

任風兒們調皮的手
怎麼揮也趕不走

以蝴蝶野薑花，在一片綠色之間被風的調皮的手吹弄，怎麼揮也趕不走。這樣尋常的畫面，許多人都看過，但是杜子順手拈來，卻自成奇詭與巧智的詩篇。這樣的畫面，絕不僅止於野薑花在風中搖曳，詩人所提供的畫面，正可以給讀者無限的聯想。比如幸福感，人像野薑花，睡在舒舒服服的大地（綠床）上，風再怎麼調皮其他力量再怎趕也趕不走，詩人寫出人們的幸福感，當然你也可以有其他的聯想，這就是詩的奧妙所在。所以羅曼・英加登（Roman Ingarden）有

一段話是這麼說的：「文學作品透過作者運用的意象、修辭，傳達意念給讀者；雖然讀者所接受的訊息，未必完全等同於作者所欲言，但讀者仍能藉著意象、修辭等鋪排建構心中的圖像，使再現客體具體化。」（引自陳燕谷等譯《對文學的藝術作品的認識》，台北‧商鼎文化出版）讀者根據作者所提供的線索，進入作品的內涵裡，因而獲得閱讀的快感。

2004 年 7 月 12 日「湄南河副刊」的刊頭詩，也是這樣一首充滿讀者可以參與的詩：

失魂的蝴蝶 ／林煥彰

牠在找自己的魂魄？

飛飛停停，每一朵花
都是前世嗎？

今生呢？是落魄詩人
心中的疤痕！

詩人提供了在花間飛飛停停的蝴蝶畫面，以蝴蝶在每一朵花中尋找前世，導引讀者人生的體悟，甚至想到落魄詩人的處境，心中的疤痕也在蝴蝶和花中穿梭而被引出。讀了之後，讀者須加入自己的體悟和聯想，否則它的平凡無法為你帶來奇詭和巧智，這正是詩人不甘於平凡，而讀者自己也必須努力提升的。

再看 2004 年 7 月 13 日的「湄南河副刊」刊頭詩，也是類似的作品：

舌頭 ／顧長福

薄薄而鋒利的刀片
只能割傷肢體

尖尖的小舌頭
是挖掘塚土
斷魂的工具

　　以刀片來暗示舌頭的鋒利，所謂「惡語傷人六月寒」，
然而作品更加深層對比，刀片只能割傷身體，舌頭卻能使人
斷魂，爲人挖墳塚，真是神力無邊。當然這是詩人所提供的
表面意義，讀者必須再度參與，加上自己的領悟與聯想才能
創造出詩意的不凡詭奇。2004 年 7 月 14 日「湄南河副刊」
的刊頭詩，也是一首看似平凡無奇，但經過深思聯想，也是
一首奇詭智巧的好詩：

鹹蛋 ／苦覺

我看見了海
可我，卻不能化爲魚
儘管喝足了海水

只好，只好成爲船吧
當你，輕輕把我打開
我就是兩艘載滿黃金白玉的船

　　這一首詩表面上生動了一些，但還是白描，只把製鹹蛋
的過程喻成泡到海裡，喝足海水，也想變成魚，如此而已。
另外剝開鹹蛋化成兩艘船，也寫得生動。但這樣讀詩是不夠
的，我們必須在詩人提供的語言、意象裡，找到詩的深層結
構。蛋在鹹水裡，如同人在痛苦錘鍊中，而在淬煉之後，變
成一個頗有前途、有作為的人，如同剝開的鹹蛋中的蛋黃、
蛋白，作者以黃金白玉為喻，更可以幫助讀者進入聯想世界。
我們希望多一些這類表面淺白而內涵無限的詩。

　　人世間本來就存在許多詩，等待著優秀的詩人把它們寫
進詩裡，例如「明月松間照，清泉石上流」，明月早就照在
松間，清泉早在石上流，不知千百年了。「木末芙蓉花，山
中發紅萼，澗戶寂無人，紛紛開且落。」千百年了，山中發
紅萼依然，紛紛開且落依然，只有詩人王維把它們寫進詩中，
竟然幾百年來，被公認為禪詩中的極品。其實，只要用心，
我們隨時會在人生中遇到詩。例如 2006 年 5 月 22 日副刊的
刊頭詩，路衛作品〈紅綠燈〉便是：

紅綠燈／路衛

為了給人方便
我不得不
睜一眼
閉一眼

　　紅綠燈在城市交通繁忙的路口，扮演十分重要的角色，
許多人常視而不見，有時甚至抱怨：「怎麼老是紅燈！」他
們不會想到詩。

　　詩人路衛十分巧思,看到了紅綠燈,把它的特色化成「睜一眼／閉一眼」十分傳神;像這樣有特色的詩,想像力超強的詩;正是我們大力推薦的詩。

　　2006 年 6 月 11 日副刊的刊頭詩,今石的作品〈蜻蜓〉,也是人們時常視而不見的東西,作者巧手拈來,自成佳構:

蜻蜓 ／今石

從沙漠飛來的直升機

向我俯衝,沒有發射導彈

只給了我一個飛吻;你好

有幸來到你的荷塘

參加青蛙王子的婚禮

停在綠色機坪,點燃紅色蠟燭

　　蜻蜓到處飛,乃人們習見之昆蟲,作者以牠的外形說是直昇機,牠飛過來,說是俯衝,十分生動。末三行說來到荷塘、參加青蛙王子的婚禮,停在綠色機坪,點燃紅色蠟燭等,具有童詩的趣味性,是一首很好的童詩。也許作者並未想要寫童詩,但此詩寫成如此,具有童詩的趣味,算是意外收穫。

　　童詩的讀者是兒童,但成人仍可閱讀,雖然它具有適合兒童程度、經驗、興趣、心理需求之特性,但大人讀來仍然有其趣味,如楊喚的童詩,許多成人仍然愛不釋手。今石此詩,寫來童趣十足,大人、小孩均十分適合。。

　　2006 年 6 月 30 日副刊刊頭詩,方白的作品〈在孤獨的年代〉,也是一首妙手偶得之的佳構:

在孤獨的年代　／方白

一個人，孤獨；

兩個人，孤獨；

三個人，還是孤獨……

在孤獨的年代，

大家都孤獨

你怎麼能夠不也孤獨？

　　工商業社會，人人都很忙碌，沒有人有空去關心別人，於是路上行人匆匆過，於是每一個人都是孤獨的，不論是一個人、兩個人或三個人，甚至是一群人。在這樣的孤獨的年代，大家都孤獨，你怎能夠不孤獨？完全是寫實，只把事實擺在面前，沒有加任何色彩、沒有添任何人工甘味，但由於是寫實，寫到了人們的痛處，所以讀來十分感人，是妙手偶得的佳構。

　　當然，如果是一般事情，照實書寫，還是要儘量去考慮它的奇妙處，這樣讀者才會佩服你的巧思。至於本來就屬於心靈深處的痛，只要輕輕觸及，就痛苦非凡了！只要用心捕捉，人間到處有詩篇。

第十九節　活潑詩意

　　2004 年 7 月 20 日「湄南河副刊」的刊頭詩，是一首容

易引起讀者興趣的詩：

隨便你好了 ╱林煥彰

有一種鳥兒，牠的叫聲
好像有人要欺負牠；

「隨便你好啦！
隨便你好啦！」

可惜，我沒有看到牠
不知牠名叫啥？

　　第一、二段先提示有種鳥兒，叫聲彷彿有人要欺負牠，並寫出叫聲「隨便你好啦！」來證明有這種鳥，以便引起讀者的興趣。

　　第三段澆讀者一盆冷水，正當期待答案的時候，作者說他也不知這隻鳥名叫啥？正因為結果未如預期，這首詩才有可讀性，否則作者告訴你是什麼鳥，一下子情緒由高漲降到零點，詩就不好玩啦！

　　這樣的一首詩，不會呆板，不會了無趣味，是一個生意盎然的生命體。因此蕭蕭在一篇〈如何活潑詩意？〉乙文中曾說：「如何使詩意活潑起來呢？我想應該從許多不同的角度來促成，不只是文字上的修飾，更要注意詩意的成長，以及詩人擷取詩的視境和方向。換句話說，從想寫詩的那一刹那開始，就要注意：不可落入舊的窠臼裏。」（引自蕭蕭著《青少年詩話》·台北·爾雅出版）。前述這一首詩作者在

讀者期望中，擺了讀者一道：「我也不知牠是什麼鳥！」這就是視境和方向的問題，也是不落入窠臼的問題。

2004 年 7 月 22 日的「湄南河副刊」刊頭詩，剛好相反，答案爲讀者所預知，也就是容易猜到，讀來味道就差了一些：

寶座 ／顧長福

站得久了
很想坐

一旦 坐得很舒服
難道還想站嗎

兩段事件中的因果關係，屬於必然性，讀者容易乏味，例如站得久了，當然想坐，坐得舒服當然不想站，沒有意外的趣味性。不過，這首詩也有一個優點，就是平凡平易，留下讓讀者補白的空間，讀者能力越強，詩的奇詭性、巧智性就越高。我就讀出詩中暗示「做平民做久了，也想當官；當官既有權勢又有很多好處，所以就一直想當下去，許多獨裁者當了一輩子的總統不願下來，就是這個道理。」依此類推，這個詩的原型就不再那麼讓你低估其價值。像這種寫法，只要好好去找，一定可以找到更生動、更有創意的寫作題材。

2004 年 7 月 23 日「湄南河副刊」的刊頭詩，就比較生動有趣，甚具巧思，雖然這首詩並沒有意外之處：

我不再孤單 ／林煥彰

我原來只有一盆蘭花；

　　　　我把它放在鏡子前面，
　　　　我就有兩盆蘭花。

　　　　我原來只有我一個人；
　　　　我常常站在鏡子前面，
　　　　我就不再孤單。

　　詩人的巧思，在鏡前放一盆蘭花，因影像關係就變成兩盆。同理，站在鏡子前，與影像為伴，自己就不再孤單。與李白「舉杯邀明月，對影成三人」有異曲同工之妙。

　　前引蕭蕭的同一篇文章中，他就告訴我們活潑詩意的方法：「第一，詩人要能活用自己的機智。第二，詩人的機智要表現在不同趣味的嘗試上。第三，要注意句子中的重要字眼。第四，寫詩不妨誇張。」

　　2004 年 7 月 24 日「湄南河副刊」刊頭詩，是一首可供研究的有趣詩作：

白花生命　／金沙

　　滿樹白花
　　迎送誰？

　　遍地落花
　　仰望盛開的美
　　等
　　化泥成肥。

　　詩人第一段突然點出「滿樹白花／迎送誰？」讓人眼睛一亮，的確滿樹開花，美不勝收，一定是要迎送某人吧？第二段筆鋒一轉，寫到遍地落花，竟然是仰望盛開的美，符合前述要領第一、二項，有機智，且機智表現在不同趣味的嘗試上。此處滿樹白花和遍地落花剛好形成對比。此詩中的「等」是重要字眼，不寫「希望」、「祈願」……等，與春風又綠江南岸的「綠」均是重要字眼；一字之成功，詩的境界全出。此處「等」有「漫長」、「熬」的用意，目的是化泥成肥。落花遍地，等待化泥成肥，目的是仰望盛開之美。作者寫出的作品原型，不但有趣，而且可以擴大解讀。落花為滿樹白花做肥料，士兵為一將功成而萬骨枯……可以無限聯想。這正是我們需要的作品。

　　2006 年 7 月 13 日副刊的刊頭詩，曾心的作品〈詩魔〉讀後，令人一陣震撼！寫詩而有此功力，不論花草鳥獸蟲魚均可入詩，且戲法變化如同孫猴子七十二變；能不令人心驚？心儀？

詩魔 ／ 曾心

本無形無色無聲
敢與七十二變的孫大聖比高低

附花　花說話
附水　水唱歌
附石　石跳舞
附筆　筆底雷聲響

　　詩言志，曾心從這一首詩中，已表達了他寫詩的自我期許，令人欣賞。在台灣，有「詩魔」之稱的自然是洛夫，至今為止，其多變的風格，不停攀越高峰的能力，令人刮目相看。洛夫就曾自負的說：「當我跳進一口水缸／整個世界沸騰起來。」余光中也曾說：「凡我至處，反對之聲必蜂起／皆嗡嗡，皆營營／一團憤怒之雲遂將我圍困／一舉步一個新的戰爭。」女詩人顏艾琳更狂：「我年紀輕輕／已是活著的／神。」（參閱向明《詩中天地寬》台北‧商務印書館出版）曾心也有此雄心，今後當會更加致力於讓花說話，讓水唱歌，讓石頭跳舞，讓筆下風雷響。優秀、偉大的作品，當會源源而出矣！我們拭目以待吧！

　　2006 年 7 月 14 日副刊刊頭詩，方白的作品〈？〉也令人眼睛一亮：

　　　　？　／方白

　　只吃幾口飯，
　　一生太短，一天太長；

　　只說幾句話，
　　兩人太少，一人太多；

　　長長短短，多多少少
　　都是自己想的；誰會管你

　　從題目「？」就十分醒目；問號的詩題可以給讀者很多腦力激盪。是無題？或者請讀者自行命題？或者題目已在詩

中，讀者自己尋找？或者作者心中有許多疑問？很有意思。

　　似乎是一看隱含人生哲理的詩；認爲一生只吃幾口飯，只說幾句話，到底是長？是短？完全是自己想的，別人不會理會？此詩明顯受到西洋搖滾歌曲的影響：「一生能穿幾雙鞋？答案在風中！」人生的感觸也約略相同。不過，西洋歌曲雖也有詩的成分，但畢竟是歌。此詩則在長與短、多與少之間做一辯證，尤其說短的一天反而太長，長的一生反而太短，留下了巧妙的尋思空間；甚佳。

　　2006 年 7 月 16 日副刊刊頭詩，今石的作品〈黎明〉，也是令人再三回味的詩：

黎明　／今石

　　一雙瘦弱之手
　　喫力地剝著蛋殼
　　蒼白對著蒼白；
　　　等待著，深深地等待著
　　渾身裸裎

　　以剝蛋殼、蒼白對著蒼白、渾身裸裎等來描述黎明，生動而有味；甚佳。讀者可以從瘦弱的手開始剝蛋殼去想東方初白的情景，你就可以感受到此詩之佳妙。簡政珍在《台灣新詩美學》〈物象觀照篇〉中如此說：「詩美學應該落實於語言的情境。語言以物象的觀照爲基礎。物象透過文字的觀照方式，是詩美學關注的起點。」黎明的天象，是自然現象，當然也是覃子豪所說的「人生的事象」。春夏秋冬、黎明、正午、黃昏都會帶給人們各種感覺。於是簡政珍接著說：「哲

學家如此，詩人的意識更是接納各種感覺的湧動。詩使草木生情，詩也使生存的世界富於人文的色彩。人和自然律動，自然的真實涵蓋了人的影子。人和人互動，『他者』的世界就有我不能缺席的必要性。物象的觀照實際上是詩人意識的投影。」今石對大地初醒的物象觀照，當然投入了自己的影子。

第二十節　詩法無法

　　我們在前面的賞析中，介紹了很多寫作方法，但任何方法不可硬套，否則即是失敗作品。所有方法都和文學形式一樣，用久弊生，王國維就說：「蓋文體通行既久，染指遂多，自成習套，豪傑之士亦難於其中自出新意，故遁而作他體，以自解脫，一切文體之始盛終衰由於此。」方法亦然，久而自成習套，丈夫不爲也。所有方法存乎一心，運用之妙亦然，方法運用於無形，所謂詩法無法，最爲佳法。

　　2004 年 8 月 9 日林煥彰的短詩〈一片葉子和一個人〉，信手拈來，自成妙品：

一片葉子和一個人　／林煥彰

　　它是一片葉子。是的，
　　它是一片葉子；
　　但我當它是一首詩，
　　一幅畫。

　他是一個人。是的
　他是一個人；
　但我當他是一個流浪漢，
　一個無家可歸的人……

　　詩人看到一片葉子，竟想到一首詩，一幅畫；看到一個人，竟想到一個流浪漢，一個無家可歸的人……。此後什麼也沒說了，好像畫作留白，凸顯出主題。中間「它是一片葉子」重複兩次，「他是一個人」也重複兩次，朗誦起來更增加韻味。詩人什麼也不說，讀者自行去感受，去體會，增加詩的張力強度，增加詩的想像空間，詩人寫詩已到「詩法無法」的境界。

　　有時詩人寫詩，真有所感，寫得雖白，但仍能動人。所謂真情感人，詩的方法就是次要的東西了。2004 年 8 月 9 日的刊頭詩〈明白未來〉就情真動人：

明白未來　／顧長福

　鐘擺　左擺右擺
　世人說　左派右派

　時間最能決定未來
　最終　人們反省後才明白

　　詩人以鐘擺的左右搖擺來敘說政治上的左派右派，誰對誰錯，目前還看不出來，只有時間才能決定未來，人們事後才會明白。然而，當結果明白了，事實證明，人們往往悔之

晚矣！作者有真感觸，直書胸臆，一樣感人。此詩佳妙處在
不論斷誰是誰非，時間會證明一切，明白中仍有含蓄處。

　　同日的曾心作品〈短詩 6 首〉中的〈攔路石〉，寫得十
分有戲劇性，深獲我心：

攔路石　／曾心

　　一塊攔路石
　　擋住我的去路
　　把它踢進河裡
　　哎喲喲
　　當游泳時
　　我腳皮還被它割破

　　攔路石阻礙詩人的去路，把它踢到河裡，竟在游泳時把
詩人割傷，妙趣十足，頗有「是福不是禍，是禍躲不過」的
格言味道。有許多格言俚語，若以具體的事例加以譜詩，趣
味更勝一籌。所以艾略特才會說：「要使你的思想像薔薇一
樣清楚。」以鮮明、深刻的事例去舖寫抽象的思想，是詩的
重要功能之一。

　　另外同一天的苦覺作品《短詩四首》第三首〈紅燈區〉
也寫得十分深刻有味：

紅燈區　／苦覺

　　如果夜色再濃一些
　　那些紅顏色一定壓壞了
　　眾多的夢和飛蛾將蜂擁而至

有幾首詩路過

也，輕輕地

把腳步放慢了

　　紅燈區是什麼地方？大家都知道，如果你寫女人如何妖冶、男人如何紙醉金迷，一點都不意外，但詩人說如果夜色再濃一些，那些紅色比喻色情，將壓壞了眾多的夢，什麼夢？事業、前途……都不計較了，都像飛蛾撲火一樣蜂擁而至；詩人暗示人因此像飛蛾撲火，毀了一生。最好、最妙的是第二段，連詩都放慢了腳步，暗示什麼？這中間可以聯想好多。詩人也想進去？詩人想用詩來敘述這紙醉金迷的人生？寫得夠味道，夠含蓄。詩人在運用各種方法之後，已經存乎一心了，不需要再用什麼明顯的方法，無法之法是最好的方法。

　　過去一段時間，我們一直在談詩的寫作技巧，比如想像、比喻……等，但有些詩作，最可貴的地方，卻在似有似無的技巧。所謂想像力，也不在刻意的搬弄，而是藉由生活現場的意象，所展現的想像力。這樣的作品，往往被忽視。下面我們就來探討一下類似的沒有技巧，而實際上是有技巧的作品。

　　2006 年 3 月 22 日副刊的「刊頭詩」，苦覺的作品〈含羞草〉，就是順手拈來，看似沒有技巧，而技巧就在其中的作品 ——

含羞草 ／苦覺

每次相遇

我會用手輕輕一碰
欣賞貴妃醉酒的模樣

後來，我把它種在陽台上
卻，不敢去碰它

酒，是我的情人

　　這首詩，一開始就用很寫實的手法來寫，第一段，路上遇到含羞草，用手輕輕一碰，它就會縮了下去，作者以「貴妃醉酒」來寫它，只是現場實況描述，卻十分妥貼生動。第二段也是寫實，把它種在陽台上，卻不敢去碰它？你不是常常路上相遇就用手碰它，欣賞它貴妃醉酒的樣子？這就是作者看似無意，其實是有意留下的想像空間，讓讀者有回味的地方。第三段只有一行，「酒，是我的情人」，不碰它，那就喝酒吧！讀者心中更多「為什麼？」這樣就形成了小說情節的功能，讀者就對這首詩產生高度的興趣了。所以詩有時不必太在意技巧，只把你所見的現場意象，順手捕捉一些，加以妥當安排，自然成為一首十分耐讀的詩。

　　2006 年 3 月 23 日副刊的「刊頭詩」藍涵馨的作品〈迷失的羊〉，也是一首把實際場景中的意象，加以妥當安排而成的詩。

迷失的羊 ／藍涵馨

寒風撕裂白雲成雪
寒風裁剪，白雲成衣

> 披上白雲
> 我是人群中
> 一隻迷失的羊

　　寒風、白雲都是實際的場景意象，再加上作者的心情，此時寒風變成實際的生活苦況，白雲也成為環境的意涵，加上作者的心情，一首詩便自自然然產生了。迷失的羊，點出作者的心情。讀者可以感到作者的徬徨無依。這樣少的東西，卻可以讓讀者聯想成一篇小說或一場戲劇。沒有技巧，其實技巧大矣！

　　2006 年 3 月 25 日副刊的刊頭詩，依依的〈魚〉也是一首看似寫實，其充滿暗示的詩：

魚　／依依

> 河道汙染
> 如何透氣
> 且向河底去
> 看碧波深處
> 可有淨水

　　這樣的作品最容易被忽略，表面上看，似乎沒有什麼技巧，只因河道汙染，魚無法透氣，只好向河底碧波深處去尋找淨水，如此而已！但這樣的寫實，把魚的生存困境用來暗示人類生活困境，或其他生物的生存困境，可以「以小喻大，以有限暗示無限」，正是這首詩成功的地方。把你日常所見

所感，選幾個點寫出來，用現場場景的意象，展現出看似平凡的想像力，其實，正有無限成功的可能。

第二十一節　借物抒感

借物抒感是最常見的寫詩方法，並且常常有清新可頌的佳構出現。2004 年 8 月 15 日「湄南河副刊」的刊頭詩 ——〈曇花〉就是一首耐人尋味的小詩：

曇花　／依依

絕世姿容
幽幽異香
卻悄然綻放在夜空下
是怕紅塵喧鬧
是怕蜂圍蝶繞

詩人以曇花在夜晚開放的特色，借喻一位遠離「紅塵喧鬧」、「蜂圍蝶繞」的高潔人士，讓人對他的「絕世姿容」、「幽幽異香」產生崇仰欽羨的心情，尤其他「悄悄綻放在夜空下」並不企望人們欣賞，或抱怨人們不懂欣賞的心志，詩所留下的想像空間，十分巨大。很多自認「懷才不遇」，抱怨「明月照溝渠」的人士，應有所感。

2004 年 8 月 16 日的楊學賢作品〈白蓮〉，也是一首借物抒感的好詩：

白蓮 ／楊學賢

一彎鉤月

垂入我的水池，

想釣魚嗎？

今晚青蛙鳴叫，

魚群聲聲哭訴；

誰是誰非？

我是一朵白蓮，

什麼也不願過問。

　　詩人明指自己「是一朵白蓮」，對「青蛙鳴叫」、「魚群哭訴」不願過問，顯然是獨善其身的人，以之來歌詠「白蓮」的特色，十分吻合；以「白蓮」出污泥而不染的特色，來說明詩人的孤高，亦十分合宜。

　　詩的起首三行寫得很有意思：「一彎鉤月，垂入我的水池，想釣魚嗎？」詩人以此來暗喻別人打擾他的平靜世界，然後引出自己像白蓮一樣高潔的心志，寫得很好。

　　2004 年 8 月 20 日的短詩〈聽海〉，寫得十分悽惻纏綿，令人心痛：

聽海 ／楊慧思

當你心痛的時候

千萬呼喚我

我願傾聽你的沉默

那裡面全是無言的歎息

　　將一切拋給大海
　　浪花能淘盡心靈的塵垢
　　永遠為你守著一個幻夢
　　伴你宿醉不醒

　　詩人以海的心情呼籲心痛的人「千萬呼喚我」，海願意
「傾聽你的沉默」，此句為非常好的矛盾語，無理而妙，沉
默不語如何傾聽？海可以瞭解你沉默的悲痛，因而可以傾聽
到你的心聲—「無言的歎息」。海希望你將一切拋給他，他
將用「浪花淘盡你的心靈塵垢」，「為你守著一個幻夢」，
「伴你宿醉不醒」，正所謂一醉解千愁。詩人不寫自己的悲
痛，反而以海來發聲，來說安慰的話題，表面不顯得悲痛，
而悲痛正在其中。

　　有時寫詩在一陣「頓悟」之後，比如 2004 年 8 月 20 日
的「湄南河副刊」的刊頭詩〈愛的名字〉，就是「頓悟」後
一擊中的好詩：

愛的名字　／林煥彰

　　當我變成你喜愛的
　　巧克力；當我被你
　　含在嘴裡；當我
　　被你的心融化 ——

　　親愛的，我懂了
　　為什麼愛的名字叫奉獻

詩人在吃巧克力的時候，當巧克力慢慢在嘴巴融化，突然「頓悟」到，那不是「愛」嗎？當你被愛人深愛著，就如同一顆巧克力含在愛人口中，慢慢融化，於是愛人感到一陣甜蜜，此時作者，又有更深一層的「頓悟」——「我懂了，為什麼愛的名字叫奉獻」。作者寫詩功力，已到爐火純青的地步，舉凡生活中的愛、種花、整地均可入詩，且自成一格，自成一家之言。

2004 年 9 月 17 日「湄南河副刊」的刊頭詩〈落葉〉，是一首借葉的風蝕雨漬來抒寫人生歷盡滄桑的苦況沈淪，然後轉化為另一次重生的丰采，韻味十足，是一首可以多方聯想的好詩——

落葉 ／范模士

一聲不響
隨風而去
投奔另一種生命的旅程
經多少年的風蝕雨漬
終活化成片片青苔
展現沈淪後重生的丰采

范模士這一首詩表面寫落葉，「一聲不響／隨風而去」是事實的白描，但「投奔另一種生命的旅程」，就是作者賦予的形象概念；「經多年的風蝕雨漬」，可能是事實，例如森林中的落葉，堆積多年；也可能是虛構，借以轉化暗示人生的苦況磨難；「終活化成片片青苔」就有跳躍的思考，青苔未必為落葉所活化，但因落葉無人行走，日久生苔，終於

「展現沈淪後重生的丰釆」，以之暗示生命經歷飄零、衰敗、腐化、沈淪……然後以另一生命如青苔之再生。這種想像力是寫詩的重要才具，因此詩人白靈在他的〈想像的黑箱〉乙文中如此說：「詩之不同於一般語言，是因爲必須經過『尋』字或『尋』意的過程。它不能把經驗直接呈現出來，而必須經過一番想像或轉折。此想像或轉折的努力程度越高，就越有可能成爲一首好詩，反之，如果努力程度越低，讀者將會很難想像那會是什麼好詩。我們前面說過，詩歌創作最重要的原理或途徑只有八字：虛則實之，實則虛之，白話一點就是，明明要寫這個，偏偏用另外的方式寫它，有點『聲東擊西』之意。因此寫詩是一種文字的迂迴政策，它要達到的目標不以直線而以曲線達到。」（引自白靈《一首詩的誕生》頁 125・台北・九歌出版）人生的苦況十分抽象，以落葉之飄零蝕漬之實況出之，浴火重生也十分抽象，以青苔再生之丰釆出之，這種迂迴政策成功了一首詩的可讀性，如繪畫月亮，以雲彩襯托之同樣道理，也就是金聖嘆論詩：「欲畫月也，必先畫雲，意不在雲也，意必於雲焉。雲病，即月病也。」通透其中道理，自可成一家之詩。

　　然而，工業化的社會，大家都很忙，很少有時間花心思去體會一首再三轉折的詩，因此有漫畫幽默功能的小詩應運而生，例如 2004 年 9 月 26 日「湄南河副刊」的刊頭詩 ──〈有的〉，即是佳例 ──

有的　／苦覺

有的狗
吃人的食物

睡人的床
有的人
吃狗的食物
睡狗的窩

　　苦覺這首〈有的〉，雖然淺白易懂，沒有什麼轉折，但讀後卻讓人會心一笑。一般人都知道，富有人家的狗，比窮人家的孩子還要來得寶貝，但只有這種道理出之以普通的話，吸引不了讀者，無法讓人印象深刻；苦覺以「有的狗／吃人的食物／睡人的床」對比「有的人／吃狗的食物／睡狗的窩」，顯然生動幽默有趣多了。

　　這種深具巧思的詩，2004 年 9 月 27 日的「湄南河副刊」刊頭詩又有一首，仍然是抓住問題的核心，以最淺顯易懂的語言，讓人拍案叫好 ——

喝酒流淚　╱若萍

失意喝酒　　得意也喝酒
除了喝酒
他沒有別的表達方式
傷心流淚　　高興也流淚
除了流淚
她也沒有別的表達方式

　　若萍這首詩詩題〈喝酒流淚〉，果然詩的內容也祇有喝酒流淚兩件事。第一件事喝酒，「失意」、「得意」都喝酒，除了喝酒沒有別的表達方式，看似單純，其實字裡行間也可

讀出：「難道就沒有別的表達方式？」

同理，「傷心」、「高興」都流淚，除了流淚也沒有別的表達方式，但是作者心中的疑問：「難道真的就只有這種表達方式？」意在言外，令人激賞。

詩在一番深化、難化、小眾化之後，許多人深以為苦，並紛紛以淺白、有意思、巧思出之，張默就曾評渡也的詩，說了下面一段令人深思的話：「渡也創作詩的理念是：『推翻六、七十年代的詩的語言，重新塑造一種新的平易的語言，並且迅速有力地擊中鵠的』。作者長於巧喻，製造戲劇氣氛，利用透明俐落的語言，以虛化實，驟然轉折，期能達到他所創造的冷冽、率直、而又深情的效果。」（引自張默著《台灣現代詩概觀》頁 344．台北．爾雅出版），最近「湄南河副刊」的刊頭詩，頗多「長於巧喻，製造戲劇氣氛」的佳作，誠如金沙先生所言「小詩成大器」（2004 年 7 月 7 日「湄南河副刊」），在主編、詩人的努力下「已成了氣候」。不過，我還是希望看到更多「新手」出現，惟有「新手」才有「活水」，有識之士，盍興乎來！

第二十二節　詩中的音樂性

余光中在第十五屆世界詩人大會發表了一篇主題演說〈繆思未亡〉文中談到：「繆思之病不只一端。例如直到今天，仍有不少人訴苦，說不懂現代詩，或是勉強懂了，仍不覺其美。這問題由來已久，非我此地所能詳談。我從來就不認為文學要大眾化，另一方面，也不認為現代詩人一定會抱

住為繆思殉教的精神、嚴選甚至嚴拒其讀者。我的立場中庸得似乎矛盾：既不相信民主，也不自命貴族。我的立場是『小眾化』，從未改變。」

又說：「如果連小眾化都做不到，那現代詩的困境就不能完全怪罪社會，而要自我反省，找出本身有什麼缺陷。讀者排斥現代詩的原因不一，但是聲調的毛病應該是一大原因。數十年來，現代詩藝的發展，在意象的經營上頗有成就，卻忽視了聲調的掌握。在台灣四十年來的現代詩壇，重意象而輕聲調的失衡現象，尤為顯著。」可謂一針見血，一語道破當前新詩的困境。

而所謂聲調並不是像古詩在字尾押韻，而是字裡行間自然的節奏，如2005年10月1日的刊頭詩〈腳步〉，即是讀來十分順暢的詩，字裡行間自有節奏，不會拗口：

腳步 ／博夫

經過了就是經過了
無須懷疑

腳步像荒草蔓延在草原上
多麼想用一個腳步的停頓追回所有的時光

當你念到末兩行，真的腳步自然停頓，停下來一想：「我這樣做錯了嗎？發生就已發生了，追悔何用？」頗有追悔無用之哲理。

2005年10月2日的刊頭詩金沙的〈尋覓〉。

尋覓　／金沙

朦朧中尋覓
返來復去
黑白天地裡
無歸處

依然那音容
代人入夢

　　讀來節奏簡短鏗鏘有力讀來果然顯出尋覓的匆忙腳步聲，前三句押了韻，更加深一開始急著尋覓的匆忙。

　　余氏在前揭演說中又說：「詩與音樂的關係不但深長，詩本身的風格、結構、感性等等也有賴聲調的配合。尤其是格律詩，音樂性更強，如果只是默看而不吟誦，就難以充分體會、全神投入。」如果一首歌或曲子，光看不唱、不演奏，就不知成什麼樣子？

　　2005 年 10 月 26 日刊頭詩，利用排比的句法，讀起來節奏更有力道：

不要忘記　／摩南

不要忘記，不要忘記！
你曾經朗讀詩書，
你曾經口若懸河，
你曾經高歌漫舞，
你曾經輕盈玩太極，

今天為何垂頭低首。

節奏自然有力，詩的意義馬上進入腦海，永不忘記。

所以余光中在演說的結尾又說：「現代詩的音調上亂象再不挽救，則不但大眾化無緣，也許有一天，小眾化也會不保。繆思未死，卻病得不輕。」（以上所有引文，均出自余光中著《藍墨水的下游》一書，台北，九歌出版）

第二十三節　巧　思

2004 年 7 月 5 日「湄南河副刊」刊出了老詩人紀弦的手稿〈又見黑貓〉的散文詩，讀來親切感人，充分寫出詩人的純真和他的仁民愛物胸懷，尤其詩人對貓的愛，竟然到了日夜懷念的地步，叫人讀之，愛不釋手。詩人林煥彰為老詩人的手稿配上一幅黑貓的水墨畫，神秘迷人，又和上一首 20行的短詩〈偷窺的貓臉〉，描寫了詩人與貓互相偷窺的有趣情形：

偷窺的貓臉　／林煥彰

偷窺的貓臉，被我看到
牠沒發出任何聲音；
只一臉無辜，仍然端坐在窗台

其實，我也不是有意的
看就看嘛，其實也沒有什麼關係

我只不過例行澆澆花
整理整理盆栽，偶爾也瞄一下下
左右鄰舍的窗台，當然
我是不會像牠一直盯著某一個點

這隻鄰居的虎斑貓，牠習慣
輪流坐在兩座不同方向的窗台上；
一座可以看到我在沙發上背對著牠，閱讀什麼
一座可以看到我在陽台上漂浮移動，弄弄花兒
所以，我也很容易不小心就看到牠

白天，牠的主人是不在的
牠要看我多久，就看多久
我是不會在意的。
我也不是，經常，有事沒事，
就學學牠，瞄牠一眼
偷窺的貓臉。

　　這首詩表面上好像只描寫鄰居窗台上的貓和詩人之間的
關係，其實貓有時候只是暗喻，牠可能是一位「心儀已久，
默戀的人」，有時只互相偷窺，甚至觀察彼此的一舉一動，
咫尺天涯，默默不得語，也是一種苦況。詩人也可能借用與
貓之間的互相偷窺，來書寫內心的孤寂，心情的起伏變化。
我認為寫詩要寫到這種似乎意有所指，又似乎什麼也沒有說
的地步，沒有幾十年的功力是辦不到的。我每讀一次，都有
一次不同的體會。有時，似乎詩人在導覽他的心情，導覽他

的日常生活；澆澆花，有意無意間偷瞄一下鄰居，這是凡人的生活。有時我又感受到那隻貓是至高無上的藝術之神，不時與詩人對望，那不是詩人的日夜渴望的成就嗎？一首詩，每讀一次，都有一種不同的體會，那應該是最理想的詩篇。

所以，2004 年 7 月 8 日「湄南河副刊」的刊頭詩─〈詩〉，就一把緊緊的把我抓住：

詩 ／瀟郁

> 夢中　抓住了她
> 醒時　卻遺失了題目

真是寫盡了「詩」的神奇與奧妙。只要寫過詩的人都會對這短短的兩行詩發出會心的微笑。許多人苦候詩的靈感不至，而她往往在夢中到來，醒時卻一片空白，連題目都不見了！妙！深獲我心。

我在讀過瀟郁的〈詩〉之後，再回頭讀林煥彰的〈偷窺的貓臉〉，心中更是感想萬千。林煥彰能和鄰居的一隻貓互相偷窺，並且詩人也知道從兩個不同角度偷窺詩人，觀察事物到了無微不至的地步。即使不含任何暗示，光寫這種貓與人的感情，就十分感人。向明在回答一位年輕人問：「詩人和寫詩的人到底有何區別？」時回答是這樣的：「詩人與寫詩的人或詩匠最大的分野便是一個一味天真的去寫，不求每寫必有創意；一個是被世俗牽著鼻子去寫，常常自作應聲蟲。」（引自向明著《新詩 50 問》，台北·爾雅出版）

詩人把身邊的瑣事，加以詩化處理，紀弦不但寫得溫馨感人，林煥彰也娓娓道出人與貓的神秘互視，這種詩人戲稱

「偷窺」的事件，仍然是溫馨感人的。至於因此而寫出來其他的寂寞心理刻劃，詩神在冥冥之中與詩人的互動，就是意外的收穫。詩就像瀟郁寫的往往你在夢中才能抓住她，這也是十分神奇的。洛夫就曾經信手寫了一首〈有鳥飛過〉，獲得無數愛詩人的掌聲，他十分意外的說：「真的，只見一隻鳥飛過，我就信手寫了下來而已！」可見詩有時就像鄰居的貓，你不小心偷窺到了，你就因此而寫了一首好詩。

　　詩人洛夫在他的抒情詩選集《眾荷喧嘩》自序中說：「年歲漸增，心境日趨平靜，筆觸也就冷雋多了，有段時期曾側重抒情小詩的經營，每當靈感驟發，某一意象如流星閃過夜空，順手拈來，即得一首，儘量避免大題材的鋪陳，語言刻意的雕飾 ── 其特徵在於語法單純，意象明晰，而基調大多輕柔低沉。」像這樣「語言單純，意象明晰」的作品，仍為多數人所喜歡，證之「湄南河副刊」的刊頭詩，應是可以繼續努力經營的抒情小品。

　　舉 2005 年 4 月 4 日苦覺的作品為例，正是這種頗見巧思的作品：

2 月 14 日　／苦覺

　　你把玫瑰的花收下了
　　卻把倒勾的刺
　　退給了我

　　許許多多的花
　　把夜的臉妝紅了

　　爲什麼說此詩「頗具巧思」？「2月14日」爲西洋情人節，作者不寫「情人節」做題目，而寫〈2月14日〉，可能要讓讀者稍爲想一想：「爲什麼寫2月14日」？是日記嗎？還是什麼特別有意義的日子？

　　再看內容，「你把玫瑰的花收下了」，哦！原來是情人節，要送玫瑰花，花這麼一送，不就「從此過著幸福快樂的日子了」？嘿！你「卻把倒勾的刺／還給了我」；好的你帶去，痛苦留給我。

　　末段作者避開自己的敘述，只寫「許許多多的花／把夜的臉妝紅了」；所有的人都在過情人節，而我呢？斯人獨憔悴，留下了很大的想像空間，這就是巧思。寫短詩，巧思是十分重要的成功因子。

　　再舉2005年4月6日的方白作品，也是頗具巧思的佳作：

期待　／方白

05：10，我睜開眼睛
太陽打開天地之門；

我打開手機，
輸入密碼：
08161939

　　題目〈期待〉，作者卻只在詩中寫了兩件事：一件是「我睜開眼睛／太陽打開天地之門；」另一件是「我打開手機，／輸入密碼」，兩件事都各有「期待」；至於期待什麼？作者沒說，讀者將因個人因素，而讀出不同的結果，這就會造

成詩的豐富性。

再看 2005 年 4 月 7 日雨村的作品：

鼠輩 ／雨村

在老鼠的國度
老鼠的行為
永遠正確

雨村這首詩是哲理詩，以「老鼠的國度」、「老鼠的行為」、「永遠正確」，來抽樣敘述人生的許多道理，至於什麼道理，作者沒說，讀者自己去聯想。比如兩個敵對的陣營，同一件行為，自己的人所做就正確，別的陣營若做了同一行為，就引用很多道理去批評；其他不再一一列舉，讀者自行聯想。像這樣頗具巧思的作品，畫成漫畫，一樣十分吸引人。

2005 年 4 月 11 日楊玲的短詩 2 首，也寫得很有意思：

人 生

人生
就像一個圓圈
起點即終點
走了一圈
畫了個圓

感 情

變了質的感情
成了負累

愛人的痛苦

被愛的苦痛

　　楊玲這兩首短詩，第一首〈人生〉，先以「比」的方法寫「人生／就像一個圓圈」，再以「賦」的方法寫「起點即終點／走了一圈／畫了個圓」，證之真實人生，誠不虛言。

　　第二首〈感情〉，寫「變了質的感情／成了負累」，妙在後面兩句：「愛人的痛苦／被愛的苦痛」，痛苦與苦痛意義相同，卻有文學變化技巧的功能，讀來頗有意思。

　　詩人羅門在〈詩的預言〉一文中說：「做為一個創作者，他必須在人類已創建的境域中，為未來的增建工作，做種種可能性的探索與努力。」（參見《創作心靈的探索與透視》，羅門著，台北，文史哲出版）、

　　詩評家陳芳明教授在評杭約赫的十四行詩並未突破馮至所建立的成就時說：「全詩的意義，自始至終停留在平鋪直敘，並沒有提升對生命思考的層面。」（參閱《典範的追求》陳芳明著，台北，聯合文學出版），泰、印華詩人在書寫時，一定要以它引以為戒。

第二十四節　深入淺出

　　2004 年 9 月 3 日「湄南河副刊」刊出老詩人紀弦的「新作兩題」，語言淺白，平凡中見奇譎，是詩作的上品，先看看第一首

年老的大象　／紀弦

年老的大象
無論走了多遠，
一旦病重，自知活不久了，
就會馬上回頭，
回到牠小時候喝水的地方，
靜靜地死去。
至於我，我不也是一個
懷鄉病的患者嗎？

我在地球上散步，
從一個洲到一個洲，
從一個國到一個國，
從一個城到一個城，
看山，看水，看花，看樹，
看那些動物，看那些女子……
到如今，已經沒有什麼好玩的了，
就很想回到揚州，

去看看瘦西湖的風景。

　　年過 90 的老詩人，自比一隻「年老的大象，無論走了多遠，一旦病重自知活不久了，就馬上回頭，回到牠小時候喝水的地方，靜靜地死去。」對人生的體悟，既真切且深刻；所謂落葉歸根。老詩人又說：「至於我，我不也是一個／懷鄉病的患者嗎？」以大象回到小時候喝水的地方，引出自己回鄉的渴望。末段寫自己在「地球上散步」「從一個洲到一

個洲／從一個國到一個國／從一個城到一個城」，走遍千山萬水，還是自己出生的地方最可愛；他「看山，看水，看花，看樹／看那些動物，看那些女子……」看盡世間的人事物後，終於覺得「到如今，已經沒有什麼好玩的了，／就很想回到杭州」，回到詩人出生的地方。最後一行特別突出，自成一段：「去看看瘦西湖的風景。」把一個離鄉多年的老人心情，刻劃得淋漓盡致。

再看第二首〈向壞人致敬〉，寫得幽默有趣，反諷效果奇佳 ——

向壞人致敬 ／紀弦

向壞人致敬
為什麼？
難道是為了幾片麵包乎？
多麼的不合邏輯！
而總之，此乃一金句也。
其面部之表情，其鞠躬之姿態，
小丑一般，很可欣賞。

但我不得不向那些好人提出抗議，
因為他們不讀我的詩，
也不曉得我是老幾，
除了炒幾家股票，競個選，打打高爾夫球，
就是陪女人睡覺。

後記：「向壞人致敬」這一金句，見瘂弦傑作〈深淵〉一詩中。

　　這首以反諷手法寫成的詩，讀來趣味橫生。原來要討厭、咒罵的壞人，竟讓詩人致敬，作者說：「難道是爲了幾片麵包乎？／多麼的不合邏輯！」爲了麵包向壞人致敬，爲了升官發財向壞人致敬，作者覺得「多麼的不合邏輯」，但事實上還是很多人如此做了，筆下有不屑、不忍、不願但不得不爲之的痛心。作者反諷這些向壞人致敬的人「其面部之表情，其鞠躬之姿態，／小丑一般，很可欣賞」；小丑、小人之姿態居然可欣賞，而且「向壞人致敬」居然也成金句，諷刺到極點。

　　末段反諷得更厲害，那些不讀詩、不知詩人是誰，只知炒股票、競選、打高爾夫球、陪女人睡覺的「所謂好人」，作者終於提出抗議。詩至此打住，令人愕然！

　　紀老這兩首詩已臻爐火純青之化境，看似信手拈來，卻是令人感受深刻的好詩。目前許多詩作，故作高明狀，令讀者敬而遠之；林于弘在他的《新詩分類學》乙書中慨乎言之：「詩是一種『精緻文化』（elite culture），在文學範疇中向來隸屬『小眾』，甚至有人戲言，詩的創作者比讀者多。以台灣 1988、89 兩年的統計爲例，新詩類的著作只占有文學出版品的 6%左右。尤其在解嚴後，伴隨後現代主義的興盛，不少詩人恣意玩弄後現代的書寫策略，形成：『文類界線的泯滅』、『後設語言（metalanguage）的嵌入』、『博議（bricolage）的拼貼與混合』、『意符的遊戲』、『事件般的即興演出』、『更新的圖像詩與字體的形式實驗』與『諧擬（parod）大量的被引用』等詭異現象。這不僅讓大多數的讀者望之卻步，甚至不少詩人也無法苟同。」（引自林于弘著《台灣新詩分

類學》頁35〈疏離群眾，曲高和寡〉·台北·鷹漢文化出版）
許多詩人、刊物編輯，把新詩帶入死巷，令人憂心。紀老是
新詩的先行代，曾對現代詩付出甚多心力，貢獻卓著，如今
寫了這麼淺白、寓意深遠的詩，毋寧是一種「示範」？

第二十五節　留　白

　　向明最近一年寫了一百首六行，總題「靜觀自得」，已
在《台灣詩學》學刊第三號發表了50首，題爲〈生態靜觀〉，
寫來得心應手，幾乎已到「水到渠成、詩法無法」的境界。

　　2004年9月8日、9日「湄南河副刊」各刊出乙首，讀
後眼睛爲之一亮。先看第一首：

靜觀自得（1）　／向明

　　一把槳拿在手裡
　　一隻眼瞄向前方

　　船要開不開全在一唸之間
　　盼只盼迷霧不來
　　不會遇到險灘
　　你我不會爭作船長

　　短短六行詩，把台灣目前的政治氛圍，描寫得淋漓盡致。
以行船比喻掌握國家的方向，妙！此時船長「一把槳拿在手
裡／一隻眼瞄向前方」，架式十足，威風凜凜；「船要開不

要開」全在他的一念之間！此時船上的人，只能「盼只盼迷霧不來／不會遇到險灘」，大家平安共渡，然而船上的人都能如此安份嗎？看他「威風凜凜」，有沒有起「大丈夫當如是也」的念頭？會不會大家爭著做船長？小老百姓的心聲，有誰聽見？這樣的詩，放在任何時代、任何地方，都可以讓人「感同身受」。像這樣的內涵，小說家可能要花上千百個字或寫上一本書，而詩人信手拈來，竟然讓人沉吟再三。

再看第二首：

靜觀自得（2）／向明

若問黑暗有多長
火柴和火把的答案
肯定不一定

肯定會一樣的是
縱灰飛煙滅耗盡全身熱量
最後都仍然走進黑暗

這一首詩深含哲理，意思是火柴雖短，火把雖長，在灰飛煙滅之後，都一起走進黑暗，成功也吧，失敗也吧！成就不論高低；大家的結局都一樣，皇帝和乞丐，最後都免不了「飛灰煙滅」！像這樣體悟深刻的詩，以火柴和火把的長短比喻，既深刻又有味，詩人花盡心思寫了一百首，讀者何其幸運！

2004 年 9 月 28 日「湄南河副刊」的刊頭詩，是一首留白恰當，好像一幅水墨小品 ──

荷 ／杜子

佇立水塘中
那朵含苞的荷花

在孤寂中
吐露懷春的
紅

　　先寫場景是一個水塘，主體是一朵含苞待放的荷花，第
二段點出荷花的心境；「在孤寂中／吐露懷春的／紅」，詩
就此作結，讓人回味再三。這種留白的技巧，原在繪畫中普
遍被運用，書法中亦然，除了突顯主題，留下讓讀者有想像
空間外，亦可造成虛實相生的妙境，製造「期待閱讀」的心
理，滿足讀者好奇的探索。宗白華在《美學散步》乙書中說：
「中國藝術家不肯讓物的底層黑影填實了物體的面，取消空
白，而是直接在一片虛白上揮毫運墨，用各式皴擦表示物的
生命節奏，同時借取書法中的草情篆意或隸味表達自己心中
的韻律，所給出的是心靈所直接領悟的物態天趣、造化和心
靈的凝合。」（引自宗白華《美學散步》p69，上海人民出版
社，此處轉引自陳仲義《現代詩技藝透析》頁 214，台北，
文史哲出版），此處的空白即留白之意，乃使詩產生「言有
盡而意無窮」之意。

　　2004 年 9 月 29 日「湄南河副刊」的刊頭詩，也是一首
頗具巧思，適當留白的作品 ——

報案　／楊玲

年華　如水
紅顏變白頭
誰偷去青春
我要　報案

　　作者以〈報案〉爲題，深具巧思。「年華如水／紅顏變
白頭」，作者竟然高喊「誰偷去青春／我要　報案」。令人
讀後爲之莞爾。

　　這首詩〈報案〉爲題，然而失掉青春要向誰報案！無理
而妙，幽默之至。

　　題目訂得妙，詩就好了一半。向明最近一連寫了七篇〈詩
題趣談〉引證古今詩人高論頗適合喜歡的人認真考究。其中
第七篇〈題高則詩高，題矮則詩矮〉，引證鄭板橋家書中的
一段詩話，頗值得參考：「作詩非難，命題爲難；題高則詩
高，題矮則詩矮，不可不慎也！」少陵詩高絕千古，自不必
言；即其命題，已早據百尺樓上矣。通體不能悉舉，且就一
二言之，哀江頭，哀王孫，傷亡國也。新婚別，無家別，垂
老別，前後出塞諸篇，悲戍役也。兵車行，麗人行，亂之始
也。遠行在所三首，慶中興也。北征，洗兵馬，喜復國，望
太平也。只一開卷，望其題次，一種憂國憂民，忽悲忽喜之
情，以及宗廟邱墟，關山勞戍之苦，宛然在目；其題如此，
其詩有不痛心入骨者乎？（引自向明〈詩探索〉，人間福報
副刊，2004 年 10 月 14 日）楊玲顯然已掌握訂題之其中三味
了！

這一年多來，我讀到不少籬子的短詩，對她的寫作技巧，尤其是留白的功夫十分佩服。2005 年 1 月 16 日「湄南河副刊」的刊頭詩，就是一首很適合分析寫作技巧，供有志寫詩的人參考的一首佳構：

孩子眼裡的星星 ／籬子

你看到嗎？在孩子們
黑黑亮亮的眼睛裡面
有著小小的星星
還有一條遙遠的星星之路

你已準備好了遼闊的天空
讓他們飛翔嗎？

當你想寫「孩子是我們的希望」，要為他「開拓寬廣的人生之路」的詩時，你便會想到許多句子，例如：「生命的延續、人類的希望、快樂的泉源」等等，不一而足。羅列出來之後，再檢驗它們是否老生常談？是否別人意想不到？一般說來，我們常會看到老生常談，不新奇，沒有創意的詩句，因此創造奇語奇境，讓人拍案叫絕就顯得十分可貴。

籬子在努力搜尋之後，終於把「人類的希望」的抽象語言，化為具體的意象語：「小小的星星」，這樣就鮮活生動多了，找到了這樣的意象之後，「星星之路」、「遼闊的天空」、「讓他們飛翔」就應運而生；所以在找到題材之後，先把你想寫的羅列出來，然後轉換一些說法，尤其是別人不常說，最好沒有說過的。籬子這首詩，基本上寫得不錯，但

還沒有到別人完全沒有說過的地步，應還有努力的空間。

　　2005 年 1 月 18 日「湄南河副刊」的刊頭詩，也是一首可以提供寫作參考的佳構：

海嘯來時　／苦覺

發情了的浪濤
突然
猛吻岸邊

萬萬千千的夢
忘了
回家的路

　　這真是一首令人拍案叫絕的好詩。當一般人只寫狂浪排山倒海而來的時候，苦覺寫「發情的浪濤」；只有發情，才會突然「猛吻岸邊」，把狂浪經過變化，一下子就生動鮮活起來。當一般人都寫「死了千千萬萬、海邊屍橫遍野」，苦覺寫「萬萬千千的夢／忘了／回家的路」多鮮活，多生動。這就是寫詩的功力。白靈在〈詩的策略說〉一文中如是說：「寫詩不光是一種語言的策略，也是情思的策略。……詩未完成時，無法預測這首詩會是什麼面貌，『一句數日得』是這時期寫詩的特點，追逐的是奇語，要擺脫的是常語。」（參閱白靈《一首詩的誕生》台北，九歌出版）苦覺的詩，正是能夠常常給我們無比驚奇的佳作。

　　不過，常語也能化為奇語，常境也能化為奇境，那就看詩人的寫作功力了。2005 年 1 月 19 日「湄南河副刊」的刊

頭詩，就是一首這樣的好詩。

歸 0 哲學 ／林煥彰

死亡是一種圓滿；
出生時，一切都是
父母、天地給的；
包括生命、智慧和人情

人生是負債的，走時
一切歸０；感恩！感恩！

這是一首對生命徹悟的好詩，把「死去原知萬事空」的抽象觀點化爲具體的「一切歸０」；中間抽樣寫出一些尋常事。如「出生時，一切都是／父母、天地給的；包括生命、智慧和人情」，簡單幾筆，寫盡了人生的樣貌，而「死亡是一種圓滿」、「人生是負債的，走時」又能充分領悟人生，使一些爭名奪利的人看了，或許會靜下心來想一想：「我這樣做到底是爲了什麼？」這種能「自常境中入，由奇中出」的功力，也只有洛夫的詩差可比擬；「洛夫新禪詩的可貴在不隔、深化、對生命的全面觀照。」（參見沈奇〈評洛夫禪詩〉台北，天使出版社出版）林煥彰往往在信手拈來之間，提供我們許多示範性的佳構。

第二十六節　邏輯辯證

2004 年 10 月 15 日「湄南河副刊」的刊頭詩，是首有趣的邏輯辯證題：

有問題　／林煥彰

如果所有的問題
都沒有問題，
那還有什麼問題？

有，有問題
有問題之外的問題！

　　林煥彰首先提出：「如果所有的問題，都沒有問題，那還有什麼問題？」似乎已經完成論點，但第二段接著：「有，有問題／有問題之外的問題！」令人意外，完全歧出了我們的傳統思維。這首詩利用「問答法」來完成。陳仲義在論〈詼諧：滑稽、諧謔、微諷、幽默。〉一文中對「幽默」有如下的論述：「幽默也是構成詼諧的一個重要元素，幽默的成因是價值的錯位。事物的發展與結果都有自身內在邏輯，幽默就是有意歪曲、扭轉其內在邏輯指向，把它引入『歧途』。當結果與正常的預期發生令人料想不到的『誤差』，幽默就產生了。」（引自《現代詩技藝透析》台北·文史哲出版）林煥彰這首詩，十分幽默成功。

2004 年 10 月 21 日「湄南河副刊」的刊頭詩，也是一首「問答法」完成的佳作：

天空是誰的 ／方白

每隻鳥都有一對翅膀；

翅膀，屬於飛翔
飛翔，屬於天空
天空是誰的？

天空是自由的。

方白這首詩先利用我們提過的「想像法」去完成第一段，由「每隻鳥都有一對翅膀」想起，然後聯想到「翅膀，屬於飛翔」，平淡無奇再聯想到「飛翔，屬於天空」，仍然平淡無奇，直到「天空是屬於誰的？」才吸引了讀者的注意力，末段只有一句是答句：「天空是自由的。」瞬間使讀者眼睛一亮，十分驚奇，有撥雲見日之效。像這樣的詩，需要具有巧思。

下面 2004 年 10 月 28 日「湄南河副刊」的刊頭詩，就是具有巧思的佳構：

爆米花 ／辛牧

我睡著
又實又沉
我醒來

又胖又虛

這首詩只有四行 14 個字，卻讓人讀後會心一笑。利用爆米花的由玉米 —— 實又沉的外形，再經過加熱爆成胖胖鬆鬆的玉米花，然後巧手完成一首詩。辛牧是台灣資深詩人，順手拈來自成妙品。當然這只有表面意義，一般讀者都可想到、體會到。至於再深入思考的其他意義就看讀者的功力了。

2004 年 10 月 27 日「湄南河副刊」的刊頭詩，是一首需要再三研讀深究的詩：

歷史 ╱碧果

那人的面孔由典律中走來
河　已是另類之河了。因

岸上
有夢，被夜虛構了
成為　樹，如何風雨的　延續

碧果是台灣前行代的名詩人，一向有自己獨特的風格，詩作外形特殊，例如〈靜物〉一詩，就一連寫了 60 個「黑的」、60 個「白的」，19 個「閹割」，尤其末句「我偏偏是一只未被閹割的抽屜」更耐人尋味。他這首〈歷史〉已算十分中性了，我們在讀慣了淺白、直線思考的詩作，在讀這首詩時，一定要讓「腦筋急轉彎」，否則無法進入。這首詩題目是〈歷史〉，作者卻完全不從歷史有關的事物去書寫，而從「那人的面孔由典律中走來」，然後忽然出現「河　已是另類之河

了。因」這樣突兀的結果。第二段在寫前面「因」那個字的理由：「岸上／有夢」是什麼夢「被夜虛構了」，如何虛構？「成為樹，如何風雨的 延續」，又如何成為樹？如何成為風雨的延續？在在令人苦思不解。一般評論者會告訴你：「這是他絕對自我世界給予簡化，並納入他內在理想的、單純的模式與由他全然主宰的活動的秩序之中。」（《創世紀》第48 期）我想讀碧果的詩就不要在詩中尋找「意義」，完全沉浸在他的語言藝術中最佳。如果習慣於追尋意義，我只好強解：「由典律中走來的那人的面孔代表古聖先賢或昔日的王侯將相，他是改變時代的人，因此他出現，河就可成另類之河了，世界已有了改變，因為岸上有夢，人類有追求一種生存環境的夢，如希望民主、自由，但這個夢有時被夜虛構了，大家都在黑暗中摸索，摸索前進；夜代表時代仍在混沌的時代，虛構代表政客有時會騙人，但時代就如此前進，有時可成為樹，代表有所建樹，有時還是以前改朝換代風風雨雨的延續，世界仍不太平，仍有爭戰……這就是人類的「歷史」。

然而，我很怕這是強解，讀者可以自行體會一番。陳仲義在論這種比較抽象的詩時說了一段話：「當然，還必須重申的是，抽象詩寫作很容易陷於乏味難解的涸轍，容易成為觀念的榨乾，概念的遊戲，理念的堆垛。現代詩人如果沒有對存在深刻的本質把握，如果沒有高度潛在的智性抽取能力，如果沒有幾經思辨後的淨化能力，還是不要貿然進入此道。畢竟，詩歌還是宜以豐富、深廣的具象，可觸可摸可聽可聞的感性，以及活脫的靈性，滋潤心靈，打動人心的。」（引自《現代詩技藝透析》台北·文史哲出版）。讀者和食客一樣，有人喜歡米粉，有人喜歡臭豆腐，人人有選讀自己

喜歡的詩作的權利，在台灣就有許多人喜歡不可解的詩；你喜歡你的，我喜歡我的，大家河水不犯井水，天下太平。

第二十七節　聯想力的運用

2004 年 10 月 14 日《世界日報副刊》的刊頭詩，是一首可以探討寫作技法的好詩：

這兒是 ──　／林煥彰

這兒是旅人駐足的終點；
這兒是疲累的腳憩息的地方；
這兒是傷心療心的診所……

美和寧靜，他們都樂於在此
和您相遇

這一首詩可以訓練寫作者的聯想力，白靈就有一篇〈聯想的大樹〉談到這個問題。他說：「任何人的想像都是跳躍不安的，很難有個秩序，若要捕捉它，則不妨自創順序；使之稍稍穩定，按序湧現。其步驟經筆者一再試驗，發覺可如下舉二例所示（原文列出兩個圖表範例，為閱讀方便，特將例（一）融入文中，不以圖表表示）：

1.將要寫的對象以「XX 的 XX」表示，如「蠟燭的火光」、「畫布的天空」。

2.先以上面兩個字為中心，運用接近、類似、對比聯想

寫出任何可以想到的辭彙（名詞、動詞、形容詞、副詞均可）。如「蠟淚、燭台、火柴、紅色、桌子、窗台、牀、枕頭、玻璃窗」及「毛筆、火炬、螢火、燈籠、煙囪」。

3.將步驟2中所得任何辭彙再運用類似手法衍生，如「垂淚、淌血、捨身」及「惜別、傷心、痛哭」。請注意此處衍生只是隨機選擇其一而已。衍生之選擇及多寡乃至無限，就全視個人興趣了。

4.再以下面兩個字為中心，聯想如步驟2.3.如「燭火、燃燒、搖曳、眨眼、灰燼、失花、惹心」及「壯烈、滿足、滿意、熱愛」及「火焰、明亮、繁華、熒熒、炫麗、晃動、光明、璀璨、輝煌、熠熠、閃爍、光華」及「黑暗、黑夜、影子」和「陰暗、幽冥、幽靈、邪惡、醜陋、模糊、夢境、死亡、睡著」等。

5.由上述所衍生的各個辭彙作相關聯想或強制聯想，一如「比喻的遊戲」中所作的，寫成「XX的XX」，則可因而產生不同的感覺和情緒。如示例甲、聯詞：眨眼的光焰、晃動的夢境、熱愛的死亡……等。

6.亦可由衍生的辭彙不斷與主題相互連結，使情緒出入其間，因而運轉想像或相關記憶，從而獲得詩句，大致上這樣獲得的詩意與主題應相當接近，如示例乙、丙：一根蠟燭在自己的光焰裡睡著了（羅智成）。敲更人提著一個晃動的夢境……（白靈）。（以上引自《一首詩的誕生》頁30-40，台北，九歌出版）

經過上面白靈的分析，我們就可以知道林煥彰的詩作，也可以運用上面的方法來完成，一旦訓練得駕輕就熟，方法已存乎一心，順手拈來，自成妙品。林煥彰的題目是：〈這

兒是 ── 〉我們可運用上述的方法，聯想出安靜的地方、美夢的窩、人間的天堂……等等不一而足，但詩人選用了較高層次的字眼：「旅人駐足的終點、疲累的腳憩息的地方、傷心療心的診所……」這樣一來，讀者就可以感受到詩人傳達的是他漂泊夠了，而且一生中充滿浪漫、傷心的故事，讓讀者自己去想，詩人最忌告訴讀者是什麼傷心的事，那樣想像空間太小。第二段「美和寧靜都樂於在此和你相遇」，告訴讀者，詩人追求的是美和寧靜，彷彿有非常多的內涵讓你去補足，這是最上乘的詩法，因此我特別花了較長的篇幅，引證白靈的方法論，盼能提供讀者一個較實用的範例。

2004 年 10 月 22 日的刊頭詩，也是充分利用想像力完成的佳構：

風鈴 ╱嶺南人

寄居屋簷下
只有日月時時來訪

風，有時匆匆路過
呼呼打個招呼
又吹著口哨走了

嶺南人也是資深詩人，當然不必如前面白靈所述那麼麻煩去搜尋詞彙、字句，他一想到「風鈴」，就聯想到風鈴是掛在窗上或屋簷下，此處選用屋簷下，頗有寄人籬下之意；「寄人屋簷下，不得不低頭」這是一般人受困的心聲。詩人旅居異國，難免有「文人雙重錯位」的感覺。所謂入鄉問俗，

詩人身處異國多年，已然調適了心情，雖如風鈴寄居別人屋簷下，遠離自己的家鄉、親人，但還有日、月時時來訪，雖然孤單，還可以過去。有時文友來去如風，匆匆路過，打個招呼，吹著口哨，瀟灑的走了，還算寂寞中一點安慰。作者只點出其中況味，讓讀者自己去聯想，想像空間很大。意象的使用如「屋簷」、「日、月」、「風」、「口哨」均十分完美，是成功的詩篇。

　　台灣前行代詩人、跨海來台數十年，葉維廉就以「雙重錯位」來論斷他們的詩思：「被迫離開大陸母體而南渡台灣的作家們，在『初渡』之際，頓覺被逐離母體空間及文化，永絕家園，而在『現在』與『未來』之間焦慮、游疑與徬徨；『現在』是中國文化可能全面被毀的開始，『未來』是無可限度的恐懼。五、六○年代在台的詩人感到一種解體的廢然絕望。他們既承受著『五四』以來文化虛位之痛，復傷情於無力把眼前渺無實質支離破碎的空間凝合爲一種有意義的整體。在當時的歷史場合，我們如何去了解當前中國的感受、命運和生活的激變以及憂慮、孤絕的禁錮感、鄉愁、希望、精神和肉體的放逐、夢幻、恐懼和游疑呢？」（引自《創世紀詩雜誌》第 140-141 期合刊）

　　詩的寫作，往往有超乎字面的另一層託意，如果只寫眞實感受，赤裸裸的道盡一切，讀者可能一看說好，但沒有再讀一次的慾望。所以周濟在其〈介存齋論詞雜著〉中說：「北宋詞，下者在南宋下，以其不能空且不知寄託也；高者在南宋上以其能實且能無寄託也。也就是雖無寄託，但卻自然而然地給予讀者一種深遠的聯想，這種詩最高明，又勝過那些「用心太過，有傷自然眞率之美」的作品。因爲「詠物詞用

典故來鋪寫所詠之物已是一層隔膜；又要透過所詠之物來寓寫所託之意，則又是一層隔膜對作品本身的感發力量，不可能不造成某種程度的限制和損傷。」（引自葉嘉瑩：《詩馨篇》下 p260‧台北‧書泉出版社）

　　2005 年 5 月 13 日《世界日報》副刊的刊頭詩，就是一首「自然給予讀者深遠聯想」的好詩：

深秋　／黃國彬

你的心境是秋空，
高遠廓落，
無煙，
無雲，
只偶然
響起雁聲

　　「你的心境是秋空／高遠廓落／無煙無雲」只是寫實，並無寄託，「只偶然／響起雁聲」也只正常季節情景的描述，但並不會「赤裸裸的道盡一切」，只點出秋的情況「能實而無寄託」，但讀者會有「深遠的聯想」。

　　像這樣讓讀者讀起來沒有隔膜，不傷自然真率之美，自是上乘作品。

　　2005 年 5 月 5 日林煥彰〈散步〉也是佳例：

散步　／林煥彰

我，和我自己散步；
我，和時間散步。

　　我，和時間散步；

　　我，和黃昏的太陽散步。

　　黃昏的太陽，

　　她，和我的心一起散步。

　　作者把一個人散步的思緒，實實在在的寫出，散步時，「我，和我自己散步；」影射孤獨；「我和時間散步。」言時間的消逝，對作者已造成影響。

　　「我，和時間散步；」利用迴文句法，再一次反覆，更增加時間的壓力；「我，和黃昏的太陽散步。」言人已走到「黃昏」的老人階段了。

　　「黃昏的太陽，／她，和我的心一起散步。」「夕陽無限好，只是近黃昏」，用了典，但並不隔。

　　此詩雖有寄託，但無隔膜的毛病，自然有感發的力量。

　　2005 年 5 月 11 日曾心的〈橋的埋怨〉，也是一首有託意而不隔的作品：

　　橋的埋怨　／曾心

　　彎脊哈腰

　　馱你過河

　　揹你過海

　　到達彼岸

　　你反轉過頭來

　　責備這　叱呵那

　　借用橋的外形「彎脊哈腰」，功能「馱你過河，揹你過海」，結果任務完成了，反遭責備、叱責，眞是天理何在！寫盡了爲人作稼的心酸。有的甚至於「鳥盡弓藏，兔死狗烹」呢！一點點哲理，又有託意，是好作品，若能「沒有託意」，但「自然給予讀者一種深遠的影響」者更佳。但我看好作品，大概都做到了「有託意」就不錯了。

第二十八節　情景映襯法

　　王國維《人間詞話》說：「一切景語皆情語也。」新詩有許多優秀作品，也都希望利用情景相生，互爲映襯，產生藝術境界和感染的力量。2005 年 3 月 19 日「湄南河副刊」的刊頭詩，就是利用寫景來映襯心情的佳構：

心事　／思筑

大地有多少心事
問秋風
秋風將楓葉拾起
遞給
看夕陽的遊子

　　詩題〈心事〉，正是書寫心情；有什麼樣的心情？利用「秋風」、「楓葉」、「看夕陽的遊子」等幾個畫面，就已

全盤托出，不必其他的言說。李後主是此道的聖手，例如〈相見歡〉中的「林花謝了春紅」、「朝來寒雨晚來風」、「人生長恨水長東」幾個景，來表現「無法挽回」的遺憾。

像這樣的詩，讀者一定要用心體會作者在詩中的「思想美」；作者的思想在表達「生命的匆匆」如楓葉，濃濃的鄉愁如「看夕陽的遊子」。因此李元洛在《詩美學》的第二章〈如星如日的光芒 —— 論詩的思想美〉一文中說：「在詩歌作品，美的思想，像夜空中指示方向的北斗，撫慰人心的月亮，像黎明時令人振奮的早霞和光芒四射的朝陽。沒有美的思想的詩作，就猶如天空中沒有北斗和月亮，沒有霞光和太陽，天地間只剩下一片灰暗或者漆黑。詩的思想，是詩的靈魂，是詩美最重要的美學內涵之一。」2005 年 3 月 20 日「湄南河副刊」的刊頭詩，正是一首有思想美的好作品；

抽象畫　／苦覺

樹呢？上世紀活過，很大
鳥呢？剛飛走，是雲雀
山呢？在霧裡，很高
水呢？在山腳下，很美

你說什麼
是張白紙

苦覺這首詩，雖然他列了四個「景」 —— 樹、鳥、山、水，但他想要的是讀者的參與，讓讀者有參與的成就感。這首詩要倒過來讀：「什麼？你說什麼？是一張白紙，你竟說

是抽象畫？」然後作者先啓示你：「那不是一道流水嗎？你看不見？就在山腳，多美呀！」「那麼山呢？」山在雲霧裡，你看不見？很高哪？……」、「那鳥呢？鳥剛剛飛走了，你當然看不見，是雲雀嘛（當然也可以是麻雀、翠鳥、蒼鷹……反正你看不見）」、「那麼樹呢？哦……原來上世紀活過，這世紀已不存在，很大，即使很高也是看不見。」原來是一張白紙，要讀者自己去想，去參與，很妙的一首詩。克羅齊在其名著《美學原理》中說：「要判斷但丁，我們就必須把自己提升到但丁的水平，從經驗方面說，我們當然不是但丁，但丁也不是我們；但是在關照和判斷的那一頃刻，我們的心靈和那位詩人的心靈就必須一致，就在那一頃刻，我們和他就是二而一。」我們瞭解苦覺做這首詩的「心靈狀態」，也就是瞭解他的思想，我們可以和詩人二而合一，再衍生出更多的想像，詩因而豐富動人。

　　2005 年 3 月 21 日「湄南河副刊」的刊頭詩，也是一首以「思想」取勝的好詩：

我抱我自己　／林煥彰

夜裡，我抱我
自己睡覺；

我怕我自己，
被夢溶化。

我抱我自己，
提醒自己，別睡著了。

　　讀者在讀這首詩時，一定會問：「爲什麼要抱自己睡覺？」然後再問：「爲什麼怕自己被夢溶化？」最後仍然發問：「爲什麼要提醒自己別睡著了？不是要睡覺嗎？爲什麼不怕失眠？」這樣一層層問下來，作者那種超乎一般人的「心」，就慢慢浮現出來。這個浮現的心，正是「詩作的思想」。這和一般的哲學、倫理學以概念、判斷和推理的邏輯不同，這種思想，就是詩中的詩想，這種美，就是藝術的美。作者以幽默劇的方式，呈現他的詩的思想美。詩人藝術家的高超心靈，正是午夜不寢的原因，也正是泰戈爾在《園丁集》中寫的琴弦爲何繃斷：「爲什麼弦索斷了，我硬要彈奏出弦索不能勝任的高音？」詩人硬要彈出弦不能負荷的高音，暗示什麼？詩人爲什麼睡不著覺？他的一顆孜孜不倦努力求索的心已呼之欲出了！

第二十九節　含蓄美

　　詩貴含蓄，最怕赤裸裸一語道破，因此蘇東坡曾說：「天下之至文，莫妙於言有盡而意無窮。」十八世紀德國著名的藝術理論家、劇作家萊辛也曾說過：「作品不讓人一看了事，而是要讓人玩索，反覆長期玩索。」（引自萊辛《拉奧孔》P18，人民文學出版）

　　這種能讓人反覆玩索的作品，正是我們極力提倡的作品，2005 年 3 月 27 日「湄南河副刊」的刊頭詩，就是一首讓人可以「長期把玩，反覆玩索」的作品：

演變 ／李經藝

從一地到另一地，
什麼正在發生，
沉沉浮浮，聚聚分分，
彷彿一個世界的暗中演運，
彷彿一個世紀的暗中化隱……

從一地到一地，到底有什麼正在發生，正是讀者想知道的，但是作者只說：「浮浮沉沉，聚聚分分」，只說有什麼在「暗中演運」，有什麼在「暗中化隱」，其他什麼也沒說，正如同唐詩人元稹的〈閒坐話玄宗〉，什麼也沒點明，什麼也沒說。李鍈在《詩法易簡錄》中就說：「白頭宮女，閒話玄宗，不必寫出如何感傷，而哀情彌至。」翟佑也在《歸田詩話》中說：「元微之〈行宮〉詩才四句，讀者不覺其短，文章之妙也。」美妙的詩文雖短，如李經藝的〈演變〉六行，卻能讓人沉吟再三，思索再三，原因無他，含蓄之美也。

另外 2005 年 3 月 29 日「湄南河副刊」的刊頭詩，也是一首有含蓄之美的詩：

我是大地的一份子 ／楊學賢

起先我是山中挺拔的樹，
後來成了樵夫肩上的柴。

一日有人將我焚燒，
從此我化為灰燼——

但我，依然是大地的一份子。

作者以樹被砍、被燒，然後化爲灰燼成爲大地的一份子，來暗示他的心情。馬拉美說：「一語道破，則詩趣索然。」此詩並未一語道破詩的主旨，和元微之的〈閒坐話玄宗〉一樣，妙就妙在什麼也沒有說，每一個人都可能有不同的聯想。這種將無限可能的內容，寓於含蓄的簡單形象中，正是詩歌自古以來最珍貴的特色。

再看 2005 年 3 月 20 日「湄南河副刊」的刊頭詩，也是可以引起諸多聯想的好詩：

鵝 ／曾心

不像天鵝那樣高貴
在地上唱歌沒人聽

只好把脖子伸得長長
好歹唱給藍天聽

作者以「鵝」自況，來暗示一個身份卑微的人，不像天鵝那麼高貴，唱歌沒人聽；身份地位不高的人，說話別人不重視，正是他的言外之意。怎麼辦？只好伸長脖子，唱給藍天聽。那麼人呢？只好獨自自怨自艾，也唱給老天聽吧！像這樣的詩，每一個人會因不同的際遇，讀出不同的體會，正是詩藝高妙的地方。周濟在《介存齋·論詞雜著》中說：「北宋詞，下者在南宋下，以其不能空且不知寄託也；高者在南宋上，以其能實且能無託也。」意思是說不好的北宋詞不如

南宋詞的原因，是不能像南宋詞那樣可以有超於表面之外的
另一層託意；好的北宋詞高於南宋詞的原因，是因爲所寫的
雖然都是眼前的真實感受，並不曾有心寄託什麼寓意，但卻
自然而然地給予讀者深遠的影響。（更詳細分析請參閱第三
章第二十七節）曾心這首詩，正是可以給予聯想的佳構。

　　詩人必須要有啓示性的藝術方法，提供可以慢慢體會的
美學經驗，不可說足說透，也就是司空圖在《二十四詩品》
中說的：「象外之象，景外之景」和「韻外之致，味外之旨」
與「不著一字，盡得風流。」讓讀者有參與的餘地。宋代梅
聖俞也認爲：「詩的最高境界是狀難寫之景，如在目前；含
不盡之意，見於言外。」因此李元洛在《詩美學》第九章〈尊
重讀者是一門藝術 —— 論詩的含蓄美〉一文中說：「一望無
際的平原，固然有闊大雄渾的氣派，但層層疊翠的群山，似
乎更有引人入勝的風光；一平如鏡的湖面，雖然有靜謐舒展
的風姿，但奔騰浩瀚的江海，似乎更有它撼人心神的魅力。
由自然界而文學藝術，於是，我聯想詩美學中一個十分古老
然而卻又像生活之樹一樣長青的論題 —— 含蓄美。」由這一
段話，我們已不難看出含蓄美對詩藝術之重要性了！

第三十節　幽默法

　　李商隱的〈錦瑟〉詩，傳誦千古，末四句是：「滄海月
明珠有淚，藍田日暖玉生煙。此情可待成追憶，只是當時已
惘然。」更是常被人引用，尤其是末兩句。李商隱寫情，葉
嘉瑩有這樣的評價：「對於這種種感情的經歷與遭遇，難道
一定要等到今天追憶它的時候才覺得悵惘哀傷嗎？清朝人寫

過兩句詞：『當時草草西窗，都成別後思量。』人生有許多感情是在失去之後才認識到它的意義和價值，但李商隱不是，他在『當時已惘然』了。『惘然』是一種悵惘哀傷、若有所失、若有所尋的感情，這是一種人之常情，每個人都有過追尋和失落的感受，人生就徘徊在這個追尋與失落的情感之間，而將人生這種感情境界表現得最深切感人的，莫過於李商隱，在他之前，沒有人能寫出這樣的詩作。」（引自葉嘉瑩著：《詩馨篇》上 P349・書泉出版社）

　　情寫得深刻感人，也可以成為好詩，李商隱的〈錦瑟〉詩就是佳例。2005 年 5 月 21 日楊玲的〈苦戀〉就為很好的刊頭詩：

苦戀 ╱楊玲

苦夏裡
苦苦地想您
苦苦地尋你
苦苦地戀你
苦苦地等你

　　苦苦的「想、尋、戀、等」，讓一首情詩表達得十分生動有味。尤其連夏天都變成苦的，完全是心境的關係。然而，寫情也不一定都非是苦的不可，非一定「當時已惘然」不可！2005 年 5 月 12 日苦覺的〈愛〉就十分幽默，生動有趣：

愛 ╱苦覺

如果，再下雨

我將不再被淋濕

她的傘下
為我留了個位子

　　表現得十分簡單、淺白，但十分有味。先寫結果：再下
雨我也不會淋濕。再寫原因：哦！原來她的傘下可以容你。
你們可以共傘，暗示著你們已有「愛」，愛字不出現在詩中，
但讀者一看馬上可以體會出來。

　　另外 2005 年 5 月 14 日，苦覺的〈雨的形狀〉更生動：

雨的形狀　　／苦覺

還在
雨聲自我屋簷滴下時
你走了

「剛才你流淚了！」我打電話給你
「不，那是雨的形狀。」

　　選在一個下雨的時候走了，分手了。十分普通、老套的
電影場景、情節。但末兩行的電話就十分不普通。倒數第二
行作者打電話給她說：「剛才你流淚了！」表示關心，怕她
太過神傷。對方的回答卻更叫人不忍：「不，那是雨的形狀！」
下雨是什麼情況？即使下小雨，也是表示淚流不止，傷心到
極點之意，十分有創意。寫詩就怕套在別人已走過的路上，
跳不出那個框框。

古今中外寫情詩者多矣，如何自創新猷，不跟著別人的後頭亦步亦趨，是十分重要的。楊玲寫盡了苦戀之苦況，而苦覺卻另闢新境，爲愛的詩篇自出機杼，十分令人激賞。

第三十一節　通變法和反動法

新詩已經形成了自己獨特的詩法，經過八十多年，有些詩已變成老套，有志之詩人，便應該再尋出路，另謀新境。這就是王國維在《人間詞話》中說的「蓋文體通行既久，染指遂多，自成習套，豪傑之士，亦難於其中自出新意，故遁而作他體，以自解脫。」我們不必作他體，但可自成詩法。

泰、印華詩人一向較少受中外新詩之影響，若按自己的風格，持之以恆，一定會形成一個新詩的新品種。爲什麼詩要寫得像他們？太像某些名家，則無我。許多剛對新詩有興趣的詩人往往會問：「我這樣寫是詩嗎？」

「爲什麼不是詩？我還怕太像別人呢！」其實寫久了，自然有「影響的焦慮」，也就是劉勰在《文心雕龍·通變》中所說的：「文律運周，日新其業。變則堪久，通則不乏。趨時必果，乘機無法，望今制奇，參定古法。」我最欣賞「變則堪久，通則不乏。」我們要從已有的新詩技法中加以通變。

2005 年 8 月 12 日副刊的刊頭詩，夢蘭的作品〈眞〉，很少受其他新詩影響，仍然耐讀有味：

眞　／夢蘭

在書頁中有一片

忘了季節的楓葉

不管春來秋去

不管感情已經過去

還是保有原來

最楓紅的美麗

　　作者以一片夾在書中的楓葉，來描述當年一段已經褪色的感情，餘味嬝嬝如煙，久久不散。不必太多花俏，而詩自然耐讀。這首詩看似平常，卻達到了蕭蕭論〈散文詩美學〉中所說的：「如何達到散文詩的效果：1.虛與實相雜；2.時與空交錯，3.情與境逆轉；4.物與我轉位。」雖係論散文詩，但用在分行詩，亦甚妥貼，尤其這一首。

　　再看 2005 年 8 月 13 日的刊頭詩，莫藏心的作品〈搖〉，也是一首自出機杼，寫人生三個階段的好詩：

搖 ／莫藏心

在搖籃裡

溫馨酣睡，備受慈母呵護

在搖舟上

乘風破浪，挑戰坎坷的人生

在搖椅中

回首雲煙，重拾凋零的落葉

　　全詩以人生的三個階段：在搖籃中屬嬰孩，當然備受呵

護；在搖舟中，屬奮鬥的階段，當然是挑戰坎坷的人生；第三個階段在搖椅中，屬老年階段，當然是回憶往事。技法雖有些古老，但想像力仍算鮮活，寫來韻味十足。從古詩法通變而來，此詩是佳例。再看 2005 年 8 月 20 日的刊頭詩：

兩手的交替　／博夫

一手扔掉過去
一手被未來撿起

一手牽來風塵
一手由你牽走

一手來不及收穫
一手已經收割了寂寞重回的奇蹟

　　全詩由「一手……」組成，對比得好，哲理亦雋永耐品。唯現代詩中不乏此種表現手法。我們希望泰、印華詩人自創詩法，也就是對以往詩例「反動」，也即「反影響」之意。

　　有關「反動」的方法很多，耶魯大學及紐約大學教授布魯姆就提供了六種方法，抄錄在這裡，藉供參考：「一、故意誤讀前人。二、補充前人之不足。三、切斷與前人之連續。四、青出於藍更甚於藍。五、澡雪精神，孤芳自賞以與前人不同。六、孤芳自賞久之，使人誤解青出於藍。」（轉引自陳巍仁著《台灣現代散文詩新論》台北・萬卷樓出版）。我們希望泰、印華詩人勇於創新，建立新制，自成詩派。

第三十二節　趣味性

　　許多詩人寫詩，常常把對人生的體悟寫成格言或論文，令人覺得語言乾枯泛味，尤其像老師的訓話，有時聽得昏昏欲睡，有時使人望而生畏。其實，說理詩並非不能寫，而是看你怎麼寫，例如有首〈猴子戲〉的詩：「一響鑼聲又上竿，此番更比那番難；勸加著腳須較穩，多少旁人冷眼觀。」雖寫人世做人不易之艱辛，但寫得深具趣味性，叫人過目難忘。因此，哲理詩最好以妙喻出之，在有趣的敘述中，完成哲理闡發，使讀者因深有所感而印象深刻。

　　2006 年 1 月 25 日副刊的「刊頭詩」楊玲的〈風雨〉，就是頗具趣味性的哲理詩 ──

風雨　／楊玲

讓風捎去我的問候
請雨帶回你的信息

風去了
雨卻空手而歸

　　人生中往往遭遇這種困境，簡單的說，就是「事與願違」，楊玲只簡單的表達了這種人生的體驗，卻用風雨這麼趣味性的敘述，而且是十分平常易見的意象，把它們轉變成生動的意象，於是詩中彷彿有說不完的故事，令人咀嚼再三。

2006 年 4 月 24 日副刊的「刊頭詩」，楊學賢的〈蒼天〉，也是同樣用鮮活的手法，表現人生的體悟。

蒼天 ／楊學賢

也不食也不喝
也不眠也不休
也不怒也不驚
也不笑也不語……
就這樣創造了宇宙萬物。

說得簡單一些，就是孔子說的：「天何言哉！天何言哉！」但經過楊學賢生動的處理，尤其以一連串的排比手法，並列了八個也不，最後才說出這麼多也不的老天，竟然創造了宇宙萬物。暗示著人要默默耕耘，自然能成就一番事業。如果像上面這麼說了，讀者一定打瞌睡，作者一連寫了八個也不，讀者一看，心中就起了追下去的懸疑心，那到底會怎樣？不怎樣，他竟能創造宇宙萬物，答案一出，豁然開朗，頗有推理小說的趣味性。

2006 年 4 月 27 日副刊的「刊頭詩」，方白的作品〈花，要不要開〉也是一首有趣的說理詩：

花，要不要開 ／方白

花開，怎麼樣？
不開，又怎麼樣？

就是這樣，

　　要開不開 ──
　　是一個樣。

　　我們看一般人，看別人成功了，致富了，常會酸溜溜的
說：「那又怎樣？將來還不是黃土一堆。」尤其年紀大了，
理想沒有了，一生也衝撞夠了，就像方白在詩中說的「不開，
又怎麼樣？」是的，那又怎樣？「是一個樣。」真是妙透了，
彷彿兩個相聲高手，在臺上一搭一唱，把觀眾逗樂了。詩，
就是要寫得這麼有意思。正如前面那首〈猴子戲〉，把猴子
聽到鑼聲就要上場的無奈，但看猴子偶爾一個失足，一個出
醜，也是一種痛快的情景，刻劃得十分生動有趣，如此暗示
人生中為人處世的艱辛，總比直接論說的好吧？

第四章　詩人專論

第一節　苦覺論

一顆星正在亮起

　　一趟曼谷行，終於見到詩人苦覺，終於聽到許多泰華詩人對苦覺詩藝的讚揚。苦覺原來筆名是苦覓，因手民誤植為苦覺，經詩友建議才決定用苦覺。本名盧山雲的苦覺，又號盧駝、盧半僧、苦瓜、僧人等，終日茹素，兼擅書法、繪畫，在各級學校教授國畫、書法，收入微薄，自奉十分簡約，頗有台灣現代詩人周夢蝶之概。

　　1964 年生的苦覺，原籍廣西南寧，愛好詩歌、散文及美術評論。曾模倣李白喝酒，也曾用墨色描過魯迅的煙圈抽過菸。鬍子曾長到超過胸膛，頭髮也長到披過肩，掩過他早已彎曲的背脊。

　　喜歡雲遊四海，為天下美景寫生。出版過《盧山雲畫集》，參與中國大陸及海外之各種美展，也曾舉行過多次個展。從小立志走上藝術、寫作之路，如今果然一直「就這樣走下去」。

　　〈就這樣走下去〉是一首選在《詩潮 —— 泰華新詩第一輯》的詩，我讀後十分喜歡：

　　　　就這樣走下去

明知道　這條路

通往天堂　也

通往地獄

不　好　走

被風吹皺的野草

以覺者的眼光　引領我

踏過片片泥濘

就　這樣走下去

腳印牽引著腳印

汗水沖洗著汗水

沒有人　被路分歧

只有路　被人分歧

當夜深沉

埋在夢土裡的本真

依舊長出

一個個最灑脫的季節

真假善惡繽紛

陷阱獎台鮮花毒草重疊

紅塵深處　災難

咀嚼著災難

你，導演著我

我，導演著我

就這樣走下去

　　不在乎　身後的影子

　　忽左忽右　忽長忽短

　　走出感覺　走出

　　人世間那汪死水

　　於黑暗再次來臨之前

　　超渡

　　　前世

　　超渡

　　　來生

（1998 年 7 月於曼谷苦覺齋）

　　這是一首描寫現代人心靈苦況的詩，「明知道　這條路／通往天堂　也／通往地獄／不　好　走」，詩人企圖開拓一條藝術之路，讓心靈走出困境。此時「被風吹皺的野草／以覺者的眼光　引領我／踏過片片泥濘」；被風吹皺的野草，象徵逆來順受、柔弱書生之徒的一種人生指引，是很好的意象語，由於有這野草的啟示，使我也被點醒，被那覺者的眼光點醒，是它引領我走過片片泥濘之路。泥濘之路暗示前途坎坷。

　　人生之路既然如此崎嶇，作者要走下去，只有「腳印牽引著腳印／汗水沖洗著汗水」，充分描寫出一路行來的苦況。路是人走出來的，「沒有人　被路分歧／只有路　被人分歧」，你決定走什麼路，自己才是自己的主宰。當夜深沉的時候，雖然一路行來，十分艱辛，但「埋在夢土裡的本真／依舊長出／一個個最灑脫的季節」。名詩人洛夫的名詩《石室之死亡》，正是這種身陷生死交關，寂寞、恐懼煎熬的力作。只有痛過的人，才知道什麼叫痛。只有辛苦播種的人，

才會含淚歡呼收割，詩人在痛苦之後「長出一個個最灑脫的季節」，正是，洛夫的名句：「乃從一塊巨石中醒來」之意，中間隱含了多少辛酸血淚！

在現實的社會裡「真假善惡繽紛／陷阱獎台鮮花毒草重疊」，如何分辨，如何避險，單純的詩人、藝術家面對狡詐的人群，受苦受難實不可免，於是「紅塵深處　災難／咀嚼著災難」，所有的人都指示著你如何走，「你，導演著我／我，導演著我」，我還是要有自己的意見啊！」這種內外交迫感覺充分刻劃了出來。

路仍然要走，不在乎身後的影子，這些影子是鬼魅嗎？不然怎麼「忽左忽右忽長忽短」？大概是詩人心靈的困頓疲乏所感到的不如意、人生的黑影吧！果然，他要「走出感覺走出／人世間那汪死水」，於黑暗來臨之前「超渡／前世／超渡／來生」，詩人的宗教觀頗有「前世今生」輪迴的理念。只有透過宗教的安撫，人才會平靜、無怨。

沈奇在論朵思的詩時說：「對純粹個體生存困境的拷問，擴展到對整個生存背景以及生態環境的探測，包括社會的、文化的以及自然的……」（引自《台灣詩人散論》台北・爾雅出版）。苦覺的詩正是這種個體生存困境的拷問，而以宗教觀來寬慰自己的詩作。

我不知道苦覺的生命歷程，如何從中國大陸移民泰國曼谷，是否和這一代「失根的蘭花」（陳之藩語）一樣的中國人，飄泊世界各地？但從他的詩中，我可以體會他和創世紀詩人中的前行代，曾經是流亡少年，永遠有走不完的路，身後常有某種陰影，於是被迫以詩來言說生命，終於成就了他們這一代「追風戲浪五十年」的詩生活（張默語）。瘂弦在

〈創世紀的批評性格〉乙文中，如此描述這些大兵詩人：「這批在戰爭火浴中成長的詩人用血來寫詩，他們作品表現的是被戰火蹂躪的親身體驗，是對戰爭強烈的控訴和批判。這些40年代戰亂時的失學青年，很少有人受完大學教育，他們的寫作，不是來自學問，而是來自生活；不是依仗分析的深度，而是依仗感覺的深度；除了感覺，他們沒有別的，他們是從感覺出發的一群，是不折不扣的「草莽派」的（引自《創世紀四十年評論選 —— 代跋》）

　　是的，苦覺也是從感覺出發的，他的詩也是來自生活的歷練。目前雖沒有這些前行代詩人的亮度，而他正朝著他們的星座前進，有一天，他也會站在這個星座上，發揮他的亮度，他正在冉冉上升！加油吧！苦覺。

第二節　北雁論

一、介入與抽離

　　承蒙印華詩人北雁和葉竹贈送他們合著的詩集《雙星集》，還有葉竹的《雙語詩》第五期，讀後十分欣賞他們的作品，乃決定一探他們詩藝的成就。為討論方便，先說北雁的詩。

　　北雁原名麥偉成。祖籍廣東鶴山肇慶府，1956 年 12 月 18 日出生。1970 年開始寫詩，1984 年加入樂隊，填詞、編寫歌劇，並自導自演。1980 年開始寫詩，1984 年曾編《秋之季》詩刊。作品以現代詩為主，偶爾也寫散文或微型小說，多發表於印尼、新加坡及台灣報刊。作品收入在柔密歐・鄭

主編《新荷》詩集，立鋒編《印華詩文選》、《風雨千島長奇花》，嚴唯真編《翡翠帶上》及 2003 年內蒙古人民出版社出版、賀年編的《世界經典小小說金榜》。

　　根據寒川在《雙星集》的序文中說：北雁是在印尼廖島長大的詩人，寫詩已有二十多年，對文藝十分執著，熱心贊助詩選的出版，熱誠款待文友，常探訪文友或出席文學活動。詩是他傾訴感情、表達愛憎的工具。作品反映了詩人經歷過的畸形社會，也觸及印尼排華和戰爭所帶給人民的苦痛。不忘自己的根，也對自己所住的土地之節奏與變調有所關懷。對西方的不良風俗影響海島，有很生動的描繪。對母親和師友有深厚的感情，詩作幾乎有三分之一是這一類情感豐富的作品。尤其在作品中表現出矛盾痛苦的情懷，對印尼一下子不重視華文，以至於許多人不懂方塊字，說不出自己祖先的姓氏；一下子又讚譽華文是最有經濟價值的語文，感受特別深刻。詩人處在這種矛盾情況，借哀悼印華現代詩壇先驅柔密歐・鄭以表白心情，十分感人。

　　我則在反覆閱讀北雁的詩作後，認為他的詩至少有下面幾個特色：

　　第一，他對寫詩的基本要領已然胸有成竹，不會出之以概念化，很多主張詩要明朗化的人，以為明朗就是直抒胸臆，這種作品讀來乏味，不能達到表面淺白，而內涵無限的藝術境界。北雁的詩常會把要說的話加以轉化，留下想像空間，以意象呈現，讓讀者讀後興味盎然，印象深刻。例如《印華詩刊》第五期的「微型詩」〈忍之有限〉就是此類佳構：「別以未滅的烟蒂探測／垃圾桶溫柔的脾氣」；北雁以「烟蒂」和「垃圾桶」的意象表現這首詩，十分生動。一般人可能要

說：「我是那麼好欺侮的嗎？什麼東西都往我身上丟，還要刺激我，我的忍耐可是有限度的哦！」這樣的題材，經過北雁高明藝術手法的處理，就自然而然形成一首耐讀、耐人尋味的好詩。

第二，他擅長用戲劇手法，把一首詩戲劇化，有時有奇思妙想，有時有諷刺性或幽默感，讀來絕不乏味：例如《雙星集》第 66 頁有一首〈惱人的雨〉，就十分精采：「風都裝聾作啞地離去　獨留／被纏著無奈點頭的樹∥該累了吧／說了千百遍／依然重複著單調的那句／滴答」；有人嘮叨個沒完，像惱人的雨下個不停，不耐煩的人都像風走了，只有我無奈的頻頻點頭，心想你有完沒完啊，老是滴答、滴答！嘿！真是妙透了的一首詩。讀者若有耐心，用心尋找，北雁詩集中這類幽默、諷刺、富戲劇性的有趣作品，還很多。

第三，把握自己的身世，敘寫內心的矛盾心情，為飄流異地的華人，留下詩文的見證。吳潛誠有兩本書《島嶼巡航：黑倪和台灣作家的介入詩學》、《介入與抽離 —— 從《暴現》看黑倪的抉擇》，都探討了作家流亡在外，與母國保持隔離，雖對所處的異地，卻仍然肩負著社會責任，有所介入。台灣淡江大學中文所研究生余欣蓓根據這兩本書，探討了女詩人尹玲的作品：「女詩人儘管在戰火綿延的越南當下抽離了家國，身處海外。然而隔離著現實戰火、抽離自身的回眸，心緒卻是介入其中不忍離去，此種介入的書寫，將越戰對越南百姓的摧毀，歷歷在目的留下歷史紀錄。」（參閱《台灣詩學》頁 173）。北雁許多作品，都有著這種「介入與抽離」的苦痛，身如飄萍人生如寄，他寫道：「錯誤在於祖先嗎？／當置身於不定的水中／不安已注定了此生。試想∥若生長

於陸地／誰言扎根是一個疑問／／是寒冷就必須忍受／是逆流就必須隨波，難道／尚須醉生夢死地任人宰割／／若怒濤再一度將吾連根捲起／寧願被沖到遠方／於一片遼闊的陸地上／扎根」，身處異地，不能扎根，飄萍心態即在〈飄萍〉一詩中入木三分。〈黃皮橘〉一首，仍然是這種「介入與抽離」的苦痛；「習慣了時寒乍暖的南方氣候／從未埋怨土地的／貧瘠／自發芽到／花落成果／／與綠皮柑同受陽光雨露成熟的／每一粒橘／均蘊含苦澀的酸」；異地而來的黃皮橘與綠皮柑雖同受陽光雨露，但心中可是苦澀的酸呀！讀後讓人擲筆三嘆，為這一代華人如失根的蘭花，飄流世界各地，飽嘗流離、思鄉的心酸，北雁此類詩作，應是離鄉華人的歷史見證詩篇。

第四，他擅長寫親情，讀來令人同聲一哭！例如：〈致敬愛的母親〉之二最後一段：「在這寒冷的十二月／縱然沒有酒／您遞給我這杯熱騰騰的咖啡／足以驅逐滿屋子的冷」，世上只有母親才有「驅逐滿屋子的冷」的功力。大凡親情詩都從小處、熟悉處下筆最為感人；例如余光中的〈母難日三題〉，也是從最小處最熟悉的地方下筆，他描寫生命開始的哭及生命結束的哭，但兩次的哭聲，在詩人花妙筆下，讓人見識了詩人強烈的孺慕之思。（參閱陳幸蕙著《悅讀余光中》頁 176）北雁的思親詩作，也讓人見識到了人子悵惘無告，有淚如雨的思母親情。

限於篇幅，我們粗略談了幾個北雁詩作較明顯、易抓到要領的重要特點，其他如詩中有禪意，寫出人生百態、深體人性，真的佳作仍多，將來有機會再做深入討論；當然更歡迎有其他人加入討論的行列。北雁在《雙星集》後記中說：

「與葉竹出合集，可說是憂喜參半。葉竹之所以會寫詩，的確是受我的影響及鼓勵（筆者按：看葉竹詩文中也常有此敘述）；然而他天資比我高，卻不敢動筆。」真是一位既能提攜後進而又謙虛自處的詩人，我們更應該特別珍視他的作品；蓋作品，即人品，作品將更加亮麗光彩。

二、高飛吧！北雁

　　我有時會不自覺的流露出一種嘆息：「現在寫詩的環境這麼好，為什麼不寫詩？」不知道多少次，我有意無意間鼓勵泰華、印華詩人、作家、讀者要一起來寫詩，尤其是「刊頭詩」，小小的六行，自有一番天地，自有其神秘宇宙。

　　早年在台灣寫詩，不是被嘲諷，就是被攻訐。楊牧在他的散文集《亭午之鷹》一書中，就有一段話是這麼說的：「從前在台灣的時候，我們一字一句寫出來的新詩，曾經是學院裡文學教授嘲弄的對象，現在突然間，換一個環境，同樣的寫法，這些作品竟然在課堂裡被先生和同學複印閱讀、朗誦、分析。我恍然大悟，這其中當然有是非存在；我再也不能裝著不知道了；我斷定從前那些以新詩為嘲弄對象的文學教授不懷好意，瑣碎、愚昧。」同一篇文章中，因成名了，有自信了，又說：「我再也不必為那些文學教授的戲謔生氣了。有一天我將超越他們，假如我眼前努力工作，我將超越他們，將他們拋諸腦後。」（引自楊牧〈庭鐘〉一文，收在《亭午之鷹》，台北，洪範出版。）

　　「我將超越他們！」我們起碼要有這個自信和豪氣，但前提是「我眼前努力工作！」只要我們努力寫，泰華、印華大詩人將讓人刮目相看，「湄南詩派」將會讓專家專文深入

研究，甚至申請國科會補助，做「專題考察」。

　　爲什麼會有這些感想？原來我也在不知不覺中變成「湄南詩人」的一員了，我關心湄南的名作家，更關心新人。楊牧在那樣惡劣的環境下，寫出一片天，我們有《世界日報》的園地，有主編的鼓勵，有文友互相喝彩，爲何不寫？

　　這段感想起源於 2005 年 9 月 9 日，我讀了「湄南河副刊」的〈2005 年大製作，名家新作展系列〉印華卷，北雁的作品。有極短篇六章，散文四章，小詩一束，整整一個全版，這在台灣是多麼不容易的「鼓勵」啊！

　　北雁的才華，我曾專文介紹過，他和葉竹令我十分心儀，可惜作品奇少，也許是「惜墨如金」吧！眞希望他們多寫，讀者就有福了。

　　言歸正傳，現在就再談談北雁的作品吧！

　　先看「極短篇」，寫得和詩一樣含蓄精煉。其中〈被嚇醒的神〉、〈放生〉及〈摯友〉，都有奧·亨利小說「驚奇結尾」的特色。本來神是「無所不知的」，但別人來通知乩童的兒子被車撞了，一時嚇醒，竟然問：「在哪裡？」十分生動有趣。〈放生〉也是一樣，婆婆正等待媳婦爲自己「放生以慶生積德」，媳婦竟然去而不返，令人叫絕。〈摯友〉更妙，一再拜託摯友要幫忙看好先生，尤其自己不在或回娘家時，哪知丈夫外遇的對象，竟然是這位摯友。寫極短篇能在情節上，突然反轉，以製造驚奇效果，北雁算是做到了，也十分出色。

　　另外「散文」四章，也讓人見識到了北雁寫情的功力，以〈前人種樹〉一篇爲例，寫他母親看到鄰居家貧，就叫他把水果拿去賣了以貼補家用，一點也不以爲吃虧。至於借錢

更是不計較是否歸還。讓我想到了蘇東坡一篇寫他母親不殘鳥雀的散文，都是寫「仁人之心」的好文章。寫散文而能抓住細微的東西，加以巧妙的書寫，令讀者感動，尤其是至情至性之散文，當然讓人再三展讀，愛不釋手了。

「小詩一束」仍然保有北雁詩作一貫的特色：有感而發，且抓住一個重點，用力一擊，擊痛了讀者內心的深處。

例如〈死城〉一首，只有三行，抓住了建築物火燒時的瞬間，北雁竟然看到「城市的黑暗」，這不是他特有銳利的眼光和詩心是什麼？

詳細的讀了這一輯北雁的作品，包括極短篇、散文和小詩，對北雁的文學才華十分肯定，希望他多寫，以造福泰國、印尼《世界日報》副刊的讀者，尤其希望文友們利用這麼好的環境，創造「湄南詩歌」的盛唐。

第三節　葉竹論

一、婉約與禪意

談過了《雙星集》作者之一的北雁後，現在我們就來談談另一作者葉竹吧！葉竹本名葉平義，祖籍廣東潮邑，1961年出生於印尼廖省群島，80年代開始學習寫漢詩，受過已故詩人柔密歐・鄭的指導，並自承深受詩人北雁的影響，卻讓北雁自嘆才華不如葉竹。現任《印華詩刊》主編，出版有《葉竹雙語詩》及這本與北雁合出的《雙星集》。

寒川在《雙星集》序文中談到葉竹的詩，認為葉竹在20來歲時所寫的作品，收錄在《新荷》選集中，和今日葉竹的

作品相比，並沒有什麼不同，只是技巧更趨成熟，語言更趨樸實和意境更趨深遠而已。他舉〈吃桔〉一首，說葉竹的詩留下對祖輩家鄉那一塊土地和傳統中華文化的關懷與眷戀。對1998年5月印尼暴亂排華事件，葉竹也以〈烏雨傘〉一詩，來表達那種餘蔭不再的炎黃子孫的永遠的傷痛。〈久掛的照片〉則是以白蟻的狂妄與猖獗來痛斥鼠輩要吞掉中華五千年悠久文化，顯示葉竹對中華傳統文化的堅貞不渝。更舉出由五段小詩組成的〈一只飄搖的風箏〉，來表達詩人對所處社會的無奈與痛心，寓意深遠，境界各異。並說葉竹的詩特色是不晦澀，不會不知所云，都能達到葉竹自己曾說的：「不管新詩舊詩未來詩，能夠打動人心的，就是一首好詩。」這樣的標準。對葉竹詩中能取材生活，通過象徵、比喻等創作手法，並以新鮮且豐富的語言，營造出意境深遠的作品，表示十分激賞。

我細讀葉竹的詩作後，也十分佩服北雁和寒川的眼光，他們的看法果然是行家評語。

整體印象來說，葉竹的詩作是屬於比較古典婉約抒情的一派。詩雖不長，但都用細微的筆法用心刻畫，寫盡各種境界，各種風情，有時讓人要細細推敲，有時再三研讀每次都有不同的體會，不同的感受。他想像力超強，常在結尾處有神來之筆，讓讀者產生新的思考角度。中間有時思想跳躍前進，部分詩句十分新穎，思想靈動，活潑無比，有時甚至禪意十足；這是我粗略讀完他的詩作所得到的印象。我不喜歡印象式的批評，下面容我細細的舉出實證，以免空口說白話，太不負責任也。

先說婉約抒情，舉〈春節速寫之一〉即可明白：「聽不

見爆竹聲催／那新的年夾在整季的雨裡／漱漱著，漱漱著／驀然間趕下來了／隨即激起一陣水花／瓣兒竟似日子般殘散／而池中無月／令人不去念酒念詩且無視於無舟／沙岸虛設一席冷／獨留悵然的的江頭水聲／偶爾推醒／舊夢」，文辭十分古典婉約優美，詩中釀出許多舊夢消逝的詩境，如「整季的雨」、「激起一陣水花」、「日子殘散」、「池中無月」、「江頭水聲」，意象十分優美，且無平舖直述，詩寫得深婉細緻，曲盡其妙。葉竹的詩風，讀者若細心，當不難發現有很多這種深情款款，細細輕聲低訴的作品。

〈閒雲小拾〉之一，寫來仍然用心細細刻劃，結尾突然筆鋒一轉，令人有意外的驚奇：「我們正爭論著／把解剖過的刀／是如此驚心閃亮／卻讓醫生的一陣哈哈提著／一張將乾未乾／滴著血漬的心創／原來他胸上臃腫的／是一顆未完成的詩稿」，只有心思巧妙的詩人，才會想到那是「一顆未完成的詩篇」。〈停電斷想〉一首，結尾除了驚奇外，也會讓讀者產生新的思想角度：「這一室的黑照亮一個新世界」。〈枯黃的意義〉結尾幾句也一樣：「化泥後／至少可以安頓一部／蚯蚓的好夢／秋風／請勿用一把壞脾氣／狠狠把我踢開」。〈我是詩蟲，酩酊在一部殘破的書頁裡〉這首結尾更妙：「書海浩深／頁頁任我潛進漫遊／裡頭印有我不敢聲張的打嗝」。讀者若用心搜尋，還有很多，不再例舉。

另外〈閒雲小拾〉之三，思想跳躍前進，讀來十分新奇有味；「我們慢慢飲探／一片乾茶葉的濃度／初澀後一片沁涼／讚不絕口的一種甘」，先敘述飲茶的甘，然後跳到「深褐色中挾有清芬遠方的泥土香／在一杯一杯機緣的下午／午後冷晴不定的感受／圍繞著不老的詩神／詩神不分的老中

青」，又從詩神中跳回泡茶：「你慢條斯理／舉動有序／泡茶的工夫／正拉緩了時間的速度」。竟然跳到時間的感覺了，然後跳到面對茶杯中茶水泡沫的心情感受；「我們頓然覺得／非常的年輕了／而杯中閃閃耀動的／是顆顆不甘寂寞的泡沫／張口啜杯／咬住唇邊的／乃是瓷杯掉落的土黃」是詩人不甘寂寞？還是茶水泡沫不甘寂寞？喝茶的人嘴唇竟被瓷杯掉落的土黃咬住了，話中有話，意在言外，可圈可點。此乃《文心雕龍，隱秀篇》所說的：「隱也者，文外之重旨也。隱以複意爲二。」詩有多種含意，才能再三回味。

再說詩人也表現了不少文化鄉愁的詩，〈夢的島〉：「暮鐘徐徐傳下／千古不遏底調子／相夾著我的祈禱聲／次第撒播的回舊的夢」，又如〈吃桔〉：「隨手捻起一片／於入口中／奇異的是／竟能夠解我一生的／渴」，這種文化鄉愁卻因吃故鄉來的唐山桔，而解了一生的渴，其文化鄉愁，故國之思何等深重。

葉竹詩中的豐富多義性，以〈貓〉一詩最爲明顯：「當夜在頒發入夢的場券／你已貓在瓦上排隊／獵守／一缸透明的驚慌／我懷了一條魚的病痛／／你彬彬有禮／葡匐爬行／輕輕／蹕碎了一片月光／且喵著動人的言詞／笑起來展露一排的／盾幣／／鬱結成瘤／成一枚臃腫的火山／火光是虛假的熱情／拱你上轎下來／下來與我共進晚餐」表面上似寫「夜中的特種行業女郎」，引誘人們花錢成爲火山孝子，像台灣、香港某些名模，陪吃一頓飯要價數百萬港幣，但內裡還有多種暗示，每讀一次，都會有不同的體會，詩人深深擊中人們的弱點。令人感慨的是誘惑何其多啊！怎麼人生到處都有貓在瓦片上排隊，等脆弱的人性上鉤？

另外葉竹詩中的禪意也不可忽視，例如〈四月的零點花絮〉五段小詩，都各盡巧思，尤其第四小節含有無限的豐富多義性，第二小節頗有禪意：「一粒鳥聲／可以擊傷你我」；鳥聲如何擊傷我？此中有真意，欲辯已忘言了！另外〈魚的寫照〉微型詩五首，也都各具巧妙，其中第四首：「你看魚化石／我說呢／那是千古凝固的一粒痛」，真是禪意十足。

限於篇幅，葉竹詩中的諷刺性，如〈挖耳〉、〈拔牙〉、〈一只飄搖的風箏〉等就不再舉例了，請讀者自行欣賞，當你讀到「一只飄搖的風箏／我將隨風而逝呢還是／堅持扎線成根／答案單單靠在／喜歡看風箏在飄搖的／那個人」你會被詩人諷刺人們像風箏被操控而流下一掬同情之淚，既傷詩人，也傷自己，有誰能擺脫命運的操控？中國歷來的諷刺詩，大都以「興託深處」、「命意曲折」來達到「含蓄」的要求，以避免詩意太過清楚直露乏味。

二、曲徑通幽的葉竹

〈深山〉這一首詩，新加坡的詩評家懷鷹已有品評，題目是〈「深山」裡的「隱晦」〉，刊於千島日報 2006 年 9 月 11 日第 11 版。

這一篇評論認為〈深山〉是用借喻手法所完成的別有所指的詩。評文中認為「深山出現廢墟」，作者所欲表白的意蘊即已一目了然；而第一行「怕來到這裡」的怕，即已顯示作者若干失落和傷感的心緒。至於第二段把人看成會走動的樹，建築物是水泥森林，深夜裡不平靜的聲音，都是暗指現代都市的窘境。第三段尤其寫出都市的危機四伏，末段更是反諷那些「奇形怪狀會走動的樹」。懷鷹肯定作者「巧妙的

避開陳腔濫調，人物的轉換如你、我角色互換，自然不露痕
跡。」是一首有技巧的詩。

　　葉竹是我在印華詩壇所認識的較現代化的一位詩人，他
的作品不會直接發抒感覺、直接陳述看法，往往要迂迴一下。
例如這一首〈深山〉，其實是在寫現代都市水泥叢林，交通
混亂、危機四伏的困境。作者在詩行中重疊了複雜的心境，
場景交雜場景，以層層曲折的隱喻構築詩的天地。一般讀者
看到〈深山〉，馬上想到叢山峻嶺，幽谷鳴泉，而葉竹卻代
之以「廢墟」、「奇形怪狀的樹會走動」、「高樓大廈圍起
的森林」……等，把讀者的腦筋轉了一個彎，回味的空間就
加大了。讀者將被教育成懂得詩人會把物象在心靈糾結的時
空中，弄成繁複的變貌，讀者必須自己去尋找詩中迂迴幽微
的隱蔽地帶。

　　同理，另一首寫小型公共巴士的〈北摩〉（BEMO），
也是再三轉折，值得令人咀嚼的詩篇：

　　　會走動的枕形麵包
　　　一上車就注定了
　　　我是一片牛油

　　　風景大同小異
　　　遠近一律等價
　　　半路上會忽然殺出
　　　左右相伴的劫持

　　　站不直身的格局
　　　我的坐位擠擠

還有被壓得扁扁的一生

葉竹的思考，是曲線性思考，不是直線的，雖然裡面在寫公車，但葉竹其實是在轉喻人生，從「我是一片牛油」，更可以得知。尤其第二段，「風景大同小異遠近一律等價」既寫坐公車的真實，也暗示人生的相仿。」半路上會忽然殺出／左右相挾的劫持」，更把人生寫得活靈活現，不是真體悟人生的人，無法寫出。末段更把人在現實生活中的可憐相鮮活道出：「站不直身的格局／我的坐位擠擠／還有被壓得扁扁的一生」；一生委屈求全站不直，一直被人擠得喘不過氣，一生被壓得扁扁的，以公車上的人生來暗示真實的人生，故事性極強，讀來趣味十足。

像這樣暗示性極強，人生的體悟格外深刻的還有〈一把鎖〉：

　　他喜歡絞盡腦汁
　　和我把玩
　　阻我以一把規則

　　我無法動彈
　　全身酥軟
　　門　不知是支持我
　　還是站在他那一方
　　總會發出一聲咿呀的笑

　　他始終不會明白
　　他只能對付的是我

　　至於我想說的話

　　早已通過短信

　　飛出去了

　　葉竹以〈一把鎖〉來描述「他和我」之間的「規則」，
詩中的我被「規則」限制得無法動彈，企求「門」的支持，
但門只在他那一方咿呀的笑，想像空間極大，戲劇性極強。
末段寫「你有政策，我有對策」，他雖然對付了我，但我的
話早已借通信飛出去了，總之，規則限制有形的我，無形的
心意，會用各種方法，讓它傳達出去。鎖得住我的人，鎖不
住我的心。這首詩，寫的是經過轉彎的心思，是心神凝注，
感情沉澱所產生的意象思維。物象的呈現，不是對客體被動
的模擬，是心有所感，而引發瞬間深沉的認知。

　　這種瞬間深沉的認知，下面一首〈窗〉更為深刻：

　　在他叫醒我之後

　　陽光闖了進來

　　不由分說

　　要我乖乖就範

　　他懂得收買人心

　　一大早

　　就將我的秘密洩露出去

　　我不疑有詐

　　一切都聽從他的

　　他給我的風景

原來都是拍戲時的用具

不要靠近窗
它會亮到你全身發冷
它是一口井
使你不能自拔

我只好再開一個心窗
裡面很暗但並不危險
遠遠的
還看到許多被隱蔽的真實

　　這是一首描寫現代人心緒的詩，現代人由於生活的複雜，心緒往往無條理的流動，因此而有意識流的小說之出現，詩亦然。葉竹這一首詩乃屬於意識流手法所寫的詩。詩人被窗（他）叫醒，因為陽光闖了進來，「不由分說，要我乖乖就範」；寫現代人心理的現象，天亮了，要面對人生了，不得不乖乖就範。
　　第二段心緒忽而寫到窗「將我的秘密洩露出去」，暗示現代人比鄰而居，隔窗對望，沒有什麼秘密。
　　第三段思緒又飛到了「從窗看到的風景，都是拍戲時的用具」，既指戲如人生，也暗指彼此生活都相仿，現代人的生活苦況都類似。
　　第四段心緒又把窗想成一口井，一口令你不能自拔的井，思緒跳動得很厲害，甚至說「不要靠近窗／它會亮到你全身發冷」，窗使現代人無所遁形。

末段只好再開一個心窗，由心窗去看許多隱蔽的真實，思緒紛亂中，總算還有頓悟。

像這樣，作者並沒有把真實直接複製出來，詩人不能因關懷現實而直接把意識型態吶喊出來，而是用意識流的美學手法去表現這種真實。

另外〈燈〉（兩題），把一些原來不能相容的意象並置撞擊，而產生了隱約的意義：

一、
不用蠟燭的年代
李商隱的淚
只好留在晚唐裡

他展示的容光
絕對可以持續一段日子
那麼煥發不可一世

我已繳上自己
他還嘮叨
為何沒有年糕

居然有人笨到
把自己鎖進輝煌裡
這些會飛的光彩
讓人痛快又不想抽身

二、

火在向我點頭
要我努力加油

但燃油又漲價了
我能堅持到天亮嗎
起碼眼前並不怎麼模糊
看見螳螂在產卵
幾隻飛蛾是來找死的
真可怕
他連最後的燈也出賣掉了
而陷自己
在一盞透明的陰暗裡

　　第一題中的「蠟燭」、「淚」、「年糕」等並不相容的
意象，互相撞擊，隱約中感覺到作者對李商隱的成就心中佩
服，覺得他「絕對可以持續一段日子／那麼煥發不可一世」，
而自己喜歡寫詩，但現代不是古代，寫詩如「繳上自己」，
親人可能過年時會「嘮叨」；「為何沒有年糕」？而自己居
然笨到「把自己鎖進輝煌裡」。寫詩的輝煌是一種「會飛的
光影」，竟讓作者痛快不想抽身，寫盡了愛詩的矛盾。這種
意義，在隱約中傳達了出來，讀者若仔細閱讀，可以看出作
者字裡行間還是有一些思維邏輯，這些思維邏輯把看似不相
容的意象，碰撞成一首詩的有機體，因而產生隱約的意義。
　　第二首題旨就比較明顯，燈要詩人加油，但「燃油又漲
價了，我能堅持到天亮嗎」？無奈、無助的詩人心情溢於言

表。次段看到螳螂產卵的艱難，暗示自己寫詩的辛苦，又如同飛蛾撲火，一種殉道的精神。末段陷入一種不可救藥的悲哀之中 ——「他連最後的燈也出賣掉了」，極寫詩人之困境。

兩首詩表面上均寫詩人之困境，其實骨子裡乃是批判「以商品消費為中心的文化傾向」。現代人不讀詩，詩被邊緣化的困境，葉竹在詩中有沉痛的呼籲。

第四節　李經藝論

一、一座座拔地而起的山峰

一趟曼谷之行，帶回了許多泰華文友的作品，其中有一本《詩潮》是泰華新詩選第一輯。在飛機上便一路把玩，愛不釋手。突然，翻到第 44 頁，瞥見李經藝的作品，眼睛為一亮，便仔細讀了起來。

「李經藝是誰？我讀了一年多的刊頭詩，為什麼沒有看到他的作品？我很喜歡書中的六首詩，只有看文本，不知其人背景，是否可以探出他詩中的奧祕？」一連串的問號自心中浮起。

他的詩作，使我想起了那年登黃山、遊張家界所見到的一座座拔地而起的山鋒，而那些山峰又時而掩映在山嵐煙霧中，時而白雲分好幾層繚繞在山間，時而好像深山幽谷中一縷縷淡淡的雲氣，有時此升彼降，你來我往；有時洶湧奔騰，好不壯觀。詩中題旨變幻莫測，飄忽不定，這是一位什麼樣的詩人？我充滿了好奇，因此決定就手邊的這六首詩，探個究竟。

先看第一首〈浮塵〉：

浮　塵

一管洞簫，會因臨風的情思，深入秋意。

一葉孤舟，常在無聲的窗岸，停泊不去。

一種人生，終將刻下那，流失的腳印。

年華似水，曾經期許的生命，究竟是重抑是輕？

一首老歌，從遺忘到金曲；一輪明月，從浩亮至淡隱，

反反覆覆表達著何種涵義？

昨日，今夕。

當所有的理念都必須遭遇幻滅而真實；

當一切俗諦都只是為了真諦而成存；

浮塵似你，浮塵似你縹緲的人生，在一次次風鈴搖盪
　　的夢後，

只有深刻的棄悔，只有如歸的平靜。

　　詩人對生命的體悟，有「洞簫臨風，孤舟停泊，腳印流
失」的感慨，他反反覆覆的沉思一首老歌，從遺忘到金曲；
想一輪明月，從浩亮到淡隱。突感昨日猶如今夕，只有遭遇
幻滅，理念才會真實，自己所擁有的才可貴，只有失去才知
道珍惜擁有。一切的俗諦都是為真諦而存在。自己一身如寄，
縹緲的人生彷彿浮塵，多麼微細。在一次次風鈴的搖盪往日
的夢，才知道有些事是深刻的棄悔，此時反而有如歸的平靜。
「只有痛過，才真正知道人生。」

　　沈奇曾評朵思的詩：「在藝術上的不斷超越必有一個不
斷打開和拓展的精神空間作支撐，精神空間不再打開或逐漸

萎縮了，其藝術生命也必然隨之萎縮和鎖閉。而精神空間的
打開和拓展，又取決於詩人生命意識的強弱和生命激情的漲
落，說白了，亦即是否不斷有生命的『痛感』迫使你言說。」
（引自沈奇著《台灣詩人散論》一書中〈生命之痛的詩性超
越—論朵思〉一文：台北・爾雅出版）。李經藝超越了生命
之痛後，只有如歸的平靜，令人讚賞。

　　再看第二首〈藍色血液〉：

藍色血液

　　藍房子
　　藍色花
　　藍星光

　　在久遠的世紀
　　在古老的地方
　　藍色血液
　　純淨流淌

　　江河悠悠
　　天地茫茫
　　他們的身影
　　走向土地
　　走向　人類的燈光

　　藍翅鳥
　　藍色雨

藍天上

他們的語言
隨著千年的傳說
隨著塵煙飄浮的方向
反覆迴盪

藍色血液
始於東方
當回歸的鐘聲　敲響
留下別樣情懷
留下一地
沉思默想

　　詩人每天望著藍色的海、藍色的天空，想回到東方，所以當回歸的鐘聲敲響，其心中別有一種情懷，其沉思默想也無非東方的故國；這種文化的錯位，浪跡天涯的血淚交織，終於使他寫下了〈藍色血液〉一詩，藍色已深入他的生命，所以一切都是藍色的：「藍房子／藍色花／藍星光」，甚至是「藍翅鳥／藍色雨／藍天上」，就如同洛夫〈午夜削梨〉一詩，落下的梨皮，竟然是：「啊！滿地都是／我那黃銅色的皮膚」；詩人對人世的亂離產生巨大的身心之痛，如上的幻覺，實屬可能。李經藝遠離故土到了異鄉，心中所思所念，自然產生奇幻的效果，所以一切都是藍色的，這就是超現實。

　　布魯東對超現實主義有如下的說明：「超現實主義認為，過去被忽視的某些聯想形式具有很大的真實性，相信夢幻無

所不能，相信思想活動能不帶偏見。超現實主義最終摒除一切其他的心理機械論，取而代之，以解決生活中的主要問題。」（引自伍蠡甫主編《現代西方文論選》中之布魯東〈什麼是超現實主義？〉上海譯文出版社）詩人在一番超現實的體悟裡還是有現實和超現實融合的表現。詩人因日思夜念故土，所以望著藍天碧海之後，因而血液都變成藍色，甚至房子、花、星光、鳥、雨，都變成藍色，可見其思念之劇痛，痛到麻木，但他還是想到「在久遠的地方／在古老的地方」，想到先人們在「江河悠悠／天地茫茫」處，「他們的身影／走向土地／走向　人類的燈光」，先人們在尋求安身立命的土地，在尋求人類的希望，這些先人們的故事，「他們的語言／隨著千年的傳說／隨著塵煙飄浮的方向／反覆迴盪」，生命就是如此傳承。末段寫故土仍然令人懷念，還是想回歸。寫盡了這一代亂離華人，遠離故土的哀痛。生存的矛盾，帶來李經藝文思的張力。

二、深山中花朵靜靜開放

靜下來（之二）

而那時　即使波濤
也充滿了寧靜
山形隱隱的深空裡
無聲的花朵　你的歌
祥和且清明

只因一個幻念

深紅的果子　紛紛飄墜
或然間　沙岸和魚
都已回到
你的夢裡

潮聲四起
百年一瞬
從此而有了身影
月光之下
遺忘了過去
多出了心情

百年一瞬
潮聲四起
從此而有了行程
冥冥之中
滿天風雨
與你同行

陰陽已過
路在喧聲中　漸漸消隱
天地交合時
在你突然醒來的靜寂裡
流放的血液
如何復歸

　　對藝術創作，靜往往可以構成非常有利的創造環境；心不靜，則意亂，意亂則文思不順。詩人在靜下來之後，理一理思緒，即使有波濤，心充滿寧靜，此時山形隱隱的深空裡，有花朵靜靜開放，你的歌祥和清明，一個十分完美的世界。

　　他心中還是有一個幻念，因此幻念企盼的深紅果子，竟紛紛飄墜，此時沙岸和魚在或然間回到你的夢裡，沙岸可以下水，魚可以迴游，此處已暗示末句的「如何復歸」。三、四段均在寫流浪在外的心情，體會到百年只是一瞬，時間過得多麼快速，而潮聲四起，自己何時下水，何時回歸？此時只有身影在月光之下徘徊，思前想後，遺忘過去，但還是多出了沮喪的心情。感於時間的快速消逝，聽到四起的潮聲，便決定了行程，冥冥之中，雖有滿天風雨，還是要與你同行。可是這只是夢境啊！陰陽已過，路竟在喧聲中消隱，我怎麼走？在天地交合的瞬間，我突然清醒，血液中已有流放的色彩，如何回歸？痛心之情，溢於言表。此詩語調浪漫而深情，內容卻充滿人生的無奈與滄桑，是這一代流浪異地人士，企盼回歸的代言人。

　　再看第四首〈輪迴（二）〉

輪迴（二）

流星划過

點亮家門

岸邊的孩子

千年的星光　照出

今生的幻影

一樣的風景

反覆歌吟

在經世的水聲裡

天真的孩子　你的罪過

無人可管

靠近四季

靠近陽光

覺者呵　文明之末

如何找回

他們的淚水

回到終點

岸邊的孩子

月光一樣純淨的兄弟

相對片刻

在另一個地方　又被

生之所累

　　這是一首宗教輪迴的理論詩，卻沒有枯燥乏味的言說，反以一種柔和親切的調子來書寫，讀來親切感人。詩人「天真的孩子　你的罪過／無人可替」及「在另一個地方　又被／生之所累」是「輪迴」一詩的核心主旨。「岸邊的孩子」有面臨犯錯的邊緣之意，也有前世今生分界中間的岸之意，讀者可以自行領會不同之岸，會有不同的體悟。此詩之中意象，如「流星、星光、幻影、水聲」等均甚佳妙，有助於一

首詩的深刻有味和耐讀。

三、議論與教誨，靈動耐讀

錯　過

最後
一道生死之界
使你
世世流離

陽光依舊
山川依舊
糾纏的靈魂
逼視置換的面孔
一再相遇

還是回來容易
四面八方
皆可就位
在虛設的光燄中
有夢魘的迷醉
有鳥類同行

十分可能
在血與血的堅持中
穿過浮塵

穿過水與水的距離
便是真岸
便是永生之地

以為現實的土壤在製造玫瑰
—— 伸手可及
以及是縹緲的幻境不必追尋
—— 無影無形

起伏的海濤
代代不寧
錯過的船桅
永世憾悔

　　這也是一首宗教體悟的詩，詩中「一道生死之界、便是
真岸、便是永生之地」均為宗教語言，詩中難免說教：「一
道生死之界／使你／世世流離」、「起伏的海濤／代代不寧
／錯過的船桅／永世的憾悔」等，但議論詩、教誨詩能寫得
如此靈動耐讀，已經十分不簡單。
　　再看第六首〈位置〉：

位　置

掉　掉　掉
由於一個最初的私慾
生命　在不明不白墜落中
變為一種傳說

淡去的軌跡
成幻　成謎

而後有了荒月
新城
返回的馬匹
從頭至尾
造成了一種格局
一種　走不出的境地

而後便有了位置
在上
在下
於最後一個空間
臨摹著前世的水聲
一再　浮沉

時光流散
好在自水歸水
回到原初時　方知
所有的位置
都不是位置
你的光燄
在最簡單的笑裡

這首詩仍然是一首宗教哲理的體悟詩，一寸寸的向前推

演：「掉　掉　掉／由於一個最初的私慾」，逼進到「而後有了荒月」，再逼進到「而後便有了位置」，等「回到初時　方知／所有的位置／都不是位置」，一種突然的頓悟。詩中「成幻、成謎」、「一種　走不出的境地」，「臨摹著前世的水聲／一再浮沉」，均是作者渲染的一種境地，然後再從中引出「你的光燄／在最簡單的笑裡」，明白告訴你頓悟的所在。

　　詩人以一種如雲朵飄忽的技法，忽而在前，忽而在後，忽而在山巔，又忽而在山谷，如黃山之雲，如張家界仙女峰在煙嵐中飄忽，有時如金鞭溪的奇峰怪石，有時如寶峰湖中的秀麗景致，讓我讀之再三，不知不覺竟沉迷其中。

第五節　嶺南人論

異化與疏離 ── 析論嶺南人的都市詩

　　張漢良在論「都市詩」時，從「作品和批評的關係」及「作品和批評的發展」，在「歷史化」（historicized）與「相對化」（relativized）的落實批評言談上（critical discourse），舉一些詩作做抽樣討論，認為「都市詩」有定義問題；即什麼叫「都市詩」，與社會、經濟、政治有何因果、辯證、功能關係？還有「都市詩」名詞產生的由來，是不是會因不同立場、觀點、理論、方法及策略，會有不同的稱呼？「都市詩」是不是存在？如果不存在，我們如何談它？因此張漢良假設「都市詩」是存在的，所以用了兩部分的工作，第一部分是敘述有關「都市詩」的語言發展史，第二部分敘述台灣「都市詩」發展的面貌，來完成「都市詩學」的研究。在研

究中，張氏指出，「都市詩的文學批評」言談閱讀的是詩，
不是都市，但事實往往相反。（參閱張漢良〈都市詩言談—
台灣例子〉係 1988 年 11 月 5 日香港大學亞洲研究中心所舉
辦之『現、當代中國文學研討會』宣讀之論文，刊於《當代》
第 32 期，收入鄭明娳總編輯之《當代台灣文學評論大系》第
四部《新詩批評》，孟樊主編，台北正中書局出版。）

　　我之所以摘錄張漢良這一篇一萬五千字的長文要點，主
要原因是它是一篇台灣較早出現、較有系統的「都市詩論
述」。這篇文章把台灣的都市詩重要作品，均一一歸類論述，
例如以「都市詩」大師羅門的〈玻璃大廈的異化〉來論述「人
的異化」，以另一首〈咖啡廳〉，指出人如何中介於「第一
自然」與「第二自然」之間。以吳晟的〈路〉來論述「被譴
責的城市」；以沙穗的〈失業〉來論述「人的疏離感」；以
及林彧的〈在鋼架的陰影下〉來論述「都市與自然實已不可
劃分」，以及林彧的另一首詩〈B 大樓〉來論詩人看到的現
象是「軀體的反射」；另外陳克華的〈星球紀事〉、林燿德
的〈都市終端機〉顯示出了與前行代詩人不同的書寫方式的
革命。這些台灣優秀「都市詩」詩人的表現與成就，正是我
論述泰華詩人嶺南人詩作成就的重要依據。

　　嶺南人，本名符續忠，1932 年 10 月生於海南海口市。
畢業於山西大學中文系。業餘寫詩與散文。著有詩集《結》、
《我是一片雲》等，作品〈歷史老人扔下的擔子〉入選《新
詩三百首》。龍彼德在評述泰華《詩潮》32 期作品時，曾舉
嶺南人作品〈一九九八·曼谷〉一詩論述泰華詩作具有「關
注當下與回味人生」的特色。本文則專門以嶺南人作品中的
「都市詩特質」加以分類評述，至於其他成就則留待來日再

作討論。我選用的詩作，乃根據「泰華新詩第一輯」《詩潮》
所選入的嶺南人部分作品，它們的特色我分述如下：

第一，譴責式的都市詩：幾乎所有有關於都市的書寫，
都有譴責性的傾向，它們不是譴責都市的擁擠，就是指責都
市髒亂。例如〈曼谷・養眼與不養眼的風景〉片段詩句：「挖
大大小小的洞／填深深淺淺的溝／你挖你的溝／我挖我的洞
／填了又挖，挖了又填／修，不完不了的路／煙塵紛紛／與
噪音齊飛／大街小巷／到處是摩托車／忽左、忽右／與人爭
路，與車爭路／呼嘯而來，呼嘯而去／丟下一路怕人的噪
音」，痛責都市不斷挖馬路，機車橫行，寫盡了都市人在交
通上的夢魘。〈不是風景之一：二隻蒙面獸〉則譴責都市的
「搶匪橫行」，警察無能，政客顢頇。

第二，書寫都市人「異化」的特質，例如〈不是風景之
二：清一色黑衣服〉中的部分詩句：「清一色黑衣服／清一
色黑領帶／汽車，戴上黑色的喪服／十里長街／一輛緊接一
輛／穿過驚愕的眼睛」，特寫出「特質文明的發展，造成人
的異化，大自然以及人性的離異」（張漢良論羅門用語），
是什麼原因，使詩人的眼睛凝固在「一片黑色」上面？是什
麼原因詩人的詩句如此轉化心中的悲觀黯淡感覺？詩人的眼
睛看到的竟是「清一色」的黑？還是所謂「都市中的自然」？
與羅門和林彧的詩都一樣看到「都市與自然實不可劃分」？

第三，都市人疏離感的控訴：以〈孤寂 —— 寫給無家可
歸的老華僑〉一詩部分詩句為例：「老人孤零零／依然蹲在
相思樹下／匆匆的行人／匆匆走過／沒有誰停下／看他一眼
／問他一生」，與台灣的「遊民」有相同的處境，人際間的
疏離莫此為甚！

　　第四，痛責都市的劇變：以〈一九九八・曼谷〉一詩的部分詩句爲例：「往日，飲十萬一瓶／紅酒的豪客，如今／街頭擺攤，叫賣／五十銖一隻的燒雞／三十銖一份的三明治／往日，金魚缸裡釣到的大魚／荒地裡挖到金礦的座山／高坐平治、寶馬奔馳／如今，也排隊擠公車／嘗嘗汗臭的辛酸」，一下子由千萬億萬富豪而變成擺攤、擠公車的貧民，都市在金融風暴中的劇變，比鄉村來得慘烈。

　　第五，心靈調適的書寫：做爲都市人，如果只會譴責，他將痛苦萬分，因此嶺南人也做了都市人如何調適的書寫，爲都市人指引一條「問君何能爾，心遠地自偏」的明路。例如〈病床上聽鳥聲、鐘聲、歌聲〉一首部分詩句：「窗外／早起的鳥聲／比早起的太陽更早／把我搖醒／陽光，穿過低垂的窗簾／伴著鳥聲、鐘聲、歌聲／飛進來」，身居擁擠的都市，如同病人躺在病床上，不做調適，豈能痊癒？詩人做了很好的紓解。

　　以上五種特色，均係將嶺南人的詩作抽樣的剖析，由於這一類作品往往犯了「意在筆先」的毛病，應該在「新鮮」、「創意性」的見解之書寫上下功夫，才能讓人讀後「拍案叫好」。不然就是在詩的技巧上下功夫，如龍彼德的建議：「再舖開一些，將筆觸深入人的靈魂，再配合一點超現實主義的手法，將會有更大的震撼力。」十分正確，可以參考。

第六節　曾心論

一、想得妙寫得巧再創新境

　　曾心的小詩，我在「小詩賞析」中，介紹了很多，對他的「巧思」、「格物致詩」、「人生體悟」等重要特質，十分心儀，現在就根據刊在泰華新詩第一輯《詩潮》中的作品及《曾心中英對照短詩選》等作品，再深入探究。

　　本名曾時新的曾心，1938 年生於泰國曼谷，祖籍廣東普寧，廈門大學中文系畢業，曾在廣州中醫學院深造。著有《曾心文集》等八部，作品在國內外獲獎多次。《曾心文集》選入《東南亞華文文學大系》（泰國卷）；〈藍眼睛〉選入北京語言文化大學《漢語普通話教程》、《世界微型小說大成》及《春蘭・世界華文微型小說大賽獲獎作品集》；〈鱷魚密碼〉選入《世界華文報告文學獎作品集》；〈大自然的兒子〉選入《20 世紀中國散文英華》；〈猴面鷹哀思〉選入第一屆冰心文學散文參賽文選《千花集》；〈在水鄉棲居處〉選入第二屆冰心文學獎小說參賽文選《玫瑰花集》；〈三愣〉、〈巷口轉彎處〉、〈頭一遭〉、〈藍眼睛〉選入《世界華文微型小說名家名作叢編》，2005 年 3 月，又由廈門大學出版《給泰華文學把脈》，可謂創作等身的名作家，現為奉華作家協會理事，廈門大學泰國校友會祕書長，《泰華文學》編委。

　　我之所以如此詳細介紹曾心的生平，是鑒於作品及人品，一個人的經歷絕對會影響他的作品，瞭解一個作家的生平，將有助於瞭解他的作品。下面我就研究所及，提出曾心詩作的特色，以就教於方家。

　　第一是巧思；寫短詩最重要的是巧思，如果想法平平，內容平平，語言也平平，將引不起讀者興趣。例如〈酒後〉一首：「直直的巷，／走成彎彎曲曲的路。∥在背後，／散

蕩著一串酒話：∥『他是個甚麼東西？／動輒用飛……機，／炸……彈！∥我……不怕，我有……酒的原……子彈！』」前兩段平平，結尾把一個酒言酒語，其至瘋言瘋語的酒鬼形象完全刻劃出來：「我有……酒的原……子彈！」十分鮮活生動，這就是巧思。

　　第二是格物致詩；從物的特性去寫出它的奇妙處，最易吸引讀者。例如〈扁擔〉一首：「一肩挑著太陽，／一肩挑著月亮。∥夜以繼日，／彎彎的扁擔，／挑不完人間的苦難！」扁擔是實的，生活的重擔是抽象的，虛的，以實寫虛，意象就十分清晰，前兩句已有太陽和月亮代表日夜，第三句「夜以繼日」乃多餘，可以刪除。曾心許多詩作都可以按圖索驥，找到這種「格物詩」。

　　第三，體悟人生乃是詩作的重要素材，千百年來為人不斷讚頌。曾心詩作中也有許多人生體悟的作品，例如〈我的小船〉：「我的記憶小船／曾在鷺江靠岸／拾得許多玲瓏的貝殼／載著一船憧憬與夢幻／我的生活小船／曾幾遭暗灘／顛顛簸簸／載著一船苦辣甜酸／我的心靈小船／曾一度擱淺／癡癡撿些方塊文字／載著一船斷簡殘篇」，把生命中曾有的「記憶、生活、寫作」等「憧憬、夢幻」、「苦辣、甜酸」及書寫的「斷簡殘篇」寫出來，述說一生的體悟、感懷，不失為寫詩的重要方法，若能在「謀求新奇，打破常規，創造鮮活」方面再加用心，曾心的詩自是不可限量。例如〈放生〉一首：「一隻鳥／從鳥籠放出／去恢復自由／另一隻鳥／又被關進鳥籠／失去自由」，無法寫出一般人無法表達的東西，十分可惜。

　　第四，鄉愁的書寫；乃華人旅居異地，浪跡天涯所產生

的自然情愫，這一代旅外華人，大都會寫一些懷鄉的作品，曾心自是不例外。他寫懷念中國河山的詩作不少，例如〈題在絲綢之路的詩〉中就有〈駱駝草〉、〈陽關〉、〈月牙泉〉等，另外〈汨羅江〉、〈在炎帝像前〉及〈在孔明石像前〉等均是作者到中國旅遊的作品，而〈雨花石〉、〈大理石〉及〈圓了回鄉夢〉等均是思鄉作品，其中〈大理石〉結尾：「這時，我才偶然發現：我帶回的不僅是片片的大理石，而是壁壁的錦繡河山！」有「驚奇結尾的效果」，而〈圓了回鄉夢〉等卻表現平平：「把眼睛掛在高山的樹梢上／縱覽一生未見過的家鄉／把掌心按在殘斷的舊牆上／追思父輩曾住過的地方／捧起粗糙的大碗／浮想父輩吃的番薯粥／撿起路邊的枯枝／想起父輩上山打柴割草／腳皮踩在鄉間小路上／尋思父輩牽著老牛去耕田……／我不敢驚動鄉親父老／不想去翻閱村裡族譜／只望著村旁的圓山墩／我的心貼近那光禿禿的【圓】／抱著、吻著這麼歷史滄桑的老人∥頓然有一種滿足感／此次我回來看看／總算是圓了三代人的回鄉夢。」一般人的寫法，曾心是名家，我以「春秋責備賢者」的心情必須指出：「太平舖直述了！」我們知道，古往今來不知多少詩人寫過鄉愁詩，但詩人心中一定要想：「我是不是賦予了截然不同的表現方式，是不是作了全新的處理？」例如洛夫寫〈邊界望鄉〉，打破了一般人的慣常感受，誇大效果造成這一首詩句：「望遠鏡中擴大數十倍的鄉愁／亂如風中的散髮／當距離調整到令人心跳的程度／一座遠山迎面飛來／把我撞成了／嚴重的內傷」，龍彼德評曰：「一貫主體化的鄉愁，打破了人們的感受習慣，搖身一變而為客體，且在膨脹（「擴大數十倍」）、飛動（「迎面飛來」），把詩人撞

成了嚴重的內傷。在這裡，鄉愁就等於傷、病，等於一種猝
不及防的襲擊，等於渴望已久又承受不了的心理負擔，這比
『近鄉情怯』、『斬不斷理還亂』之類的傳統說法不知要形
象化多少倍，新穎多少倍。」（引自龍彼德〈大風起於深澤〉
—— 論洛夫的詩歌藝術，收在《創作與理論》一書，湖南出
版，在台灣收入蕭蕭編《詩魔的蛻變》，台北、詩之華出版）

　　綜觀曾心詩作已能掌握詩心要領，若在語言、技法上再
加以突破，寫人之所未寫，創新新境，則更有可觀。

二、窺情風景，鑽貌草木

　　曾心要出版短詩集了，令人由衷欣喜，為他祝福。這幾
年來，我在副刊上解讀了曾心不少短詩，但大都從寫作技巧、
詩作內涵出發，目的是引進一些詩的讀者。但曾心在出版詩
集時，我又重讀了這些詩，發現曾心的詩與現代詩學某些要
義吻合，乃不憚愚陋，在此提出，以就教於詩人和讀者。

　　當代法國詩學家加斯東・巴什拉（Caston Bachelard）在
《夢想的詩學》一書中說：「一個詩的形象，可以是一個世
界的萌芽，一個呈現在詩人的夢想中的想像天地的萌芽。在
詩人所創造的這世界前，驚奇讚賞的意識極真純地開啟了。」

　　從「山水篇」的詩作中，我讀到曾心夢想的天地之萌芽，
例如〈峰〉：

　　站在山頂上
　　人比山峰更高

　　人總要下山來

　　然而
　　那「峰」是我立足的準點

　　這種意識純真的開啓，造就了詩人以詩來撫慰人們受傷的心靈。當人們怨嘆自己處處不如人時，想到別人站的基準點是在高山上，當然比我高，如果換成我站在高山上，我不就比他高了嗎？這樣一個世界萌芽，在曾心的詩中，可以找到很多具體的形象。

　　英國哲學家吉爾伯特・來爾（Gilbert Ryle）在一篇〈構想與看見〉中說：「看見是一回事，構想或設想是另一回事。一個人只在睜開雙眼，周圍景物被照亮後，才能看見事物。可是，當他閉上雙眼且周圍又是一片漆黑時，卻能在想像中看見一些圖像。」以這樣的哲學思考背景來看曾心的作品，他的詩並不完全是睜開雙眼看被照亮的四周景物，而是一種回味、反思，也就是事後加以回想。我看見一件事物，閉上眼睛再「看」這件事物，也不完全相同。也就是「現象學」的詮釋：「通過經驗或想像所提供的實例，並根據在想像中對這些實例做有系統的改變和心象研究，就可以洞察這些現象的基本結構和事實關係。」也就是胡賽爾（Edmund Husserl）的名言：「訴諸事物本身」。我們看曾心的詩，可以在「現象學」中找到他寫作的基礎，有時是事物之隱形或變形。例如：〈絕壁〉：

　　螞蟻
　　爬不上
　　鳥兒

飛不過

絕壁頂上
趴著一棵古老松

　　這個「絕壁」已不是真的絕壁，而是人生「難關」的隱
形或變形。曾心勾稽隱形，查就變形，「觀察」在想像中完
成所形成的詩篇之終極關懷，已經不是字面上的而已，而是
透過洞察經驗，形成另一種現象，來暗示人生。也就是《文
心雕龍》〈物色〉篇所說的：「窺情風景之上，鑽貌草木之
中。」而予以人生實相的意象暗示。
　　像這樣觀物的用心，〈一線天〉一首更明顯：

不知哪個朝代的好漢
錯劈一刀

鐵石心腸
便見天光

　　曾心心中的山水，傾向保留世俗政治的自我看法，去掉
獨善其身意義的自我。由這首詩，充分顯現曾心個人政治意
識堅強信念，即使堅硬如石，只要是英雄好漢，就可以劈開
一線天，為人們帶來希望。從這首詩看出曾心不是公共政治
的旁觀者或隱身人，而是同時代人的代言人或吹號的號兵。
他常用與事物本身無關的外物，如山石、峰頂、絕境來指涉
自我的真實處境和切身感受。這種經驗的自我，和理想的自

我、匿名自我與公共自我，完全能夠並存於同一個文本化身
之中。

曾心的作品，很多都是刻劃自我的詩篇，他刻劃兩個自
我；一個是在大地上流亡的自我，一個是經歷內心天路歷程
的自我。例如〈火山〉：

> 本是心中一團火
> 要為人類事業燃燒
>
> 無奈受到壓制
> 使我一直處於
> 忍與爆之間

在忍與爆之間，作者相互追問，一個在大地上流亡的自
我 —— 受制，受壓迫的自我；一個經歷內心天路歷程的自我
—— 是要忍？要爆？詩人借用「火山」發聲，替千萬受迫害
的人發聲。這個發聲的自我就是寫作的自我，但是為了生活
上的自我，也許就忍了，認了吧！

這種自我描繪，不是現代主義的自我中心、自戀或自瀆，
而是去觸摸這種無語的、無影像狀態的內心自我。曾心近作
所描述的自我，比所有人還低，他的詩作，從表面上看是對
日常事物的描述，但深處卻指涉某種特定的精神狀態，例如
〈石頭〉：

> 一直處於冷靜
> 什麼力量也撼不動

即使天崩地裂
也忍著招架
裂變成
更多的一塊塊……

　　措詞上是寫實的，但事實上卻是超現實的一種精神狀態，但為了生活上的真實自我，只能讚嘆石頭的剛強。而曾心所描述的自我，比我們想像的更低，他越來越多關注那個向下的、卑微的自我。曾心在詩作中，一再暗示詩人是為孤獨而寫作，甚至孤獨到遠離人群，去聽湄江的水聲，如〈聆聽〉：

捧勺湄江水
聆聽 ——

泰北山脈的寂靜
泰海灣波濤的喧鬧

唯一聽不到
曼谷城裡的鳥啼聲

　　孤獨的詩人，在詩中表達了願意遠離曼谷的鳥啼聲去聆聽泰北山脈的寂靜、泰海灣波濤的喧鬧，可見他的孤獨心態十分明顯。

　　詩人對寫作的卑微，更可以由〈網魚〉一首看出：

　　槳聲處
　　飛出一曲非常漁歌

　　船頭的漁夫
　　趕著落日
　　撒向江心
　　打撈最後一網希望……

　　詩人和漁夫一樣，都在「打撈最後一網希望」，足證詩人心中無所不在的空虛。〈卵石〉一詩，本來有菱有角，被歲月磨成「只有一個『0』；」〈冰〉，雖無一點私心，但「溶化後，一無所用」。詩人以時間先後現象對比，經過詩人心靈與修辭間之激盪，終於寫出了無法令人釋懷的滄桑感。這不單是詩人在精神上的單純展示，而是一種美學上的鋪衍，我們從曾心詩心中，可以獲得無止境的體悟。

　　早期曾心的作品，表現平平，與通俗、老套無法有效切割。後來越寫越好，是一位不斷力求上進的詩人，我樂於在他的新詩集出版前夕，大膽為文推荐，希望讀者真正讀到文本後面曾心的「真我」。

第七節　陳穎杜論

　　2005年10月24日湄南詩人陳穎杜從北京寄來他新出版的中英對照短詩選《愛的時光》及一些資料給我，十分珍貴。

有助於我研究湄南新詩。1931 年出生的陳穎杜，原籍海南文昌。1948 年畢業於廣東省瓊崖師範學校。年輕時代只帶三元港幣到香港闖天下，之後又到泰國，經過二十年艱苦奮鬥，成爲成功的企業家。六十五歲後把事業交由夫人管理，專心寫作，著有傳記文學《三元港幣闖天下》、《我的路》、《希望》等，詩集有《人生之歌》、《靜靜的湄南河》、《陳穎杜短詩選》、《愛的時光》等，創辦有《海南人》雜誌，並有小說、詩歌等文學作品在國內外報刊、雜誌發表。

從 2005 年 2 月 16 日《世界日報》副刊中有一篇〈和非馬談生活〉，得知他之棄商從文，深受非馬的影響。他說：「非馬自美國核子工程師退下，專心寫作、繪畫、雕刻……1998 年給我一份統計，他以業餘時間，寫出七百多首詩及上百篇小品文，翻譯了上千首各國的現代詩與爲數可觀的散文及短篇小說，主編幾本台灣及大陸當代詩選，畫了上百幅畫、做了幾千件雕塑。」因此他毅然決然把事業交給夫人，果然，幾年以來出了好幾本書，且仍繼續筆耕中。

我曾在「小詩賞析」中讚賞過他登在 2005 年 2 月 26 日副刊的刊頭詩〈星星〉，十分欣賞他的巧思與留白，尤其悟性慧根很高。再三展讀他寄贈的《愛的時光》，還是覺得他的兩三行小詩寫得最好，即第六輯的「詩海拾微」。

例如〈微笑〉一首：

情人用來求愛
朋友表示親切
貪官用來防禦

同樣的「微笑」，在不同人的身上展現出不同的功能，可見他觀察人世之入微、之深，詩中有小說戲劇的情節功能，也含有反諷的警世作用。

再看〈岸的盡頭〉：

> 海的盡頭是岸
> 岸的盡頭是
> 人生甜酸苦辣

更是一首深諳世情，深體世理的佳作。像這樣小而美的「格言詩」，頗有詩花的功能，不但有益世道人心，對現代詩破除「小眾」也可以發揮一番力量。

其次是他的人道關懷的詩篇，例如〈致安南〉：

—— 2004 年 8 月 4 日聯合國秘書長安南在曼谷出席全球抗治艾滋病大會會見有感

> 黑雲層層壓頂
> 您高高舉起明燈
> 把地球照明
>
> 狂人要把地球逆向運轉
> 您挺身大聲高呼
> 不
>
> 瘦骨嶙嶙的弱童在掙呼
> 人類在受苦

　　您用愛心沐哺

　　艾滋在擴散蔓延
　　您走在最前線
　　把洞口塞堵
　　在人類的世紀
　　您打造
　　不朽的歷史

　　詩中的愛心，寸寸流露，最適宜朗讀。詩中仍然有「黑雲」、「明燈」等意象語，但並不晦澀，這種人道主義的詩，如果像洛夫的〈剔牙〉在情節、語言上創新，在比喻上更新鮮淺白，就更容易在讀者腦中印象久留。

　　再次就是親情懷鄉詩，寫得四平八穩。例如〈退了色的手杖〉一首，對母親的追憶將和母親留下的手杖同在，令人動容。惟在新鮮創意上仍顯不足，可以洛夫的〈血的再版〉做參考，加強意象的新穎、不重複等方面著手。

　　另外懷鄉詩也頗有可觀，例如〈北望神州〉、〈故鄉〉等，寫得也頗感人。李白的〈靜夜思〉，詩中沒有什麼特殊，只有「望月思鄉」而已，卻千古傳唱。不過，近代詩藝術比較重視創意，若太平實，不易討好。還是再說到洛夫，他的〈邊界望望〉就在形象上新穎得多。例如部分詩句：「望遠鏡中擴大數十倍的鄉愁／亂如風中的散髮／當距離調整到令人心跳的程度／一座遠山迎面飛來／把我撞成了／嚴重的內傷」。詩評家李元洛就評這首詩：「有獨特的感受與獨特的表現，絕不雷同於其他詩人……詩人的獨特感受提昇為一種

具有當代意義的普遍性的情境，從而獲得更高層次的社會價值與美學意義。」（見七十二期《創世紀》頁 138 另有龍彼德的評論，請參閱本書〈曾心論〉）

陳穎杜能在經濟無憂下，棄商從文，且創作新詩有良好的成績，可以結合嶺南人、曾心……等人及一些財力不錯者，投入湄南新詩典律的基礎工程之建立，將來湄南詩壇必會大書特書，人生將更燦爛輝煌。

第八節　顧長福論

最近一年來，有機會讀到泰國、印尼《世界日報》副刊的詩作，並為佳作寫一點賞析與讀者分享，其中顧長福的詩，頗引起我的注意，也介紹了幾首，想不到竟蒙他的抬愛，希望我為他的新詩集《顧長福的詩 108 首》寫幾句話，盛情難卻，只好不憚愚陋，一探顧長福詩作的藝術世界。

綜觀我手邊顧長福的詩，幾乎都是人生體悟深刻的作品。由於每首詩都有人生哲理貫串其間，因而形成顧長福獨特的藝術世界。以〈歲月無情〉乙詩為例，正閃爍著顧長福人生體悟深刻的智慧之光：

結婚當年
對著相機
咧開小嘴咪咪歡笑

花甲年頭

鎖緊嘴唇
兒孫們哈哈大笑

這首詩如由年輕人來寫，可能無法體會當年結婚和年逾花甲的兩種心境。當然，年輕時結婚快樂無比，咧開小嘴笑咪咪。然而，等到花甲之年，青春消逝，不是感嘆時光易逝，緊鎖雙唇，笑不出來嗎？此時反倒是兒孫們哈哈大笑，十分諷刺；這種對比的力量，也十分讓人樂於閱讀。朱光潛在他的《美學》中說：「培養文學，有如開疆闢土，逐漸把未來非我的征服為己有。」既要征服非我之物成為自己所擁有，當然要創造意象；顧長福的「兒孫哈哈大笑」，本非己有，但在此處已被征服為己有，用來對比自己年華老去；許多人見到自己的小孩大了，才知道自己老了。看到兒孫們年輕的笑聲，彷彿自己失去的青春；一字不著悲傷，悲傷自在其中。像這樣仍然保有詩意和詩質的哲理詩，和一般直抒胸臆，未經藝術技巧轉化的詩作，其成就自不能相比。

顧長福的詩作的另一特色是「巧思」；具有巧思的作品令人拍案叫絕，有意外的驚喜。巧思往往能把各種新詩的寫作技巧運用於無形。例如〈編輯〉這首詩，就是善用巧思「設喻」成功的作品：

選好幾片粽葉
將糯米餡料
一起裹住　紮緊

煮透它

讓食客來評價

以做菜烹調來設喻編輯工作，十分恰當；顧長福抽樣選取「包粽子」來完成詩篇，其中選粽葉、選餡料，如何裹住、紮緊正是編輯功夫，一旦作品呈現出來，就只有讓食客來評價，你說我編得好，讀者不喜歡，一樣沒輒；你的粽子包得再出色，一定要食客叫好。當代新詩和許多前衛藝術，往往自己叫好，別人敬而遠之，詩集沒有銷路，自己卻稱大詩人，這樣的作品，如果老編一再採用，這個刊物的命運便可想而知。（本詩詳細分析請參閱第二章第十五節）

顧長福的作品中，以巧思而把人生哲理呈現出來還有很多，例如〈磨刀石〉，把刀子接受磨刀石磨練而成一把鋒利的匕首，比喻人生接受考驗而後成大器，沒有說理之弊：

　　我生來醜態
　　你卻喜歡在我身上
　　使勁地磨呀　刮呀

　　不外　只是在鑒定我

　　交卷了
　　是一把鋒利的匕首

葉嘉瑩在評比謝靈運和陶淵明的詩作高下時說：「謝靈運也排遣，也說覺悟，但都是空話，不是內心的真感動，寫山水只是刻劃形貌。而陶淵明從景物中了解到一種宇宙人生的微妙道理，融入山水之中，得到真正的心靈的平靜，謝詩

則不能融化在大自然中，空說了一堆道理，不能得到真的平
靜。」顧長福的〈磨刀石〉，已經將人生的真感觸融入詩中，
沒有說一堆空話，這樣的詩是有生命的。葉嘉瑩在談王維的
詩中又說：「王維寫山水既不需要過渡到感情，他的特色就
是把沒有生命的山水自然寫出生命來。」顧長福把沒有生命
的磨刀石寫出生命來，令人嘆服。

　　由於顧長福的巧思，使他的許多詩作；除了設喻佳妙外，
也常令人讀到戲劇性的妙趣。例如〈舌頭〉和〈寶座〉這兩
首；先看〈舌頭〉這首：

　　　薄薄而鋒銳的刀片
　　　只能割傷肢體

　　　尖尖的小舌頭
　　　是挖掘塚土
　　　斷魂的工具

　　顧長福把「舌頭」設喻爲刀片，但刀片只能割傷肢體，
小小的舌頭竟能「挖掘塚土」，是「斷魂的工具」，令人駭
然。這就是戲劇的張力，以之演成短劇，當令觀眾叫絕。（本
詩詳細分析請參閱第三章第十八節）

　　另外一首〈寶座〉，除了有戲劇性之外，更兼有諷刺性：

　　　站得久了
　　　很想坐

一旦　坐得很舒服
難道還想站嗎

　　人們常說：「上台靠機會，下台靠智慧。」但許多人一旦坐上「寶座」，就捨不得離開，顧長福看透人生舞台上的種種人物，因有所感而寫出如此具有反諷性的作品。（本詩詳細分析請參閱第三章第十九節）這種反諷作品還有〈鞠躬〉乙首，諷刺得十分有意思：

在校時
學會鞠躬行禮

踏入社會了
更要行禮　謙恭禮讓
甚至對死人
也要給他一個
最後的敬禮

　　這首詩顯現做人的悲哀，在校時先學會鞠躬行禮，等到踏入社會，更要見人就鞠躬哈腰，如果在一個專制社會，對所謂已死的領袖，仍要敬禮，真是一件無可奈何的事。
　　顧長福的詩作另一特色是不做固定的答案，讓讀者自己去體會，例如：〈明白未來〉這首：

鐘擺　左擺右擺
世人說　左派右派

時間最能決定未來

最終　人們反省後才明白

　　這首詩的妙喻就是以鐘擺來比喻左派右派，如果你像鐘擺，忽左忽右，那又如何？兩邊意識形態對立那又如何？只有時間能決定未來，人們反省才能明白；反省什麼？明白什麼？作者沒說，留下無限的想像空間，詩因而更耐讀，更有味。（本詩詳細分析請參閱第三章第二十節）經過以上數首詩作的抽樣分析，顧長福詩作的特色，已經八九不離十矣。這樣的特色，正顯示顧長福詩作的詩質，具有高度的藝術性。值此顧長福詩集出版前夕，把它提出來，除了就教於方家外，也算是對顧長福出版新作的道賀。

參考書目

1.張默編：小詩選讀，爾雅出版社。

2.張默編：小詩・床頭書，爾雅出版社。

3.向明著：我爲詩狂，三民書局。

4.蕭蕭著：台灣新詩美學，爾雅出版社。

5.白靈：一首詩的誕生，九歌出版社。

6.沈奇：台灣詩人散論，爾雅出版社。

7.張漢良、蕭蕭合編：現代詩導讀，故鄉出版社。

8.向明：新詩 50 問，爾雅出版社。

9.蕭蕭：青少年詩話，爾雅出版社。

10.章亞昕：情繫伊甸園，文史哲出版社。

11.葉嘉瑩：詩馨篇，書泉出版社。

12.蔡源煌：從浪漫主義到後現代主義，雅典出版社。

13.奚密：現當代詩文錄，聯合文學。

14.許世旭：新詩論，三民書局。

15.劉象愚等譯：文學批評理論，北京大學。

16.曾進豐：娑婆詩人周夢蝶，九歌出版社。

17.鍾玲主編：與永恆對壘，九歌出版社。

18.王夢鷗等譯：文學論，志文出版社。

19.簡政珍：台灣現代詩美學，揚智出版社。

20.瘂弦：聚繖花序 I，洪範出版社。

21. 瘂弦：中國新詩研究，洪範出版社。

22. 仇小屏：世紀新詩選讀，萬卷樓出版社。

23. 張默：台灣現代詩筆記，三民書局

24. 李元洛：詩美學，東大圖書公司。

25. 蕭蕭：現代詩入門，故鄉出版社。

26. 葉維廉：中國作家論，聯經出版公司。

27. 林于弘：台灣新詩分類學，鷹漢出版社。

28. 蕭蕭：現代詩創作演練，爾雅出版社。

29. 黃慶萱：修辭學，三民書局。

30. 陳仲義：現代詩技藝透析，文史哲出版社。

31. 王德威：眾聲喧嘩以後 —— 當代小說點評，麥田出版社。

32. 陳燕谷等譯：對文學的藝術作品的認識，商鼎文化出版社。

33. 向明：詩中天地寬，商務印書館。

34. 張默：台灣現代詩概觀，爾雅出版社。

35. 余光中：藍墨水的下游，九歌出版社。

36. 羅門：創作心靈的探索與透視，文史哲出版社。

37. 陳芳明：典範的追求，聯合文學。

38. 陳巍仁：台灣現代散文詩新論，萬卷樓出版社。

39. 伍蠡甫主編：現代西方文論選，上海譯文出版社。

40. 孟樊主編：新詩批評，正中書局。

41. 龍彼德：創作與理論，湖南出版社。

42. 蕭蕭編：詩魔的蛻變，詩之華出版社。

附註：本書參考書籍、論文、報刊、詩刊、雜誌眾多，除列於本「參考書目」外，均在文中註明，方便閱讀。筆者在此向眾多名家致謝，感謝他們孜孜不倦為文學而努力，使本書得以順利完成。